国家社科基金一般项目（20BJL098）成果

现代服务业与城市发展研究系列丛书

现代服务业引导区域协调发展的新机制与新路径研究

梁向东　李文峰　著

中国财经出版传媒集团
经济科学出版社
Economic Science Press
·北京·

图书在版编目（CIP）数据

现代服务业引导区域协调发展的新机制与新路径研究／梁向东，李文峰著．-- 北京：经济科学出版社，2025. 8. --（现代服务业与城市发展研究系列丛书）. -- ISBN 978 -7 -5218 -6993 -4

Ⅰ. F726. 9

中国国家版本馆 CIP 数据核字第 2025RM2159 号

责任编辑：吴　敏
责任校对：蒋子明
责任印制：张佳裕

现代服务业引导区域协调发展的新机制与新路径研究
XIANDAI FUWUYE YINDAO QUYU XIETIAO FAZHAN DE
XINJIZHI YU XINLUJING YANJIU
梁向东　李文峰　著
经济科学出版社出版、发行　新华书店经销
社址：北京市海淀区阜成路甲 28 号　邮编：100142
总编部电话：010 -88191217　发行部电话：010 -88191522
网址：www. esp. com. cn
电子邮箱：esp@ esp. com. cn
天猫网店：经济科学出版社旗舰店
网址：http：//jjkxcbs. tmall. com
北京季蜂印刷有限公司印装
710 ×1000　16 开　13. 75 印张　260000 字
2025 年 8 月第 1 版　2025 年 8 月第 1 次印刷
ISBN 978 -7 -5218 -6993 -4　定价：56. 00 元
（图书出现印装问题，本社负责调换。电话：010 -88191545）

前　言

党的二十大报告提出了两步走的战略安排，细化了第二个百年奋斗目标的路径，为构建新发展格局与高质量发展提供了推动力量。新时期的区域协调强调区域经济布局的合理分工与资源禀赋的优化发展，进而构建优势互补、高质量发展的区域经济布局和国土空间体系，但目前城乡融合发展困难、产业结构过度集聚、区域间资源错配，以及由此形成的区域经济极化和动力分化等问题依旧是区域协调发展的障碍。如何充分理解新时期区域协调发展的内涵，并引导和发挥现代服务业对地区经济增长的“提质增速”作用，对优化地区产业结构、缩小我国区域发展差距、促进区域协调发展具有重要的现实意义。

在人工智能、大数据等重大科技创新推动数字化产业转型，以及全球不确定性不断增强的背景下，我国已初步呈现出新时代现代服务业协调区域发展的重要机遇。现代服务业凭借其密集的信息与知识等基础优势，能与现代管理理念与信息技术深度融合，从而通过创新商业模态、优化资源配置、重组产业链，促进产业升级与转移等路径改变生产生活方式，进而对消费结构、产业结构、区域结构产生重大且深远的影响。现代服务业作为我国大力培育的新兴产业，其在未来是否能促进区域协调发展？现代服务业影响区域协调发展的因素及其机制有哪些？如何利用现代服务来解决区域发展的“不均衡不充分”问题？这些问题亟待解答。

本书通过对区域协调发展理论内涵的拆解，构建评价体系，对我国区域协调发展现状进行梳理。基于新发展理念，从“人—经济—行政治理—资源—环境”这一复杂体系入手，以区域间个体收敛、区域发展基础条件、要素流动、产业转移、资源利用效率、区域市场一体化发展等为考量，构建区域协调发展评价体系。通过区域协调评价体系的分析，进一步明晰现代服务业在发展过程中所带来的区位动力。现代服务业具有改变比较优势、强化外部性的区域动力的特性，本书从现代服务业以网络性增强共享与匹配力、以知识溢出强化扩张力等方面来分析现代服务业的资源匹配效应、产业链空间重构驱动效应、市场整合效应、区位优势内生扰动效应以及基于知识溢出的区域增长效应；从公共服务与发展共享、要素与资源匹配、结构与市场一体等方面厘清现代服务业协调区域发展的产业协同、地区协作以及城乡融合发展等三大机制。

通过对三大机制的实证研究表明，现代服务业的发展有助于促进产业协同发展，提升地区协作水平，推动城乡融合发展。同时，在进一步的实证分析中，阐释了现代服务业可以通过市场驱动、技术创新和产业融合三个关键途径来影响产业协同发展，还能通过提高区域全要素生产率、公共服务水平来提高地区协作程度。不仅如此，现代服务业还通过提高空间溢出效应、产业集聚水平，显著推动城乡融合发展。在产业协同方面，不同省份在现代服务业发展对产业协同发展影响上存在显著差异。对于那些高产业融合和高信息化水平的省份，现代服务业发展的正面影响更为显著；相反，低产业融合水平和低信息化水平的省份并未显示出同样的显著性，这可能指向了这些地区在服务业发展和产业协同方面的潜在不足。在地区协作方面，环境规制越严格，现代服务业的发展越能促进提高地区协作程度。严格的环境规制可以促使企业通过合规和可持续发展策略，提升地区经济水平，缩小发展差距，促进地区协作。现代服务业不仅可以促进营商环境不断完善，更能够在营商环境更为规范的条件下对推动地区协作发挥正向促进作用。现代服务业的发展同样可以对区域上市公司存量不足、经济发展基础薄弱的地区带来新的经济增长动力，与传统经济模式互补，成为区域新的经济增长点，增强地区协作。在城乡融合方面，异质性分析发现，现代服务业的促进作用在经济较为发达的东部地区和中部地区的城乡融合发展过程中表现出更为明显的促进作用，但在西部和东北地区的影响则较小。此外，在经济发展水平较高的地区，现代服务业对城乡融合发展的促进作用更为明显，而对于经济发展水平较低的地区的促进作用则有所削弱。

本书以京津冀等增长极为案例样本对现代服务业在区域发展中的实践作用进行分析。结果表明，重构新的发展路径需要有新的动力推动。人工智能和大数据等技术可以推动现代服务业加速发展，形成区位扰动力，通过综合把握区域发展路径，可以构建现代服务业引导区域协调发展新路径：驱动、政策与体系。同时，借助现代服务业路径重构的驱动力，以区域及公民共享发展福利为目的，以要素流动、产业链升级、产业关联为响应变量，在充分考虑全球不确定性不断增强的情况下，对区域治理体系进行梳理，建立以市场机制内生化区位为基础的区域组织，并设计区域共享发展路径，形成一个运行通畅、富有效率、自适应度高的现代化区域协调发展体系。

基于以上不同角度对现代服务业引导区域协调发展的分析，本书提出如下政策对策建议：首先，要充分发挥现代服务业作为扰动力，对区域经济的协调作用。通过数智化引领优化产业布局，通过产业多元化减少地区价值链断裂风险，形成以科技为支撑、以政策为激励、基础设施完善的国际化产业格局，缓解过度集聚和过度分散，推动区域均衡发展，提高整体经济的韧性。其次，要构建基于公民共享发展的区域协调治理体系。通过优化资源配置和产业结构提升社会生产效率，并通过数字化变革提高信息公开度，提升公共服务水平。最后，形成以市场内生化区位为基础的区域关联机制。通过建立高效的供应链网络，消除资源与产业的跨区域流动壁垒，加速产业融合及绿色化转型的步伐。利用好服务业的特性，各地区共同努力，通过加强合作、降低壁垒、建立合作机制等方式促进服务业的流动和交流，实现区域服务业的互利共赢和共同发展，促进统一大市场的形成。

本书综合产业结构、技术创新、市场竞争、政策环境等因素，引入新的产业内外部动力，探讨区域协调发展新机制，分析现代服务业通过对空间集聚力和分散力的影响，以及优化跨区域要素配置、重构产业链、促进产业转移、推动数字化和智能化应用等重组区域空间经济的理论机制，弥补了区域经济研究中对现代服务业分领域、分层次、分地区作用认识的不足；

以现代服务业在区域激励、产业转移、要素流动、城乡协同、地区差距收敛等方面的作用为切入点，对现代分工、产业集聚理论、产业链理论、分配理论、城市体系理论的融合研究作出了一定的贡献；通过深入剖析现代服务业的发展趋势与影响机制，以数据和案例为支撑，准确把握现代服务业在区域经济中的地位和作用，可以从实践上为相关战略提供智力支持。如今，世界经济社会局势复杂多变、全球不确定性不断增强、新一轮产业革命迅猛推进等必将对区域结构、消费结构、生产结构、收入结构等产生重大影响，同时对治理体系、消费观念、产业结构及布局带来新的挑战和机遇。基于这一重要窗口期，本书力图为我国区域协调发展战略的推进与实现提供理论参考。

目　　录

第一章
绪　　论

第一节　研究背景与研究意义

一、研究背景

在全面建成小康社会后，党的十九大报告清晰擘画了全面建成社会主义现代化强国的时间表和路线图，党的二十大报告从宏观层面展望了两步走的战略安排，细化了第二个百年奋斗目标的路径，为构建新发展格局与高质量发展提供了推动力量。而随着主要矛盾与奋斗目标的转变，区域协调发展在内涵与要求上也进行了更新，并面临更为紧迫的挑战。新时期的区域协调强调区域经济布局的合理分工与资源禀赋的优化发展，进而构建优势互补、高质量发展的区域经济布局和国土空间体系，但目前城乡融合发展困难、产业结构过度集聚、区域间资源错配，及由此形成的区域经济极化和动力分化等问题依旧存在。根据国家统计局公布的 2023 年我国各地人均 GDP 数据来看，北京最高（20.028 万元/人），比最低的甘肃（4.787 万元/人）高了 4 倍以上；而且人均 GDP 超过 10 万元/人的城市均集中于东部地区，而低于 5 万元/人的城市均位于西部地区。如何推动各类生产要素自由流动，打破区域发展路径依赖，以构建新的发展模式和路径，必须有新的动力和有效对策。

目前，人工智能、大数据等重大科技创新推动着数字化产业转型，而全球不确定性不断增强。在此背景下，我国已初步呈现出新时代现代服务业协调区域发展的重要窗口期。现代服务业凭借其密集的信息与知识等基础优势，能与现代管理理念与信息技术深度融合，从而通过创新商业模态、优化资源配置、重组产业链，促进产业升级与转移等路径改变生产生活方式，对消费结构、产业结构、区域结构产生重大且深远的影响。根据全国居民家庭抽样调查数据，2022 年服务性消费所占比重已经达到43.2%，从居民消费趋势来看，文化旅游、休闲娱乐和养老服务等领域升级态势明显（胡畔，2023）。由此可见，消费形态正逐渐从以商品消费为主转向服务和消费并重。然而，现代服务业通过多种机制影响区域经济，使未来区域发展趋势具有不确定性。例如，现代服务业能促进传统服务业转型升级，推动新兴产业的诞生，增加大量新型就业岗位，从而优化地区产业与就业结构，而现代服务业所具有的高附加值与高效率等优点能有效提升当地经济产出，从而缩小地区发展差异。但新兴产业的发展会挤压传统服务业的生存空间，而各地区在科技水平与人员素质等方面的现有差距可能会导致资源进一步流向较发达的地区，从而加剧地区发展失衡。因此，如何充分理解区域协调发展的内涵，引导和发挥现代服务业对地区经济增长的“提质增速”作用，并以此优化地区产业结构、缩小我国区域发展差距、促进区域协调发展，是亟须深入研究的重要课题。

二、研究意义

（一）学术价值

第一，拓展了对区域协调发展的战略及其机制的研究。本研究基于创新、协调、绿色、开放、共享的新发展理念，结合产业结构、技术创新、市场竞争、政策环境等因素引入新的产业内外部动力，探讨区域协调发展新机制，分析现代服务业通过对空间集聚力和分散力的影响，优化跨区域要素配置、重构产业链、促进产业转移、推动数字化和智能化应用等重组区域空间经济的理论机制。第二，实现了区域协调发展理论与现代分工、产业链及集聚理论的融合与发展。本研究补充并完善了区域经济研究中对现代服务业分领域、分层次、分地区作用认识的不足，以现代服务业在区域激励、产业转移、要素流动、城乡协同、地区差距收敛等方面的作用为切入点，力图为现代分工、产业集聚理论、产业链理论、分配理论、城市体系理论的融合研究作出贡献。

（二）应用价值

首先，回应了我国区域协调发展的重大实践需要。目前，我国经济进入新时代，发展不平衡不充分尤其体现在区域发展问题上。党的二十大报告强调要深入实施区域协调发展战略、区域重大战略、主体功能区战略、新型城镇化战略，优化重大生产力布局，构建优势互补、高质量发展的区域经济布局和国土空间体系。本研究通过深入剖析现代服务业的发展趋势与影响机制，以数据和案例为支撑，准确把握现代服务业在区域经济中的地位和作用，从实践上为相关战略提供智力支持。其次，抓住现代服务业为区域协调发展带来的机遇。人工智能、大数据等重大创新将极大促进现代服务业的发展，优化服务产品供应链与生产流程，推动服务业商业模式创新。新一轮产业升级必将对区域结构、消费结构、生产结构、收入结构等产生重大影响，同时全球不确定性增强对治理体系、消费观念、产业结构及布局产生了长远影响，这些新的重大事件将为区域发展创造新动力，提供新机遇。本研究旨在抓住这一重要的窗口期，为构建区域协调发展新机制作出贡献。

第二节　研究现状

一、区域发展问题研究综述

围绕如何解决区域发展问题，在理论上主要基于均衡与非均衡两种不同思路进行分析，在实证上主要从区域发展的描述与测度、政策措施及效果等各方面进行分析。

基于均衡的文献主要强调通过市场机制来寻求区域发展路径。一般来说，持新古典增长观点的学者认为，要素在部门、产业之间以及区域之间的流动能实现区域发展均衡（Leeibenstein，1966）。新经济地理学派的学者认为，全域地理溢出效应不会强化集聚过程（Englmann and，Walz，1995），区域稳态增长均衡在一定条件下可以实现（Fujita and Thisse，1996），创新具有扩散效应（Golman and Klepper，2016；文炳洲等，2023）。他们强调市场机制在区域发展中的作用，并围绕要素提出了诸如优化人力资本、金融资本和公共资源等空间配置的一系列对策。例如，数字经济通过提高市场化水平和改善劳动力资源配置来缩小区域经济差距（李清华等，2022）；在AI背景下，社会劳动关系中形成劳动联盟（邵全等，2019）；中国政府完善信贷制度，推动城镇化进程（顾海峰，2017），在产业转移背景下推动银行信贷高质量发展（徐晓飞等，2023）；在互联网快速发展背景下，物流金融发展（赵丽丽，2017），农村普惠金融通过资源错配促进区域协调发展（康超，2022）；交通基础设施及由高铁线路连通带来的劳动力运输成本的降低对知识资源空间配置行为有显著影响（Duranton and Turner，2018；李建成等，2021）。

基于非均衡的文献主张强化政府在区域发展中的作用。新经济地理学派的学者一般认为区域均衡发展难以实现（Krugman，1991；Combes et al.，2018）。以增长极理论（Perroux，1950）与空间扩散理论（Richardeson，1978）为代表的文献强调区位及资源禀赋差异，认为世界经济由核心、次级以及需要开发的外围区域等组成，均衡很难实现。目前，我国在数字治理体系的制度建设和监管理念方面仍存在空白和滞后，相关法律法规仍不完善，政务数据方面的开放度和连接度仍需要进一步提高，数据难以联通、共享、整合，大量数据只能低效率囤积而无法激发其内在价值，并产生信息泄露、数据滥用、“数据孤岛”和“数据烟囱”等现象，阻碍了区域间的协调发展，市场力量趋向于加大区域之间的非均衡（斯丽娟，2023）。在无法改变产业分布格局的情况下，市场配置只能加大区域间的不平衡，如果政府进行有效调控，消除市场扭曲现象，则可以提高总体福利水平（安虎森，2007）。非均衡空间分布效应会形成增长综合体，依托区域经济增长极等新型空间组织形式，通过展开精准帮扶或合作，实现区域经济协同发展（吴楚豪等，2023）。因此，采用优化资源配置的非均衡战略（Hirschman，1958），即对于某些具有优势的部门，允许给予一定的政策倾斜，比如瑞典早期的区域经济政策是把物质资本重新配置到劳动力和自然资源相对充裕地区的实践（魏后凯，1995）。也就是说，在区域发展上需要政府的干预。

非均衡发展理论在解释经济发展客观事实上更具说服力，因此大部分发展政策均基于非均衡发展机制而制定，如梯度发展战略，例如，为推进长江经济带城市群建设的一体化和市场化进程，构建“1+2+3”分级梯度发展的长江经济带城市群新格局，以差异化驱动力为支撑，因地制宜地突出各级各类城市群的发展优势与建设重点（方创琳等，2015）；湖南重点建设长株潭城市群，培育岳阳、怀化二次增长极和张家界旅游的增长极，促进湖南区域经济全面协调发展（赵立平等，2019）；创建深圳经济特区这个“先行示范区”是非均衡发展路径赋予经济特区的“优先”改革权，是在党中央领导下，自上而下的强制性制度变迁赋予经济特区的先行先试的“试验权”（陶一桃，2019）；东北地区是我国重要的工业和农业基地，为了振兴东北经济发展，中央出台了一系列振兴东北老工业基地的政策措施，资金资源向东北地区倾斜（白义霞，2008；洪晗等，2023）。

在实证上，学术界对我国区域发展趋势的研判结论存在分歧。区域发展不平衡是我国当前基本国情，同时发展不平衡不充分问题已成为满足人民日益增长的美好生活需要的主要制约因素（许宪春等，2019）。为了寻求区域协调发展的有效对策，“十一五”规划制定了区域协调发展总体战略。学术界围绕该战略，对建立健全市场、合作、互助和扶持等机制的指示进行了一系列研究，比如提出了市场竞争体制、跨区域合作治理和中央协调机制（陈明华、史楠和李倩，2025），特别是完善区际利益协调机制是提升我国经济发展动能的重要抓手，是加快构建双循环新发展格局的重要支撑，也是实现全体人民共同富裕的重要保障。有学者从1997年香港回归以来的港深关系出发，以香港北部都会区设立与深圳前海合作区扩区作为切入点，考察香港、深圳应对空间协同发展的治理方式（周子航等，2022；薄文广等，2021）。目前，我国区域利益补偿实践尚处于探索阶段，存在制度体系不完善、主体作用未充分发挥、有关市场化补偿的制度安排有待改革等问题，尤其是在面对重大公共事件时暴露出在公共物品、公共服务供给和治理能力上的不足等问题（郑国楠，2022；邓慧慧等，2021）。因此，要不断加强利益补偿机制、信息沟通与协商机制、激励和约束机制、合作机制等；不断拓展援助机制、治理机制（覃成林等，2011；周亚等，2022）、“强政府 + 强市场”的调节机制（刘志彪，2013）等。基于新时代新战略，党的十九届四中全会再次指出要构建区域协调发展新机制。此外，学者们还构建了区域经济协调发展分析框架（徐现祥、李郇，2005），设计了区域经济协调发展评价体系（刘强等，2021），从商贸流通业（任保平等，2011；郝希彬，2023）、金融协调发展（陈明华等，2019）、区域间开发不均衡（刘志彪，2019）、城市群建设及交通基础设施（张双悦等，2023；刘峰等，2022）、市场一体化（陈林等，2023）、区域自主创新（翟媛媛等，2021）等方面进行了深入研究。部分学者认为，我国区域发展正在走向均衡，指出我国较好地把握了区域协调发展的规律（金碚，2019）。还有学者认为产业集聚与区域经济协调发展可以兼容，特别是沿海地区在市场本地效应的影响下，在实现产业集聚的同时，不会扩大地区间收入差距（范剑勇、谢强强，2010）。有学者提出了在集聚中走向平衡的“第三条道路”发展思路，认为这是一条平衡与效率携手并进的道路（陆铭、陈钊，2008），以此可以逐步缩小区域发展差异，最终实现协调发展（覃成林，2023；夏帅等，2023）。我国通过优化资本配置促进城乡协调发展，实现了低成本的城镇化道路（高杨、杨洋和吴振磊，2025）。特别是，2015 年底，国家提出要借助互联网技术手段，降低交易成本，延伸服务半径，大幅改善对小微企业、城镇低收入人群、农民等特殊群体的金融支持（郝凯，2023）。还有文献指出，我国区域经济正从非均衡走向动态均衡（王曙光，2022）。也有学者认为，我国区域协调发展的困难被低估。由于区域战略向东倾斜（魏后凯，2023）、第二产业发展战略（安虎森，2021）以及制度不互补（姚宝珍，2019）等原因，相比发达国家过去区域不协调严重的情况，我国的区域不平衡问题更严重（安虎森等，2003），且区域长期不协调导致产业冲突等问题（魏后凯，2007；徐生霞等，2023），加之我国大规模产业转移的条件还不成熟，因而在相当长一个时期内，实现我国区域协调发展还相当困难（罗泯等，2022；马微波等，2022）。

二、现代服务业对区域发展的影响研究综述

现代服务业对区域发展的影响受到越来越多的关注。现有文献主要从两方面来展开。

一是从促进产业结构升级的角度来分析其对区域经济的影响。现代服务业通过提高自身价值链带动其他产业转型升级（夏杰长、肖宇，2019）。服务创新有利于企业攀升全球价值链。服务创新主要体现在服务创新的数字化（郭立祥、岳书敬和张鑫和，2024）、服务创新的平台化（向书坚、姚敏和徐应超，2024）、服务创新的融合化（李晓嘉，2024）、服务创新的标准化（徐金

海、夏杰长，2023）以及服务创新的品质化（张明斗、代洋洋，2023）五个方面。金融服务业有助于完善制造业企业的结构（刘胜、陈秀英，2019）。金融服务业与制造业空间协同分布对制造业转型升级有显著的促进作用（张颖熙、徐紫嫣，2021）。农业生产性服务业能提升农业竞争力（冀名峰，2018）。农业生产性服务业能够同时解决小农户对接大市场和机械替代人畜力等问题（乔保荣、穆佳薇和余国新，2023）。科技服务业具有强大的产业带动作用（谢泗薪、戴雅兰，2016）。科技服务业是加快现代产业转型升级、促进其高级化进程的重要组成部分（陈磊、杜宝贵，2022），而科技服务业与现代产业联动发展是产业融合趋势下的必然选择与社会发展的客观需求。近年来，我国各省份的现代服务业与先进制造业之间的耦合协调度呈缓慢上升趋势，且现代服务业与先进制造业耦合协调度具有明显的空间正相关性（路丽、刘慧，2022）。在“双循环”新发展格局的背景下，服务贸易被视作中国经济可持续发展的新引擎（吕炜、王伟同和王杰，2025）。研究发现，现代服务业前向参与对产业转型升级有着显著正向影响，其中生产性现代服务业的影响程度最大（陈紫涵、廖泽芳，2023）。生产性服务业专业化集聚通过发挥规模经济效应和技术外溢效应，对本地和周边地区制造业结构升级均产生了显著的促进作用（余小燕、胡艳和吕萍，2024）。在制造业结构升级过程中，金融、信息传输、计算机服务等高端生产性服务业更适合选择专业化集聚模式，而交通运输、商务服务、批发零售等中低端生产性服务业则在多样化集聚环境中更易于发挥结构升级效应（韩峰、阳立高，2020）。同时，产业结构升级具有明显的空间溢出效应，生产性服务业集聚主要通过波特外部性促进了产业结构升级（温婷，2020），但生产性服务业集聚对产业结构升级的影响受制于城市规模（于斌斌，2019）。随着经济新常态的到来，我国经济迈入“结构性减速”时代（宋培等，2025），金融集聚和产业结构升级对于现阶段我国经济发展有着显著的正向促进作用，对于邻近区域具有较强的辐射作用（谢婷婷、潘宇，2018）。产业结构高级化能助力农村脱贫（彭刚、杨德林和杨琳，2023）；产业结构的合理化不仅能促进本地区农村减贫，还可以通过空间溢出效应促进邻近地区农村减贫；产业结构的高度化也有助于本地区和相邻地区的农村减贫（谭昶、吴海涛，2019）；产业结构服务化有助于促进区域全要素生产率提升（刘璇、李长英，2022）。当前我国产业结构的服务化趋势还不突出，产业结构服务化非但没有阻碍，反而显著促进了我国（尤其是东部地区）全要素生产率的提升（李博、秦欢和孙威，2022）。随着现代科技的进步和生产性服务业的发展，服务业的技术性质并非一成不变，经济服务化过程中制造业与服务业的生产率差距将趋于收敛（张月友等，2018）。产业结构合理化能维持区域协调发展的稳定性。整体上，产业结构合理化和高级化进程均对经济增长的影响有明显的阶段性特征。相对而言，产业结构合理化与经济增长之间的关系具有较强的稳定性，而产业结构高级化则表现出较大的不确定性。产业结构高级化是经济波动的一个重要来源，而产业结构合理化则有助于抑制经济波动（干春晖、郑若谷，2011）。我国要实现经济结构优化和产业结构升级的目标，就必须在对传统制造业和传统服务业进行改造和升级的基础上，发展现代制造业和现代服务业，这也是提高我国产业国际竞争力的重要途径（何德旭、姚战琪，2008）。

二是从经济增长的角度阐释了其促进区域经济发展的作用。技术进步水平较高的生产性服务业可以提升总体全要素生产率，进而推动我国经济可持续和高质量增长，成为新常态下经济高质量增长的新动能（李平、付一夫和张艳芳，2017）。随着数字经济的蓬勃发展，数字化技术降低了服务业生产和交易过程中的信息和交易成本，从而提高了产品差异化生产效率，形成了范围经济。同时，随着服务业生产过程复杂化，更多的资源被直接或间接投入生产，进一步提高了服务业的价格水平（李丽等，2022）。服务业有助于刺激国内需求，扩大开放程度。我国服务业的对外开放不仅是引进外部资本，更重要的是引进了先进的管理经验与技术，提高了经济发展效益，促进了服务业自身的发展，带动了我国服务业融入全球产业链、价值链和技术链，提升了人民的消费水平，改善了人民的生活福祉。服务业发展及内部结构的升级与居民消费能力（收入水平）直接相关，而服务业的改革和开放政策、新的信息技术的突破式发展等进一步催生了对服务业的内生需求（朱平芳、王永水，2019）。服务业是推进经济转型的重要因素，而科技服务业是现代服务业中的新兴产业，在促进经济转型升级中发挥着重要作用。在双创（大众创业、万众创新）环境下，科技服务业主要通过动力机制、利益机制和组织协调机制助推经济转型升级（赵冬梅、陈前前和吴士健，2016）。

现代服务业促进区域经济发展主要体现在两个方面。第一，提高地区发展水平。在现代服务业与先进制造业“两业”融合的发展趋势下，生产性服务业的地位、产业形态和集聚模式都发生了深刻的变化（Xu，Feng and Xia，2021）。先进制造业与现代服务业的融合发展通过人口流动和区域创新，显著促进了本地及邻地经济韧性的提升，“两业”融合发展对本地经济韧性具有正向影响，对邻地经济韧性也产生了正向的空间溢出效应。同时，本地效应和空间溢出效应均存在时空异质性（张明斗、代洋洋，2023）。现代服务业能有效释放“结构红利”，让不同规模的城市能选择最佳发展路径，发挥比较优势（孔群喜、王紫绮和蔡梦，2018）。生产性服务业发展模式和结构调整的经济增长效应受到城市经济发展阶段和人口规模的约束（潘俊宇、宣烨，2023），当城市经济一、二产业调整的“结构红利”逐步消失时，生产性服务业专业化和多样化水平的提升以及专业化向多样化发展模式的适时转变，有助于二、三产业调整中“结构红利”的进一步释放（曹聪丽、陈宪，2019）。尽管现代服务业对产业的促进作用受制于经济发展水平（陈如洁、张鹏，2019），但现代服务业的集聚能提高城市之间的关联度。科技服务业是聚集创新要素的核心产业，研究科技服务业集聚背景下的城市格局特征，对国家协调创新城市体系建设和提升城市化水平具有重要意义（贺正楚、李玉洁和吴艳，2024）。科技服务产业集聚过程中，大多数城市围绕少数关键城市形成了相对紧密的关联网络（王成韦、赵炳新，2019），使得发展水平低的城市能够通过城市关联网络弥补发展劣势，完成发展转型。现代服务业发展对城乡居民消费结构变动的影响较为显著（梁向东、贺正楚，2013），因此调整产业结构、加大推进现代服务业的发展对推动经济稳步增长有着重要的作用（姚晓垠、刘振武，2021）。第二，缩小区域发展差距。现代服务业与技术的结合为区域发展提供新动力，如拓宽农村居民收入渠道，缩小城乡收入差距（张荐华、高军，2019）；为发展乏力的乡村注入新能量，如发展农业生产性服务业有助于促进农业现代化并提高农村经济运行效率，进而有利于提高农村居民相对收入水平和缩小城乡居民收入差距（蒋团标、罗琳，2022）。农业生产性服务业发展不仅有利于缩小本地区的城乡居民收入差距，还对周边地区存在显著的空间溢出效应（杜蓉、蔡荣，2022）。通过溢出效应，有助于进一步提升周边地区的创新效率（张振刚、李云健，2013），同时吸引人才回流，奠定长远发展的基础。因此，在未来的区域发展战略中，应多强调以服务业为主体的发展路径（夏杰长、倪红福，2016），以保证协调发展。在新发展格局下，为发展旅游服务业，应加强基本生活和交通运输等方面的建设，实现生态经济循环发展，从而促进缩小区域发展差距和加快构建新发展格局（孙久文、张皓，2021）。

然而，以生产性服务业为代表的现代服务业在发达地区集聚，在空间布局上易形成非均衡等级结构（王向、刘银玲，2017；Li et al.，2022），要素和经济活动向大城市集聚不利于中小城市的发展（潘文卿，2012；陈子真、雷振丹，2018；Meili and Mayer，2017），妨碍区域协调发展，所以有学者建议从发展第二产业等角度来寻找解决办法（蔡昉，2001；沈坤荣、马俊，2002；郭熙保，2012；刘向耘，2017）。我国现代农业与现代服务业融合水平呈缓慢上升的趋势，但还处于失调阶段，呈现出东部地区 > 中部地区 > 西部地区的空间分布格局（李颖慧、游星和陈红，2023）。我国各省份现代服务业与先进制造业之间的耦合协调度呈缓慢上升趋势，但由于资源能力、发展水平、开放程度不同，各省份现代服务业与先进制造业之间的耦合协调水平表现出较为明显的差异（路丽、刘慧，2022）。

当前的文献分析了现代服务业对区域发展的影响，但对现代服务业的影响多是强调机制上的不足，且在是否导致区域协调发展方面存在较大分歧，对于其内在规律及原因还需要深入挖掘，尤其是如何平衡现代服务业在强化大城市发展和缓解城市过度集聚方面的影响（Duranton，2017）还有待进一步研究。所以，对新时代革命性技术创新推动下的现代服务业对区域协调发展作用的认识还有待深化。

三、国内外研究评述

综合来看，当前学者们的研究还存在理论分歧以及实证结果不一致等情况，表明现代服务业及区域发展相关领域的研究还存在以下几个方面的问题：

第一，对区域发展协调机制和动力机制的认识有待深化。现有文献对区域发展如何从追求平衡向谋求协调转变，从简单追求经济增长向更加综合、可持续的区域发展理念转变的研究还处于探索阶段。由于在地理位置、产业链、技术创新、人才、文创、资源禀赋等众多因素影响下会形成多种集聚经济类型，而不同类型的集聚经济及其相互交叉作用下空间邻近的相互作用机制也不同（Anas，Arnott and Small，1998；Guo，He and Li，2016），但现有文献尚未对此进行明晰。除此之外，现有文献对新时代革命性技术变革下区域协调发展机制的特殊性的认识还不充分，对区域协调发展机制及其运行环境的整合性研究仍然不足。

第二，对现代服务业影响区域协调发展的因素及其机制的研究还不够。人工智能、区块链、新能源等科技的发展、全球不确定性的增强（Barro，2016；Andrew，2020）对社会经济发展的动力与模式提出了新要求，而新兴的现代服务业具有重组要素配置、重构产业空间布局的作用，但当前的文献对在此背景下如何引导区域协调发展机制的研究比较缺乏。

第三，对现代服务业影响区域发展趋势的程度还缺乏明确的标准和准确的测度。对于如何以新发展理念为指导，建立现代化产业体系（刘伟、范欣，2023），并在其中引入政策变量，结合现代服务业引导区域协调发展的作用机制，制定适合新时代中国国情的区域协调发展政策和路径，还需要进行大量的研究工作。

基于此，本研究将深入分析区域协调发展理论，从多维度协调、产业互补与协同、城乡一体、政策整合与创新驱动等方面识别区域发展影响因素及其程度，并在研究中引入现代服务业，厘清其动力机制及运行环境，从理论及政策角度为我国区域协调发展新机制的构建提供智力支持。

第三节 研究思路及方法

一、基本思路

本研究以解决我国区域发展在经济水平、城乡结构、产业结构、人才分布、基础设施等方面存在的极化和分化等不协调问题为逻辑起点，抓住人工智能、大数据、区块链等革命性技术推动下的现代服务业快速发展以及全球不确定性所带来的区位优化窗口期，围绕如何发挥现代服务业重构区域发展模式及路径的区位动力这条主线，从共享、匹配、溢出等微观空间经济理论出发，分析现代服务业引导区域协调发展的新机制，力图通过政策体系控制现代服务业具有的产业协同机制、地区协作机制和城乡融合发展机制的运行，构建适合我国国情的区域发展新路径，以推进实现我国区域协调发展战略目标。

二、研究方法

（一）空间经济模型

空间经济模型能将地理区域因素与经济理论相融合，解释地区发展差异的原因与影响机制，进而评估政策施行效果。因此，为了阐明现代服务业对区域协调发展的引导作用，本研究将使用以下三类空间经济模型：

一是基于地区溢出模型，将对称空间修正为非对称空间，把现代服务业作为中间产品引入模型中，研究其对非对称空间的影响机制，探究不同地区之间相互作用的结果。同时，借鉴库姆斯等（Combes et al.，2012）的动态面板模型，分析现代服务业对不同层级区域集聚经济的动态效应与趋势。

二是基于凯西和布朗（Casey and Bown，2003）的区域协调效应模型，分析各地区的经济存在的关联，探究现代服务业能否促进区域协调发展，以及如何实现地区之间的协调。借鉴博伊科斯和特鲁尔本（Boix and Trullén，2004）的理论，分析现代服务业如何通过城市网络体系的区域协同效应，在不同城市之间建立资源共享、人才流动、市场拓展渠道，从而提升现代服务业的竞争力并促进城市间的协同发展。

三是通过扩展迪朗东和普加（Duranton and Puga，2005）以及柯善咨（2009）对回流与扩散效应的研究，考察现代服务业通过经济多样性、技术扩散、人才集聚、降低运输成本对我国区域经济回流和扩散的影响，旨在分析相关产业影响区位禀赋动态分布的机理，进而寻求地区经济的可持续增长与提升竞争力的方法与路径。

（二）机器学习及政策评估法等

使用机器学习有助于大规模数据集的收集、识别、处理与预测，从而优化模型构建与结果分析。本研究主要采用支持向量机、K 近邻等机器算法来识别影响区域协调发展的因素，不仅能从包含大量信息的复杂数据集之中确定各影响因素的相对重要性，还能厘清影响因素之间的复杂关系。为了将所得出的结论得以付诸实践，本研究在梳理相关区域协调发展政策后，利用匹配得分倾向法、多期双重差分法来分析区域政策的影响及相关效应。尤其是，当前的文献在数据获取上受以行政区划的约束，对区位边界的划分未考虑政策的经济空间性，忽略了不同区位之间的相互联系与影响，因此对政策的效用识别结果的准确性与针对性不足，需要采用非参数估计法来描述政策影响，特别是城市群或中心城市产业集聚效应的空间范围，从而探究资源分配的合理性与政策的可持续性。

（三）案例分析法与空间计量法等

案例分析法能够针对特定现象进行分析与研究，从中深入挖掘各类要素对经济现象的影响路径，有助于推动资源配置相关理论的发展。本研究主要以京津冀、长江经济带、粤港澳大湾区等增长极为样本，分析现代服务业如何通过基础设施建设与收益共享、要素及资源匹配、知识创新扩散等微观机制影响这些增长极与周边地区经济的相关性。以竞合关系为牵引，采用模糊评价法和 Logistic 回归模型等测度产业转移的区域福利效应和人口流动的区域福利效应，从区域供应链、市场竞争、就业机会等方面探究区域经济协调发展的重点与方向。同时，针对周边地区资源外流、居住成本上升等负面影响，本研究就如何控制增长极虹吸效应提出相关政策建议，以推动形成可持续的区域发展战略。

第四节　研究内容

本研究旨在探寻区域协调发展的新机遇、新动力、新机制和新路径，助力现代化经济体系建设。一是通过评估和分析区域协调发展水平，以资源使用效能为牵引，以产业分布为基础，找寻地区发展新动力和新机遇；二是基于现代服务业区位动力，阐析现代服务业引导区域协调发展的产业协同机制、地区协作机制、城乡融合发展机制等，深挖现代服务业的作用潜力；三是基于区域协调与关联理论机制及其运行环境，探析实现区域协调发展战略的新路径。

第一，区域协调发展理论的内涵及评价体系构建研究。（1）区域协调发展理论研究。阐析区域发展从追求平衡向谋求协调转变的理论内涵和现实背景。（2）区域协调发展评价指标体系研究。基于新发展理念，从“人—经济—

行政治理—资源—环境”这一复杂体系入手，以区域间个体收敛、区域发展基础条件、要素流动、产业转移、资源利用效率、区域市场一体化发展等为考量，构建区域协调发展评价体系。（3）我国区域发展现状及问题研究。以评价指标体系为基础全面收集相关数据，综合测度中国区域协调发展水平，并利用机器学习方法预测发展趋势，揭示我国区域协调发展存在的问题。

第二，现代服务业的空间区位动力研究。异质性空间经济的动力来源于资源要素的比较优势及外部性带来的规模递增。现代服务业具有改变比较优势、强化外部性的区域动力特性，因此本研究从现代服务业以网络性增强共享与匹配力，以知识溢出强化扩张力等方面来分析现代服务业的资源匹配效应、产业链空间重构驱动效应、市场整合效应、区位优势内生扰动效应以及基于知识溢出的区域增长效应；从公共服务与发展共享、要素与资源匹配、结构与市场一体等方面，厘清现代服务业协调区域发展的产业协同、地区协作及城乡融合发展三大机制。

第三，区域协调发展新机制之一：现代服务业引导的产业协同机制。（1）现代服务业引导区域协调发展的产业协同机制研究。以生产性服务业为核心的现代服务业能深化产业分工，促进产业升级转移、降低交易成本，从而重组产业链结构，改变区域间产业布局。以分工、多样化为基础的现代服务业带来的变革将通过产业集聚与分散来影响区域发展。大国的集聚经济类型及规模具有多样性和多重性，本研究将分析由此产生的区域产业协同机制的多重性。（2）基于产业协同机制的现代服务业引导我国区域协调发展的实证研究。本研究将深入分析该机制的形成条件，为实现我国区域协调发展的产业空间布局提供实证支撑。

第四，区域协调发展新机制之二：现代服务业引导的地区协作机制。（1）我国区域集群式发展的差异性研究。除了“胡焕庸”线的区域差异，我国经济发展还存在东中西部、产业集聚的城市群等各种区域集群式差异，有必要深入分析区域间明显的俱乐部性质。（2）现代服务业引导区域协调发展的协作机制研究。区域集群式发展产生了强烈的虹吸效应，会加剧区域经济的不平衡。本研究以地区间政策体系、要素流动、产业结构、公共服务等为依托，激发地区协作与竞合效应，通过现代服务业平衡集聚和扩散效应，建立地区协作发展机制。（3）现代服务业消解我国区域间竞争冲突的实证研究。基于协作机制，对我国区域发展存在的过度竞争进行实证分析，并基于现代服务业优化要素匹配、平衡产业布局的动力作用提出对策。

第五，区域协调发展新机制之三：现代服务业引导的城乡融合性发展机制。（1）我国城乡发展分化历史、问题及趋势研究。在区域发展极化和分化的背景下，对于新型城镇化和乡村振兴战略的制定和实施能否有效解决城乡协调发展这一问题，需要从历史和现状出发，把握城乡发展趋势。（2）现代服务业引导城乡融合性发展机制研究。现代服务业有助于强化城乡联系，这种联系必须基于两者的融合发展来建立，否则城乡二元分化将加剧，比如现代物流和电子商务能克服空间对城乡协同发展的制约，互联网金融能为农业发展提供新的资金获取渠道，公共服务基础设施均等化发展能有效提高农村区位等。本研究将分析这些现代服务业引导城乡融合发展的内在规律。（3）基于融合机制的现代服务业引导我国城乡协调发展的实证研究。根据新时代的要求，发挥现代服务业的引导作用，以城乡发展在资源要素及产品服务供需方面的作用为契合点，围绕要素和资源一体化空间优化体制机制，对城乡协调发展进行实证与政策分析。

第六，现代服务业引导实现区域高质量协调发展的新路径研究。（1）现代服务业引导区域发展的典型案例研究。本研究以京津冀等增长极为案例样本，分析现代服务业在区域发展中的实践作用。（2）我国区域发展路径重构动力形成研究。要重构新的发展路径，需要有新的动力推动。本研究将深入分析由人工智能和大数据等技术推动现代服务业加速发展所形成的区位扰动力，综合把握区域发展路径的重构动力。（3）现代服务业引导我国区域协调发展的新路径构建：驱动、政策与体系。借助现代服务业路径重构的驱动力，以区域及公民共享发展福利为目的，以要素流动、产业链升级、产业关联为响应变量，考虑全球不确定性造成的冲击，梳理区域治理体系，建立以市场机制内生化区位为基础的区域组织，设计区域共享发展路径，为形成一个运行通畅、富有效率、自适应度高的现代化区域协调发展体系提供支撑。

第五节　创新之处

首先，从理论上阐述现代服务业为区域协调发展提供新动力以及形成新机制的内在逻辑。探索从根本上扭转我国区域发展不平衡不协调现状的新动力，新机制是新时代的理论难题。现代服务业能提供改变区位空间的动力，具有重构产业结构、重组产业链的作用，由此能形成影响区域发展的机制。本研究将深入分析这一动力及其形成的机制将如何影响区域协调发展的内在逻辑，从而为构建我国区域协调发展新机制提供理论依据。

其次，从政策上探索现代服务业引导区域协调发展新路径。现代服务业引导区域发展趋向协调还是进一步分化具有双向不确定性，需要有适当的政策和路径引导。本研究将分析现代服务业引导的产业协同、地区协作和城乡融合机制，构建机制运行环境，厘清现代服务业引导区域协调发展的体系条件，充分考虑全球不确定性所带来的广泛且深入的影响，构建区域协调发展新路径。

最后，运用实证方法及案例比较分析，对现代服务业引导区域协调发展机制及路径进行深入研究。通过对产业协同、地区协作及城乡融合发展三大机制的细致分析，明晰了现代服务业对区域协调发展的影响路径，并在这一过程中发现现代服务业可以通过加强产业融合、促进技术创新、提升全要素生产率等方式进一步强化三大机制在区域协调发展中的作用。通过京津冀、粤港澳大湾区的案例比较分析，明确了现代服务业在不同经济基础和产业结构的基础上引导区域协调发展路径的差异。因此，可以从理论和实践上为区域协调发展提供差异化的参考意见和发展路径。

第二章
区域协调发展理论演进逻辑及分歧

第一节　新时代对区域协调发展内涵的诠释

一、区域协调发展战略的演变

纵观新中国 70 多年的发展历程，区域发展战略经历了均衡发展、非均衡发展和协调发展三个阶段，不仅实现了区域发展模式的创新和改进，而且为后续发展积累了丰富的经验。回顾这些发展变化及取得的成就，有利于丰富区域协调发展理论，加深对新时代区域协调发展内涵的理解。

（一）区域均衡发展战略（1949～1978 年）

新中国成立之初，国内经济落后，工业化程度低，贫困和不平等现象普遍存在，东部沿海地区经济相对发达，中西部地区和边远地区经济相对滞后，农村地区更是如此。在这一阶段，面对复杂的国际环境，我国从国家安全角度出发，制定了以国家安全为目标的区域均衡发展战略，涵盖从“一五”计划开始实施到“五五”计划顺利收官的时期。

“一五”计划（1953～1957 年）指出，为了改变原来的地区分布不合理状况，必须建立新的工业基地，而首先利用、改造和扩建原来的工业基地是创造新的工业基地的必要条件。政府主要通过发展重工业，特别是钢铁、煤炭、机械制造等行业来推动工业发展。以苏联援建的 156 项重点工程、694 个大中型建设项目为中心，在东北、华北和西南等地区建设了一批新的工业基地。这一时期，工业生产的年平均增长率达 19.3%，为后续中西部地区的发展乃至整个国民经济的增长奠定了一定的工业基础。

“二五”计划（1958～1962年）时期的发展重心依旧是工业建设，但其间受到多变的国际形势以及国内复杂的政治经济环境影响，我国陷入了三年严重的经济困难时期。

在“三五”计划（1966～1970年）和“四五”计划（1971～1975年）时期，我国面临国内外各种复杂的局势，包括经济发展滞后、国防安全不稳定等问题。考虑到战争爆发的可能性以及为了保障国家安全和实现经济发展，政府实施了“三线建设”计划，将主要经济活动重心转移到“大三线地区”，在内陆地区建设一系列军工工厂和基础设施，对少数国防顶尖项目，要“分散、靠山、隐蔽”，以确保国家安全。这一时期我国的生产建设开始进入以备战为中心、以三线建设为重点的轨道。

“五五”计划（1973～1978年）初期的重心放在针对前一阶段的战略进行调整，主要原因是在“三线建设”时期我国遭遇了一些预料外的挫折和困难，国民经济发展停滞不前，同时我国区域发展重心从由东部地区向中西部地区推进转变为由中西部地区向东部地区推进。“五五”计划后期，国际局势开始趋于稳定和缓和，我国的外交关系也得到不断改善，以国防安全为主的发展战略已经不能满足此阶段的发展需求，我国整体发展重心开始向经济建设转移，大部分重点工业项目和基础设施建设的重心也开始向东部沿海地区倾斜。

总而言之，这一阶段实行区域均衡发展战略，其发展思想主要是实现生产力的均衡布局，旨在重新平衡新中国成立初期沿海和内地的不平衡工业发展格局。“三线建设”时期使得中西部的人力、地理等资源得到了一定程度的开发，有效促进了欠发达地区生产力的发展，确保了工业布局与资源分布和国防需求相匹配，这在一定程度上缓解了东部地区与中西部地区发展不平衡的状况，为内陆地区的发展创造了必要基础，同时也加速了我国的工业化进程。但由于这一时期的区域均衡发展战略主要以重工业为重点，导致轻工业发展不足，加上发展重心主要放在较东部沿海地区落后的中西部地区，抑制了东部地区乃至全国经济发展效率的提升。

（二）区域非均衡发展战略（1979～1999年）

1978年，我国正式开启了改革开放的历史进程。经过对过往发展战略和发展弊端的深刻总结，意识到过于强调平衡而忽视效率将会导致区域发展差距扩大。在此背景下，我国区域协调发展战略由早前的均衡发展战略开始向非均衡发展战略过渡。

“六五”计划（1981～1985年）时期是我国改革开放初期的重要阶段，标志着我国开始逐步实行市场经济和对外开放政策。国家明确指出，要充分利用沿海地区现有的经济发展基础，发挥好沿海地区的优势，以带动内地经济进一步快速发展。在对外开放方面，我国设立了深圳、珠海、汕头和厦门四个经济特区。在国家政策的支持下，在这些经济特区实行了一系列的开放政策和经济改革，吸引了大量的国内外投资和技术，使其成为我国经济改革开放的重要窗口和试验田，为其他地区的改革开放提供了重要的借鉴和参考。1984年，我国又开放了14个沿海港口城市，旨在实现对外贸易的大幅提升和对外开放的快速发展。此外，国家还采取了一系列政策措施，包括资金倾斜，对东部沿海地区提供财政、税收和投资等方面的优惠。

“七五”计划（1986～1990年）时期，考虑到各地区经济技术水平和地理资源的差异，将我国划分为东、中、西三大经济地带，区域发展战略的政策导向由沿海和内地不平衡发展逐步向东、中、西三大地带的均衡发展转变。同时，进一步提出要加速东部沿海地带的发展，把能源、原材料建设的重点放到中部，并积极做好进一步开发西部地带的准备。具体举措包括设立海南经济特区和上海浦东新区等。我国采取的区域非均衡发展战略使得区域政策向东部沿海地区倾斜，东部地区得到了极大的发展，同时有效带动了国民经济整体水平的提高。而在东部沿海地区发挥比较优势，从而取得先行发展的同时，其与中部地区和西部地区的发展差距也不断扩大，区域发展不平衡现象依旧存在。1992年，邓小平同志在南方谈话中指出走社会主义道路，就是要逐步实现共同富裕。他提到，共同富裕的构想是一部分地区有条件先发展起来，一部分地区发展慢点，先发展起来的地区带动后发展的地区，最终达到共同富裕。这对后续我国区域发展战略的调整和改进起到了至关重要的指导作用。

“八五”计划（1991～1995年）时期，继续强化东、中、西三大地带的战略格局，并将区域发展战略调整为正确处理发挥地区优势与全国统筹规划、沿海与内地、经济发达地区与较不发达地区之间的关系，促进地区经济朝着合理分工、各展所长、优势互补、协调发展的方向前进。1993年，《中共中央关于建立社会主义市场经济体制若干问题的决定》出台，标志着我国开始从新中国成立以来形成的计划经济体制向社会主义市场经济体制全面过渡。

“九五”计划（1996～2000年）中首次将促进地区经济协调发展列为国家经济社会发展的指导方针之一。这一指导方针明确提出了坚持区域经济协调发展、逐步缩小地区发展差距的目标。计划的重点围绕全国七大经济区（包括长江三角洲及沿江地区、环渤海地区、东南沿海地区、西南和华南部分省份、东北地区、中部五省地区、西北地区）展开，并提出了若干促进区域协调发展的具体政策措施。其中，重要的政策措施包括优先发展中西部地区资源开发和基础设施建设，实行规范的中央财政转移支付制度，增加对中西部地区的财政支持，引导外资更多地投向中西部地区，加强东部沿海地区与中西部地区的经济联合与技术合作。这些措施旨在推动中西部地区的经济发展，促进全国各地区的协调发展，从而实现经济的全面发展。

总的来说，在改革开放时期，我国的区域发展战略从均衡发展向非均衡发展方向转变，具体表现在区域发展战略的重点和发展模式上，即从东部向西部，从沿海地区向内陆地区调整和转移，这种转变为我国实施沿海优先开放战略和东、中、西三大地带战略提供了有力的支持。

（三）区域协调发展战略（2001年至今）

在这个阶段，我国的区域发展战略已经完成了从非均衡发展战略到协调发展战略的转变，重点放在“四大板块”和“三大支撑带”战略组合的区域政策，以多个重大战略为引领，推动不同地区之间的协调发展和缩小经济差距，这标志着我国区域协调发展迈入了全新的阶段。

“十五”计划（2001～2005年）对各地区的发展进行了整体规划，陆续提出了西部大开发战略、东北等老工业基地振兴战略等，改革开放以来的按东、中、西三大地带逐步推进的区域发展战略开始转变。2002年，《“十五”西部开发总体规划》发布并实施，西部大开发战略步入实质性的推进阶段。西部大开发战略的实施包括一系列政策和措施，如加强基础设施建设、提高科技创新水平、发展旅游业、加强对贫困地区的扶持等。这些措施旨在改善西部地区的经济环境，吸引投资和人才，促进西部地区的经济发展。自实施西部大开发战略以来，人民生活水平明显提高，但西部地区仍然存在生态环境脆弱、贫困现象严重等诸多问题。东北等老工业基地振兴战略旨在通过加强基础设施建设、促进产业转型升级、推动技术创新、扩大对外开放等措施，促进这些地区的经济发展。同时，政府还鼓励企业加大对这些地区的投资，推动产业升级和转型。该战略自2003年启动以来，已经取得了一些成果，东北地区的经济增长率逐渐加速，一些新兴产业（如信息技术、生物科技、高端装备制造等）也在这些地区迅速发展。然而，这些地区仍然面临许多挑战，如老龄化、环境污染、资源枯竭等问题，因此仍需要进一步加大政策支持和投入。

2004年政府工作报告明确提出促进中部地区崛起，并将其纳入“十一五”规划（2006～2010年）。该战略的实施涉及基础设施建设、产业发展、环境保护、人才培养等方面。国家在中部地区建设高速公路、高铁、机场等基础设施，以促进地区内部和与其他地区的交通和经贸联系。同时，还计划扶持和引导中部地区的优势产业，如汽车、装备制造、电子信息等产业的发展，提高地区的产业水平和核心竞争力。在环境保护方面，计划加强中部地区的生态保护和治理，促进绿色发展。在人才培养方面，政府计划加大对中部地区高校和科研机构的支持，培养更多的高层次人才。中部崛起战略的实施使中部地区的经济增速快于东部地区，加上2008年金融危机对我国沿海地区造成了较大冲击，东部地区率先启动了转型升级战略，主要目标是推动东部地区在现代化进程中发挥引领作用，加快经济发展和城镇化进程，并加强对外开放。在过去的几十年中，东部地区已经成为我国经济发展的引擎和开放的窗口，通过实施“东部率先”战略，有望进一步加强东部地区的经济实力和竞争力，为我国全面建设社会主义现代化进程打下坚实基础。至此，“四大板块”战略正式形成。“十一五”规划明确提出“要坚持推进西部大开发，振兴东北地区等老工业基地，促进中部地区崛起，鼓励东部地区加快发展”，以促进形成主体功能定位清晰、东中西良性互动、公共服务和人民生活水平差距趋向缩小的区域协调发展格局。

“十二五”规划（2011～2015年）明确提出实施区域发展总体战略和主体功能区战略，旨在构建区域经济互补优势、明确主体功能定位以及促进人与自然和谐相处的区域协调发展格局。国家高度重视城市群建设，2014年《国家新型城镇化规划（2014—2020年）》强调城市群的重要作用。城市群是我国未来经济发展格局中最具活力和潜力的核心地区，是全国生产力布局中的战略支撑点。我国已形成长江三角洲、京津冀、成渝等城市群，这些城市群在我国区域经济协调发展中发挥了重要的作用。

“十三五”规划（2016～2020年）提出以区域发展总体战略为基础，以“一带一路”建设、京津冀协同发展、长江经济带发展、粤港澳大湾区建设等重大战略为引领，以西部、东北、中部、东部四大板块为基础，推动形成沿海沿江沿线经济带为主的纵向横向经济轴带，促进区域间相互融通和补充。同时，提出缩小区域政策单元，完善区域政策，提高区域政策的精准性。党的十九大报告明确提出要坚定实施区域协调发展战略，并将其作为决胜全面建成小康社会、开启全面建设社会主义现代化国家新征程的七大战略之一。

“十四五”规划（2021～2025年）提出要深入实施区域重大战略，以促进区域间融合互动、融通补充，健全区域协调发展体制机制，包括加快推动京津冀协同发展、全面推动长江经济带发展、积极稳妥推进粤港澳大湾区建设、提升长三角一体化发展水平、扎实推进黄河流域生态保护和高质量发展。

在对改革开放初期实施的区域非均衡发展战略所造成的区域发展差距问题进行反思的基础上，国家提出并实施了具有中国特色的区域协调发展理论。这一时期，区域协调发展成为我国社会主义市场经济条件下必然的区域发展战略选择。纵观全球现代化历程，大多数幅员较广的发展中国家在实现工业化、现代化的过程中，都经历了从区域非均衡发展到区域协调发展的转变。

二、区域协调发展的内涵

（一）区域协调发展内涵界定的依据

在对区域协调发展内涵进行界定之前，首先要搞清楚“协调”的内涵。“协调”自身的含义是配合适当、步调一致，但由于不同的研究领域和角度，截至目前，对“协调”本身还没有一个比较明确和统一的定义。本研究尝试从区域相互依赖理论和劳动地域分工理论出发，对区域协调发展的内涵进行界定。

1. 区域相互依赖理论

区域相互依赖理论是地理学领域的一个理论框架，也被称为中心—外围理论或核心—边缘理论。该理论认为，不同地区的经济发展是相互依赖的，一个地区的经济发展程度会影响其他地区的发展状况，发达地区的经济发展会对周围的边缘地区产生辐射效应。也就是说，中心地区经济繁荣会带动周围地区的经济发展。同时，边缘地区也会向中心地区输送资源和原材料，这种相互依赖的关系被称为中心—外围关系。区域相互依赖理论认为，地理位置和资源禀赋是影响不同地区发展水平的重要因素。发达地区具有优越的地理位置和丰富的资源，可以通过技术进步和规模效应不断提高生产效率，从而赢得更多的市场份额。而欠发达地区则由于交通不便、缺乏人力和资金等原因，难以获得同样的竞争优势。这一理论认为，不同区域之间因资源分布、技术、资本等方面的差异性，存在相互依赖的关系。各区域之间在分工合作的过程中，实现了经济资源的优化配置，从而使得整个区域的效益最大化，进而实现区域发展和整体发展的良性循环。该理论在一定程度上可以解释地区经济发展的差异。但也有人认为它过于简单化，忽略了许多其他的因素，如没有考虑政治和文化因素对经济发展的影响，以及全球化和信息技术的发展对地区之间经济联系的改变。

2. 劳动地域分工理论

劳动地域分工理论是经济学领域的一个理论框架，它强调各地区在生产过程中的分工和相互依存关系。这一理论认为，地理位置、资源禀赋和技术水平等因素都会影响不同地区的生产能力和比较优势，从而形成一种区域性的劳动分工关系。在劳动地域分工理论中，地理位置被认为是影响生产能力的重要因素。一般来说，交通便利的地区更容易与其他地区进行交流和贸易，从而可以获得更多的市场机会。同时，某些地区具有丰富的自然资源和劳动力，这些资源可以被优化利用，以提高生产效率和降低成本。此外，技术水平也是关键的影响因素。不同地区的技术水平差异会导致生产能力和生产成本的不同，从而促成地域分工，如发达地区通常具有更高的技术水平和更先进的生产设备，可以生产附加值更高的产品；而欠发达地区的劳动力成本更低，有更多的自然资源，可以生产低成本的产品。较为发达的地区通常扮演着“中心”的角色，向周边地区提供技术和资本等资源，而周边地区则向中心地区提供原材料和廉价劳动力等资源，这种地域分工关系可以提高各地区的生产效率和经济繁荣程度，但同时也会带来一些问题，如资源过度开采、环境污染等。由于不同地区的自然条件和人力资源等方面的差异，各地区具有不同的比较优势，应该按照各自的比较优势进行专业化分工，提高劳动生产率和经济效益。通过劳动地域分工，各地区能够实现经济效益的最大化，同时还能促进各地区的经济协作和互补，提高整个区域的竞争力和发展水平。

区域相互依赖理论和劳动地域分工理论体现了相同的思想主张，即各地区应该依据各自的优势进行专业化分工，通过分工合作实现相互依存和协作，并最终实现整个区域的发展和繁荣。在现代化经济体系下，区域之间的分工合作关系具有相互依赖性，为了获得最大的整体效益和个体效益，各区域之间必须进行分工和合作，相互依赖，而良好的区域关系则必然体现为区域之间的相互开放和合理的分工与合作。

（二）国家发展规划视角下区域协调发展的内涵解读

自“九五”计划到“十四五”规划，区域协调发展一直被视为国家发展规划的重要部分。虽然这些规划纲要并没有直接对区域协调发展的内涵进行明确的定义，但是通过对相关内容的描述，我们可以进行间接的解读（见表2.1）。

表2.1 相关发展规划纲要关于区域协调发展的内容

国家发展规划纲要	区域协调发展相关内容
“九五”计划纲要（1996～2000年）	①逐步缩小地区发展差距； ②积极布局合理化； ③发挥优势、分工合作，避免地区间产业结构趋同化； ④积极推动地区间的优势互补、合理交换和经济联合； ⑤按照市场经济规律和经济内在联系以及地理自然特点，突破行政区划界限
“十五”计划纲要（2001～2005年）	①打破行政分割； ②发挥比较优势，防止结构趋同
“十一五”规划纲要（2006～2010年）	①发挥比较优势； ②东中西良性互动； ③公共服务和人民生活水平差距趋向缩小； ④健全市场机制，打破行政区划的局限，促进生产要素在区域间自由流动，引导产业转移； ⑤形成以东带西、东中西共同发展的格局
“十二五”规划纲要（2011～2015年）	①充分发挥不同地区比较优势，促进生产要素合理流动，深化区域合作，推进区域良性互动发展，逐步缩小区域发展差距； ②按照全国经济合理布局的要求，规范开发秩序，控制开发强度，形成高效、协调、可持续的国土空间开发格局

续表

国家发展规划纲要	区域协调发展相关内容
“十三五”规划纲要（2016～2020年）	以区域发展总体战略为基础，以“一带一路”建设、京津冀协同发展、长江经济带发展为引领，形成沿海沿江沿线经济带为主的纵向横向经济轴带，塑造要素有序自由流动、主体功能约束有效、基本公共服务均等、资源环境可承载的区域协调发展新格局
“十四五”规划纲要（2021～2025年）	①深入实施区域重大战略，包括加快推动京津冀协同发展、全面推动长江经济带发展、积极稳妥推进粤港澳大湾区建设、提升长三角一体化发展水平、扎实推进黄河流域生态保护和高质量发展，促进区域间融合互动、融通补充； ②深入实施区域协调发展战略，包括推进西部大开发形成新格局，推动东北振兴取得新突破，开创中部地区崛起新局面，鼓励东部地区加快推进现代化，支持特殊类型地区发展，健全区域协调发展体制机制

资料来源：根据相关发展规划纲要整理。

从我国相关发展规划纲要关于区域协调发展表述的演进来看，区域协调发展的内涵逐渐从“九五”计划纲要表述中的经济发展协调拓展为“十四五”规划纲要表述中的经济、社会、环境等多维度视角，主要包括促进经济发展、推动一体化进程、提高公共服务保障程度等全方位的协调发展。

（三）学术界对区域协调发展内涵的认识

现阶段关于区域协调发展的研究文献很多，但学术界并未对区域协调发展的内涵进行明确界定。学者们关于区域协调发展内涵的争议主要体现在两个方面。

一类观点认为，区域协调发展专指区域间经济发展的协调。协调发展的目的是，在整体发展的前提下，促进不同地域之间经济的协调发展，以达到减缓地区经济差距扩大的目的（陈亚军，1996），这一目标的实现可以使地区之间的差距稳定在合理适度的范围内，并逐渐收敛（陈秀山，2006），进而形成一种优势互补、共同繁荣的区域经济发展形态（高志刚，2002）。区域协调发展要求落后地区在发展速度上领先于发达地区一定程度，以减少地域间的相对差距（王琴梅，2007）。从这个角度来看，区域协调发展的含义是，在整体发展的前提下，缩小不同地域之间的绝对收入差距。根据姜文仙（2009）对区域协调发展的内涵进行了更系统的解释。他指出，区域协调发展是指，随着区域开放的不断加强，区域之间的经济联系也不断加深，相互依存程度逐渐加深，各区域的经济发展相互关联、相互促进。这种相互关联、相互促进的关系可以最终实现各区域的经济持续发展，同时缩小各地域之间的经济差异。因此，区域协调发展的内涵是更加广泛和深刻的，不仅仅是简单的经济差距的减少，还包括地区之间的合作与交流，以及资源的共享和利用。在实践中，区域协调发展需要各地方政府制定科学合理的政策，推动资源的优化配置和产业结构的优化升级，增强区域之间的交流与合作，加强对落后地区的扶持和帮助，促进区域之间的经济发展相互关联和协调。这样可以建立起一个稳定、和谐、可持续发展的区域经济格局。

另一类观点认为，区域协调发展是指，在区域内部，经济、社会、环境等多方面的发展要协调一致。这种观点认为，区域发展的不协调不仅仅是区域之间经济发展的差距，还涉及人口、地理和制度等多种因素的空间失衡。肖金成（2008）指出，要实现区域协调发展，必须考虑人与自然的和谐发展，引入环境与资源的概念，重视生态环境保护。徐盈之（2010）则更加强调区域协调发展应涵盖人与自然和谐发展的理念，同时强调在解决区域之间生活水平差距的同时，也要关注公共服务均等化和社会公平。薄文广（2011）进一步指出，如果单纯考量区域经济发展差距，那么会显然不够科学；相反，区域协调发展应该包含全方位的和谐，不仅要考虑经济发展水平，还要考虑到享受公共服务的差异。因此，区域协调发展要重视区域之间制度、经济、地理、社会、人口、环境、资源等方面的有机结合及协同。刘乃全（2016）认为，在实现整体经济高质量发展的同时，区域内不同基本单元之间应该实现良性互动，将发展差距控制在合理的范围内。综上所述，区域协调发展不仅仅关注区域之间经济的差距，还涉及多个方面的协调发展。

进入新时代以来，我国经济已经转向高质量发展阶段，而解决区域发展不平衡问题并实现区域协调发展已成为实现我国经济高质量发展的必由之路。这也对新时代区域协调发展提出了更高的要求。本研究认为，新时代区域协调发展的内涵可定义为：以整个区域的发展为目标，在保证区域主体高质量发展的基础上，促进区域内部各系统的均衡发展，充分发挥不同区域的比较优势，并将区域间发展差距控制在适度范围内，以实现区域间的正向协同互动。为了评估新时代区域协调发展的标准，需要考虑以下因素：一是区域经济是否实现持续发展；二是区域联系是否密切，区域分工是否合理；三是区域差异是否控制在合理的范围内；四是区域公共产品是否均衡分配，区域生活水平是否一致。这些因素都是新时代区域协调发展的重要评价标准。

第二节 区域协调发展理论的演进

一、区域均衡发展理论

区域均衡发展理论（Balanced Development Theory）最初源自马歇尔提出的新古典经济学理论。其观点认为，随着生产要素在不同区域之间的流动，各区域经济发展水平之间的差距将逐渐缩小，因此可以通过合理的空间布局和资源配置来实现经济社会的均衡发展。区域均衡发展理论主要包括罗森斯坦－罗丹（Rosenstein-Rodan，1943）的大推进理论、纳克斯（Nurkse，1952）的平衡发展理论、索洛（Solow，1957）的新古典区域平衡发展理论以及纳尔逊（Nelson，1956）的低水平陷阱理论等。

（一）大推进理论

罗森斯坦－罗丹在20世纪50年代提出的大推进理论，主要探讨穷困地区经济发展的问题。当一个国家的经济处于低水平的发展阶段时，需要通过大规模的投资来推动，从而对整个经济产生广泛的影响。这些投资可以是政府投资、外国援助或私人企业投资，其目的是创造足够的需求，使经济增长得以持续。

大推进理论的核心思想是：经济发展需要大规模的资本投资和技术进步，但是这些投资和进步不能仅依赖于市场机制，需要政府的干预和集中式的协调规划，这样才能实现经济的快速发展。该理论认为，穷困地区经济发展的困境在于缺乏资本、技术和市场等基础设施，而且这些基础设施之间相互依赖，任何一个环节的缺失都可能导致整个经济系统崩溃。因此，只有通过一次性的大规模投资和全面升级，才能够实现经济的快速发展。

罗森斯坦－罗丹认为，技术创新可以推动经济增长，而且这种增长是不断加速的。具体来说，大推进理论指出，技术创新会带来一个连锁反应，引发其他技术的创新和进步，这些技术的进步又会促进其他技术进步，形成一个良性循环，这种循环效应会在经济中形成“成本下降—需求增加—产量增加—价格下降”的循环，使得经济增长不断加速。该理论提出了两个关键要素：一是技术创新的成本下降；二是市场需求的扩大。技术创新的成本下降可以使得新技术更容易被采纳和应用，从而促进市场需求的扩大。市场需求的扩大又可以进一步促进技术的创新和应用，形成良性循环。大推进理论在经济学研究中具有重要的意义，它强调了技术创新和市场需求的相互作用关系，为经济发展提供了新的思路和方向。

（二）平衡发展理论

著名经济学家纳克斯提出了贫困恶性循环和平衡增长理论。

贫困恶性循环现象主要是针对发展中国家的经济状况而提出的。纳克斯认为，发展中国家存在贫困恶性循环的问题，即贫困与经济增长之间存在相互制约的关系，而这种关系会导致经济增长难以实现，同时也会导致贫困难以得到有效的缓解。具体来说，贫困会对经济增长产生一系列的负面影响。首先，贫困会削弱劳动力的素质和创造力，从而妨碍经济创新和增长。其次，贫困会导致人口增长和城市化加速，从而加剧资源短缺和环境污染等问题。此外，贫困还会导致政治不稳定，社会矛盾加剧，从而阻碍经济增长。而经济增长又会对贫困产生影响。在发展中国家，经济增长往往是通过劳动密集型产业和资本密集型产业的发展来实现的。但是，这些产业对教育和技术的要求较低，往往难以提高劳动者的技能水平，从而难以提高劳动者的收入水平。同时，由于经济增长的成果往往被少数人占有，很难实现普惠性，因此导致贫富差距加大，贫困问题得不到有效解决。

平衡增长理论是纳克斯针对贫困恶性循环现象提出的策略建议。纳克斯认为，发展中国家必须通过平衡增长来实现经济发展。平衡增长旨在实现收入分配的平衡，同时也要在保证就业充分、资本积累和资源利用效率高的情况下，达到平衡的增长。这一理论意味着，经济增长不会自动提升福利，而需要通过政策干预和制度改革来实现。发展中国家必须采取积极的政策来促进平衡增长。具体来说，平衡增长的实现路径可以包括以下几个方面：首先，政府可以通过减少财政赤字和提高税收来实现平衡增长。财政政策的目标是在保证公共支出的同时，减轻税收负担和财政压力。其次，政府可以通过制定贸易政策来促进经济增长和平衡增长。贸易政策的目标是促进贸易平衡和国际分工的合理化，提高本国经济的国际竞争力。再次，政府可以通过投资教育和技能培训来提高劳动力的素质，提高人力资本和技术水平。最后，政府必须采取积极的工业化政策，以促进工业化的发展，增加就业机会和提高生产力水平，进而实现经济发展的可持续性和稳定性。

（三）新古典区域平衡发展理论

索洛的新古典区域平衡发展理论是对新古典主义地理学理论的发展。该理论建立在新古典经济学和空间经济学的基础之上，旨在探讨不同地区之间的经济关系以及如何实现这些地区的平衡发展。该理论认为，一个地区的经济增长是其内部因素和外部因素相互作用的结果。它强调区域之间的互动和地方性因素的重要性，是一个综合性的理论框架，能够解释区域经济的发展和变化。

新古典区域平衡发展理论认为，当一个地区的经济增长速度快于其他地区时，该地区的劳动力市场将变得更加紧张，导致工资增长和成本上升，而这会降低该地区的竞争力，最终导致经济增长放缓。该理论的基本假设是，一个地区的经济增长是由技术进步和劳动力资本投资等因素共同驱动的。在该理论中，技术进步被认为是经济增长的主要因素之一，因为它可以增加生产力和创造新的市场，同时投资和劳动力投入也是促进经济增长的关键要素之一。新古典区域平衡发展理论还着重强调地区之间的相互作用，认为地区之间的相互作用会促进经济增长并产生溢出效应。换言之，一个地区的经济增长可以促进邻近地区的经济增长，并推动整个地区经济增长。

在这种情况下，索洛认为，政府应该通过制定政策来平衡不同地区之间的经济发展差异。其中，最重要的政策是投资基础设施建设，这将为不同地区提供更好的交通、通信、能源和水资源等基础设施条件，提高不同地区的竞争力。此外，政府还应该通过税收和财政政策等手段来促进不同地区的经济发展平衡。

总的来说，索洛的新古典区域平衡发展理论提供了一种理论框架，能够更全面地解释区域经济的发展和变化。该理论认为，经济增长是由技术进步和投资等内部因素和地区之间的相互作用所驱动的。同时，政府应该发挥积极作用，促进区域经济的发展。这些理论对于政策制定者和经济学家来说具有重要的指导意义，可以帮助他们更好地理解和解决区域经济发展的问题。

（四）低水平陷阱理论

纳尔逊提出了低水平陷阱理论，旨在解释为什么一些国家在长期发展中陷入了贫困和落后的局面。

低水平陷阱理论是指，在经济发展过程中，一些国家由于缺乏必要的基础设施和技术，并受制于人力资源、资金等各方面的限制，导致经济增长停滞或者无法实现快速增长，这种情况被称为低水平陷阱。低水平陷阱不仅是一个经济问题，也是政治和社会问题，因为低水平的经济发展会导致社会稳定和政治稳定的崩溃。当一个国家处于这种状态时，便很难从低水平陷阱中走出来，因为缺少足够的资源和能力来实现跨越式的经济发展。此外，政治方面的因素，如腐败、不稳定的政治环境等，也会进一步恶化这种情况。这些因素相互作用，形成了一种恶性循环。为了摆脱低水平陷阱，需要采取一系列有效的政策和措施，如加强基础设施建设、促进科技创新、改善教育和人力资源开发等，同时政府还可以通过优惠政策、税收减免和财政支持等方式来吸引外部投资和企业，进一步促进地区经济发展。

然而，低水平陷阱理论也存在一些问题。首先，该理论未考虑到全球化和国际贸易等因素对发展的影响。其次，该理论未考虑到自然资源的重要性。一些国家可能拥有大量的自然资源，这些资源可能成为经济发展的关键因素。最后，该理论未考虑到政治稳定和社会发展对经济发展的重要性。

低水平陷阱理论为我们提供了一个解释为什么一些国家在长期发展中陷入了贫困和落后的局面的框架。这个框架提示我们，在促进发展的过程中，需要综合考虑经济、政治、文化和社会等因素的影响，尤其是在那些处在困境之中的发展中国家。

二、区域非均衡发展理论

区域非均衡发展理论（Non-balanced Development Theory）认为，由于历史、地理、社会、经济等因素的影响，不同地区之间的发展水平和差距可能会越来越大，这种不平衡的状态可能会持续很长时间，甚至是永久性的。区域非均衡发展理论主要包括缪尔达尔（Myrdal，1957）的循环累积因果论、威廉姆森（Williamson，1965）的倒“U”理论等代表性理论。

（一）循环累积因果论

经济学家缪尔达尔提出了一个著名的理论，被称为循环累积因果论。这一理论主要探讨经济发展的不平衡现象，即为什么一些国家或地区的经济可以持续增长，而另一些国家却陷入贫困的困境。

循环累积因果论认为，经济发展不是简单的线性过程，而是一个循环过程。各种经济因素相互作用、相互影响，形成一个循环累积的系统。在这个系统中，一些特定的因素可以通过相互作用和互动的方式产生循环效应，从而推动经济发展。具体来说，缪尔达尔认为，经济中的一些关键要素，如技术、资本、劳动力、市场、政策等，都可以产生循环效应，从而影响经济的发展轨迹。例如，技术的进步可以提高生产力和效率，这将促进投资和资本积累，进一步加速技术创新和生产力提高的循环，从而推动经济发展。类似地，政府的发展战略、市场机制的建立、教育投入等都可以通过循环效应，对经济发展产生积极的推动作用。但是，循环累积因果论也指出了经济发展中的不平衡和不公正问题。在这个系统中，经济增长的积极循环效应可能会放大某些地区或行业的优势，加剧地区和产业之间的不平衡，造成一些地区或群体的经济落后和贫困。这种现象被称为“循环累积贫困”。

循环累积因果论的另一个关键概念是“非均衡状态”，即经济体系不是一个稳定的平衡状态，而是处于不断演变的过程中。在这个过程中，各个因素之间的相互作用和反馈不断发生变化，产生新的动态平衡状态。

总的来说，循环累积因果论提供了一个重要的理论框架，用来解释发展中国家的经济问题，尤其是在贫困和不平等问题方面，可以帮助我们更好地理解经济体系中的相互作用和影响。这种理论视角也为政策制定者提供了指导，有助于他们更加全面地考虑经济体系中的各种因素，制定更为有效的政策。

（二）核心—边缘区理论

阿尔伯特·赫希曼的核心—边缘区理论是关注经济发展的一种理论。他认为，经济增长不是一个平稳、自然的过程，而是一个充满矛盾和冲突的过程，其中经济发展的推动力量和阻力力量相互作用，形成了不平衡状态。

赫希曼认为，各区域经济的快速发展不可能同时出现，但是一旦在某一地区发生，在集聚效应的作用下，各类有利的生产要素会向该区域集聚，使得该地区的经济发展较快、收入增加，形成核心区。相比之下，该区域周边的落后地区则表现为经济发展缓慢、收入落后，形成边缘区。赫希曼还提出了两个概念来解释这种不平衡发展："向前倾斜"和"向后倾斜"。向前倾斜是指发展的快速推进，通常发生在某个领域或地区出现新的机会和潜力的时候。向后倾斜则是指发展的滞后和减缓，通常发生在某个领域或地区失去其优势或竞争力的时候。

核心—边缘区理论认为，这种不平衡发展可能会导致以下几个问题：发展速度慢的行业可能会陷入困境，缺乏投资和创新，导致竞争力下降，从而进一步加剧不平衡发展；发展速度快的行业可能会出现过度投资和过度扩张，导致市场饱和和利润下降，从而导致竞争力下降；经济不平衡发展还可能导致社会不稳定，因为一些地区和行业的人口会流失，而其他地区和行业的人口则会增加，从而导致不公平和不平衡的现象。而这些不平衡现象则需要通过政策的制定和实施来调节和协调。政府可以通过投资、补贴和税收政策来平衡经济发展，鼓励那些发展缓慢的行业，限制那些发展过度的行业。同时，在国家发展战略中，应该采用多元化的方法，鼓励不同地区和行业的发展，从而使经济更加平衡和稳定。社会各界（包括政府、企业和社会组织等）应该加强合作，共同解决经济发展中的不平衡问题。

（三）倒"U"理论

威廉姆森的倒"U"理论用于描述国家经济发展的阶段性变化。该理论认为，在国家经济发展的早期阶段，随着经济增长和市场化程度的提高，交易成本和机会成本逐渐降低，从而促进了经济发展。然而，随着经济的进一步发展和成熟，交易和机会成本开始上升，导致经济增长率下降。因此，国家经济发展的过程通常呈现出倒"U"形曲线。

在该理论中，经济发展的早期阶段被称为"无序经济"。在这个阶段，市场不成熟、法律制度不完善、交易成本高、机会成本也高，经济增长主要依赖于资源和劳动力的投入以及国际贸易的刺激。这个阶段的特征包括较低的生产力和技术水平。随着经济的发展和市场的逐步成熟，经济发展进入“有序经济”阶段，这时市场成熟，法律制度逐渐完善，交易成本和机会成本开始下降。在这个阶段，经济增长开始加速，生产力和技术水平也开始提高。然而，随着经济进一步发展，交易和机会成本逐渐上升，经济发展的速度开始放缓。这时便进入了“后有序经济”阶段。在这个阶段，市场成熟，法律制度完善，但是经济增长主要受制于高成本和低效率的制度和规定。此时，需要实施结构性改革来提高生产力和促进经济增长。

总的来说，威廉姆森的倒“U”理论认为，经济发展会经历一个从无序到有序再到后有序的过程，并在有序经济阶段达到经济增长的高峰，随后随着交易和机会成本的上升而开始下降。该理论对于理解经济发展的不同阶段和实施相应的政策具有重要的参考价值。

（四）增长极理论

经济学家弗朗索瓦·佩鲁提出了增长极理论（The Theory of Growth Poles），试图解释为什么一个地区或国家经济增长得快，而另一个地区或国家却无法实现同样的经济增长。

佩鲁认为，一个地区的经济增长主要依赖于其经济增长的核心区域，即增长极，而非整个地区的平均水平。增长极是推动经济发展和增长的关键因素，主要是指一个经济发展水平较高、创新能力强、拥有先进的基础设施和高技能劳动力的地区。它能够通过吸引外来投资和促进本地区经济活动的发展来创造就业机会，提高生产力和增加财富。增长极的形成需要满足三个基本条件：首先，增长极必须具备技术领先和创新能力；其次，增长极需要有足够的资金和资源，以支持其持续发展；最后，增长极必须具备强大的市场需求和潜力，以推动其产品和服务的销售和流通。增长极的发展会带动周边地区的发展，形成一个增长极区域。具体来说，增长极周边地区会因为与增长极的联系而获得更多的投资、技术和知识，并逐步发展壮大，形成“滚雪球”的效应，从而带动整个地区的经济增长。

佩鲁认为，经济增长是不平衡的，即经济增长和发展不会在所有地区同时发生，而是集中在一些特定的区域和产业。因此，强调增长极的发展是推动整个经济增长的关键。特别是对于发展中国家来说，增长极显得尤为重要。在发展中国家，必须鼓励建立多个增长极，并通过发展这些增长极来推动整个国家的经济增长。同时，增长极理论提出了政府干预的必要性，认为政府应该采取积极措施来促进增长极的发展，如投资基础设施、提供税收优惠和制定区域性的产业政策等。

综上所述，佩鲁的增长极理论认为，经济增长和发展是不平衡的，集中在特定的区域和产业，并且这种不平衡是由于增长极的存在所引起的。政府应该采取积极措施来促进增长极的发展，从而推动整个经济的增长。该理论对于区域经济发展的研究有着重要的影响。

（五）点轴开发理论

点轴开发理论最早由经济学家萨伦巴和马利士提出，是对增长极理论的延伸。

点轴开发理论基于两个关键概念。一是点—轴阶段。这是经济增长过程中的一个关键阶段，通常指的是从农业经济向工业经济转型的过程。在这个阶段，劳动力和资本从低生产力的农业部门向高生产力的工业部门转移，生产效率和生产率得到显著提高。由于这个阶段的重要性，萨伦巴将其称为“点—轴”。二是开发过程。这指的是经济发展的总体过程，包括点—轴阶段和其他各个阶段。在开发过程中，劳动力和资本的生产率不断提高，从而促进经济增长。

点轴开发理论认为，经济增长是由一系列连续的点—轴阶段和非点—轴阶段构成的。点—轴阶段是经济增长的推动因素，因为在这个阶段，劳动力和资本的生产率得到了显著提高，促进了工业化和城市化进程，从而促进了经济增长。点—轴阶段的发生取决于两个因素：经济结构和经济制度。经济结构指的是不同经济部门之间的比例和关系，而经济制度则指的是政治和经济机构的性质和效率。如果一个国家的经济结构和制度不利于点—轴阶段的发生，那么经济增长将受到限制。

我国学者陆大道（1984）基于点轴开发理论进一步提出点轴系统理论。点轴系统理论认为，由于增长极数量的增多，增长极之间也出现了相互联结的交通线，这样两个增长极及其中间的交通线就具有了高于增长极的功能，理论上称为发展轴。发展轴应当具有增长极的所有特点，而且比增长极的作用范围更大。经济增长和周期性变化可以用一个点—轴系统来描述。这个点—轴系统由两条轴组成：一个是生产力轴，另一个是市场需求轴。生产力轴表示生产力水平的变化，市场需求轴表示市场需求的变化。点轴系统理论认为，经济增长和周期性波动的变化是由生产力和市场需求的变化所驱动的。因此，政府和企业应该关注如何提高生产力和满足市场需求，以促进经济增长和减少周期性波动。

（六）区域经济发展梯度转移理论

梯度转移理论源于弗农提出的工业生产生命周期阶段理论，将这一理论引入区域经济学，便产生了区域经济发展梯度转移理论。

区域经济发展梯度转移理论是一种解释不同地区、国家或社会经济水平差异的理论。该理论认为，当一个地区的经济发展达到一定水平后，会出现一种梯度转移现象，即经济发展的活跃度和动力会逐渐向周边地区转移。这种转移现象是一种自然经济发展规律。

梯度转移理论主要包括两个部分，即“梯度”和“转移”。“梯度”指的是经济水平的不均匀分布，即不同地区、国家或社会之间的经济水平差异。一般来说，经济发达地区集中在大城市和沿海地区，而相对欠发达的地区则主要分布在内陆和边远地区。“转移”指的是经济资源、技术、人才等在不同地区、国家或社会之间的流动。当一个地区的经济发展达到一定水平后，其发展的动力和活跃度会逐渐向周边地区转移。这是因为，随着经济发展水平的提高，发展机会和市场需求会逐渐减少，而相对落后的周边地区则会因为资源条件和市场需求等方面的优势而成为吸引资本和产业转移的热点。梯度转移的结果是，经济资源、技术、人才等在不同地区、国家或社会之间流动，对经济水平产生影响，这种影响可能促进经济发展，也可能阻碍经济发展。例如，经济资源的流动可能会促进经济发展，因为这些资源可以被更高效地利用。然而，如果这些资源主要流向富裕地区或国家，贫困地区或国家的经济发展就可能受到阻碍。同时，经济发展的差异会逐渐减小，直至消失。这是因为，随着资源、技术、人才等的流动，贫困地区或国家可以从富裕地区或国家学习和吸收先进的经验和技术，提高自身的经济水平。

区域经济发展梯度转移理论提出了一种解释区域经济发展差异的新思路，对于促进区域经济协调发展具有重要的意义。

第三节　区域协调与不平衡：产业迭代与空间重构推动下的理论比较

一、产业迭代推动下区域协调与不平衡相关理论

（一）产业迭代

在对相关理论进行梳理之前，首先要明确产业迭代的内涵。从字面意思来说，产业迭代是指产业的更新换代。在经济学理论文献中，对产业迭代的相关定义描述较少，大多数学者通常还会用产业升级来描述这种现象。

产业迭代是指，在市场经济条件下，为了满足不断变化的需求、适应技术进步，旧有产业通过技术创新和转型升级的过程。在产业迭代中，企业通过引入新的生产技术、改变产品设计或商业模式等方式，改进产品质量，降低成本、提升竞争力。这种迭代过程常常伴随着原有产业的淘汰和新兴产业的崛起。产业迭代的本质是技术创新推动下的一种结构性变革，包括技术进步、科技成果的应用、产品研发和改进、生产效率的提升以及企业组织和商业模式的调整等。产业迭代的推动因素主要包括市场需求的变化、技术进步和创新成果的应用、竞争压力的增加以及政府政策的支持等。

（二）产业迭代的相关理论

1. 创造性破坏理论

经济学家约瑟夫·熊彼特发展了马歇尔的理论，并在1912年出版的《经济发展理论》一书中把企业家视作创新的主体，认为其作用在于创造性地破坏市场均衡，并将其称为创造性破坏。熊彼特认为，创新就是不断从内部革新经济结构，即不断破坏旧的，创造新的结构。如今，全球经济所破坏和创造的巨大价值完美地印证了这一前瞻性论断，创造性破坏的力量还在不断增强，并

且已经成为主流经济论述中的重要核心概念。

创造性破坏是资本主义的本质性事实，重要的问题是研究资本主义如何创造并进而破坏经济结构，而这种结构的创造和破坏主要不是通过价格竞争，而是依靠创新的竞争实现的。每一次大规模的创新都会淘汰旧的技术和生产体系，并建立起新的生产体系。受科技创新的驱动，不断推出更好的新产品，引发产业革命，同时也毁灭了很多旧产业。在一定的时间内，这种创造性破坏的影响是破坏大于创造。但从长期来看，科技创新最终会引发新的产业革命，提升经济景气度，提高生产效率，使人类社会更好地发展，最终实现区域均衡发展。

2. 创新网络理论

创新网络理论最早起源于社会学的网络分析，自 20 世纪 80 年代以来，引起了广泛的关注。格兰诺维特的社会网络理论认为，社会关系网络不仅可以降低组织管理成本，还可以提升创新能力，并且使企业间的边界变得模糊，有利于企业之间形成合作。2002 年，我国学者盖文启对创新网络进行了系统的研究。他认为，创新网络是指由企业、大学、研究机构、政府等多种机构组成的网络，通过合作和交流可以促进创新和知识流动。在产业迭代中，创新网络发挥着重要作用，推动技术创新和转型。随着经济高速发展，信息技术不断创新，拉近了各部门之间的距离，削弱了地理位置带来的影响。创新网络理论认为，通过创新网络的建立和发展，不同地区的知识、资源和技术能够相互借鉴和交流，从而推动整个区域的产业迭代和升级。创新网络在产业迭代和升级的过程中，可以通过合作研发项目、科研机构和企业间的合作以及政府政策的支持来促进区域经济的发展。

3. 区域经济非均衡增长理论

区域经济非均衡增长理论产生于 20 世纪 50 年代。与区域经济均衡增长理论有所不同，该理论认为，当前经济发展处于二元经济条件下，区域经济的增长必然伴随一个非均衡的过程，并主张一国将有限的资源集中起来，优先投入经济基础较好、效益较大的产业或部门，以获取区域经济的高速增长，进而促进周边区域经济的增长，并以此引导和推进区域经济的发展。各部门或产业在进行区位选择时，会因为各种要素而产生集聚。那些经济基础较好、效益较大的部门所在的地区会优先进入产业迭代环节，进一步拉大区域之间的差距，从而导致区域发展不平衡。

4. 产业创新理论

产业创新理论是由英国经济学家克里斯蒂安·弗里曼提出的，他在20世纪70年代开始研究经济增长和创新之间的关系。这一理论主要强调技术创新对于经济发展的重要性，并提出了创新在产业中的扩散过程。根据弗里曼的理论，创新是指任何形式的新思想、新观念、新产品、新服务、新工艺等能够创造经济效益并引起市场变化的活动。他认为创新是经济增长和竞争力的关键驱动力，通过促进技术进步和产业结构变革，可以推动经济不断发展。弗里曼的产业创新理论主要包括以下几个核心观点：创新是经济增长的关键因素，创新具有累积效应，创新需要合适的环境，创新的扩散过程。其中，在创新的累积效应和创新的扩散过程中，创新会不断累积，一次创新会催生出更多的创新，形成创新链条，也就促进了产业升级，并且创新会从最初的创新者传播到其他企业，并被采纳和推广，这也就说明了随创新产生的产业升级也会不断传播，从而有利于区域协调发展。

5. 分工理论（基于产业链视角的产业分工）

新古典经济学时期，英国著名经济学家马歇尔在《经济学原理》中，从外部经济和内部经济两个方面进行分析，发现私人合伙企业、股份公司等组织对职能分工的发展有利于企业家的形成，从而保持企业的生命力。杨格（Young，1928）认为，市场大小决定分工，分工是一个网络效应，而经济进步的可能性就存在于其中。20世纪90年代以来，随着经济全球化不断深入，产品内分工迅速发展，出现了“全球生产组织”和“外包”现象。在这一时期，有学者揭示了要素结构变化和政策变化对一国比较优势边界的影响。其后，还有其他学者发现，产品内分工的特征是，某个产品和劳务的生产供应过程的不同工序、不同时段、不同环境在不同空间区位完成。

根据马歇尔、杨格的分工理论，产业链中的不同环节具有不同的特征和价值创造方式。他们提出了两个重要的概念：上游和下游。上游指的是产业链中的原材料供应商、组件制造商等与产品生产密切相关且向下游提供必要资源的环节。下游则是指产品的最终制造、销售和服务等环节。由于产业内分工的国际化，上游往往被发达国家和地区控制，而下游则多为发展中国家和地区。上游掌握着关键生产要素和技术，有较高的附加值，相较于下游拥有更大利润空间。发达国家和地区在产业迭代的过程中具有更好的资本优势和技术优势，并通过分工进一步拉大了与其他国家和地区的差距。

二、空间重构推动下区域协调与不平衡相关理论

（一）空间重构

空间重构是指对地理空间资源的重新配置和优化利用，以实现经济、社会和环境的协调发展。在经济学中，空间重构通常包括产业结构调整、空间布局优化、土地利用规划等方面。

作为区域空间结构演变的重要影响因素之一，产业转移主要通过影响地区职能分工来实现区域经济要素集聚或分散的再分配，进而影响区域空间结构的演化趋势。产业转移是指，在经济环境变化和产业所处生命周期阶段改变的背景下，由企业主导或推动的，将其产业生产部门的部分或者全部由原所在地转移到新的国家或地区的过程。

国外对产业转移的研究起始于20世纪30年代，主要是通过对产业长期发展进行历史分析来揭示产业转移的内在规律。国外的产业转移研究始于西方古典区位理论研究，其理论基础主要是比较优势理论。国内的产业转移研究大多是在借鉴国际产业转移理论的基础上，结合我国实际来解释国内的产业转移现象。例如，从经济理论的角度探讨产业转移主要发生在改革开放后我国逐步融入国际产业转移的浪潮之中，尤其是我国东部与中西部之间也出现产业转移现象之后。

产业转移是生产部门所处空间位置的转移和改变，其发生的内在动力是由于生产部门追求利润的最大化。其动因包括企业对利润的追求、区域经济发展状况的不平衡、国家间或区域间要素成本的差异、社会需求结构的改变、政策影响因素等。所以，在产业转出国家或地区，随着经济的发展和原产业所处生命周期阶段的改变，生产要素价格（如劳动力成本、原材料成本、土地租金等）逐渐上涨，使得生产部门的边际利润减少。如果将低收益生产部门的部分或全部转移到低要素成本的后发地区的预期收益大于转移成本时，产业转移活动就会发生。而就其发生机制的不同，产业转移可以分为国家间产业转移、

国家内部不同区域的产业转移和行业产业转移。产业转移的方向一般是沿着产业梯度逐级转移，由经济发展条件较好的高梯度区域向经济发展较为落后但拥有资源、要素成本低、市场广阔或有政策扶植的低梯度区域。产业在经济发展处于不同阶段和地区之间转出和承接，一方面有利于产业转出地区调整产业结构和就业结构、革新技术水平，从而推动产业转出的进一步发展；另一方面，也有利于产业转移承接地区接收大量的资金、相对先进技术和生产资料，拉动后发地区经济的发展。

（二）空间重构的相关理论

1. 雁阵模式理论

20 世纪 30 年代，日本经济学家赤松要根据日本棉纺工业的发展情况，提出产业发展的雁行模式，认为通过“国外引进—国内生产（进口替代）—产品出口”的循环，可以使后起国实现产业结构工业化、重工业化和高加工度化。他指出，日本的产业通常经历了进口→当地生产 + 开拓出口→出口增长三个阶段并呈周期循环。这三个阶段在图表上呈倒“V”形，犹如三只大雁展翅翱翔，因此被称为“雁形产业发展形态”。20 世纪 70 年代，山泽逸平对赤松要的雁形形态理论进行了扩展，用“引进—进口替代—出口增长—成熟—逆进口”五个阶段说明后发国家的工业化和现代化进程。具体而言，某国或地区先发展某一产业，当此产业逐渐衰退时转移到较落后国家和地区，当此产业再次衰退时又再转移到相对更落后的国家或地区。雁阵模式认为，产业转移可能会导致原来的地区市场缩小，新接收地区市场扩大、就业机会增多，这在一定程度上会促进后发国家和地区经济的发展，但是先发国家和地区往往不会让核心技术流入新接收国家和地区，而是将高能耗高污染或者是劳动密集型产业转移到后发国家和地区。此时，其自身实际上已经完成了产业升级，实现了更高质量的经济发展，从而进一步加大了区域之间的差距。

2. 产品生命周期理论

产品生命周期理论是美国哈佛大学教授雷蒙德·弗农（Raymond Vernon）1966 年在其《产品周期中的国际投资与国际贸易》一文中首次提出的。

产品生命周期（product life cycle，PLC）是产品的市场寿命，即一种新产品从开始进入市场到被市场淘汰的整个过程。弗农认为，产品生命是指产品在市场上的营销生命。和人一样，产品要经历形成、成长、成熟、衰退的周期。而这个周期在不同技术水平的国家，发生的时间和过程是不一样的，存在较大的时差，表现为不同国家在技术上的差距，反映了同一产品在不同国家市场的竞争地位的差异，从而决定了国际贸易和国际投资的变化，这从整体剖析了产业转移的驱动模式。为了便于区分，弗农把这些国家依次分为创新国家（一般为最发达国家）、一般发达国家、发展中国家。之后，也有学者提出一些相关的理论，如区域生命周期理论、产品生命周期理论、产业区位生命周期理论，分别用不同主体的生命周期来解释产业转移的现象。创新国家会先进入产品的生命周期，也会较早地达到产品的成熟阶段，从而吸引国际投资；而经济技术较为落后的国家，产品的发展速度较慢，同一产品在创新国家已经进入衰退期时，才开始进入经济基础较为落后的国家，这时国际投资才会投向后发国家，导致区域发展存在时滞，不利于区域协调。

产品生命周期理论还衍生出了梯度推移理论。无论是在全世界范围内，还是在一国和地区范围内，经济技术的发展是不平衡的，在客观上形成了一种技术梯度。有梯度就有空间推移。生产力的空间推移要从梯度的实际情况出发，首先让有条件的高梯度地区引进、掌握先进生产技术，然后逐步向处于二、三级梯度的地区推移。随着经济的发展，推移速度加快，从而可以逐步缩小地区间的差距，实现经济分布的相对均衡。这一观点引起了一些争论，学者们提出了一些新的空间推移理论，如反梯度推移式、跳跃式、混合式等，但多数学者认为起主导作用的还是梯度推移方式。其主要理论根据是，推移之所以能够进行，一方面是因为扩散有其内在动力和外在压力，愿意进行；另一方面是由于接受地区存在接受扩散的引力场，推移方向的选择主要是看接受地区引力场的状况。接受地区的引力场主要有劳动力场、资源场、区位场。落后地区一般缺乏资金和技术，主要靠上述三种场的引入来吸引高梯度地区的新产业、新产品、新技术扩散到本地区，从而促进区域协调。

3. 产业聚集理论

产业聚集理论的发展经历了以马歇尔为代表的产业集聚理论、以韦伯为代表的工业区位理论、以佩鲁为代表的增长极理论、以波特为代表的竞争优势理论和以克鲁格曼为代表的新经济地理学等阶段。

产业集聚是指，相同或相关产业在某一地理区域形成密集和集聚的现象。

根据产业集聚理论，通过产业迭代过程中的技术创新和转型，具有相似特征和联系的企业能够在同一个地区形成聚集。这样的产业聚集具有以下优势：知识溢出效应（knowledge spillovers）——各企业之间可以相互学习和分享技术知识；供应链和生态系统效应（supply chain and ecosystem effects）——相关产业之间形成互补和支持关系；人才和劳动力集聚效应（agglomeration of talent and labor）——吸引高素质人才和劳动力的集聚。这些优势通过促进要素集聚，重塑了产业的地理空间分布，造成区域发展差异。先进地区的人才和劳动力集聚扩充了劳动池效应，与知识溢出和基础设施共享，一起为产业提供了良好的发展环境，而落后地区则缺少这种发展的外部性。

4. 新经济地理学

20 世纪 90 年代以来，信息技术的不断革新和交易成本的不断降低使产业转移规模不断扩大，产业转移的方式也越来越多样。以克鲁格曼为代表的新经济地理学家们把经济空间高度抽象为同质平面，在没有任何外部差异的前提条件下，讨论产业空间布局的内生演化问题。产业转移的新经济地理学解释补充了以“外生比较优势”为基础的传统产业转移理论，认为空间经济的集聚与扩散是集聚力和分散力共同作用、动态均衡的结果。

在克鲁格曼研究的基础上，空间因素在经济活动中也越来越重要，随着集聚的加强，中心地区的拥挤程度不断升高，使在中心聚集的企业将外部经济较低的生产活动转移到外围地区，从而催生出一个区域性的生产网络。当某个地区在某种产业领域具备较高的生产效率和较低的成本时，该地区的企业会倾向于在该领域扩大生产，甚至将生产设施迁移到优势地区。通过这种产业转移，优势地区可以更有效地生产商品和提供服务，从而获得更高的竞争力和经济效益。优势地区的产业转移会吸引资源和投资流向该地区，从而推动该地区的经济发展。与此同时，其他地区则可能因为失去相应产业而面临经济困境。此外，还可能导致资源和人口的大规模流动，在一定程度上改变区域之间的经济结构和社会关系。

三、理论比较

产业转移是区域产业升级的重要途径，区域产业升级又为产业转移提供了基础，通过耦合联动调整地区生产要素配置、提高技术创新能力和劳动力素质，可以实现区域整体产业结构优化。相关理论表明，产业迭代和空间重构从技术创新、要素聚集、产业链的延伸重构等角度解释了区域协调和不均衡的原因和路径，这些理论既相互联系，又彼此各有侧重点。产业迭代的主体一般是企业，为了追逐更高的利益，企业通过技术升级来提高生产效率和质量，因此产业升级具有自发性和市场性，通过增加产品类型和产出水平来推动区域发展。而空间重构强调多种力量对地理空间上的经济活动和产业结构的重塑，因此其主体更加宽松，除了基于自身条件的产业转移，还包括很多外部因素，如政府和组织行为、经济结构变化等。

（一）技术创新推动区域协调与不平衡

产业迭代与空间重构的相关理论强调技术创新是区域协调与不平衡的重要驱动因素之一。创新不仅能激发产业的活力与竞争力，还对区域的要素活动有着重要影响。技术创新能够带来新的产业和商机，促进经济增长，但由于技术创新的不均衡性，一些地区可能会更快地实现产业升级，而其他地区可能会滞后。技术创新推动了产业结构调整和转型，一些传统产业可能会面临衰退，而新兴产业和高技术产业则会得到发展。这种产业结构的调整可能会改变一些地区的产业布局，导致产业结构错位及失业等问题，在短时间内无法实现区域平衡发展。

熊彼得的创造性破坏理论、产业创新理论和创新网络理论都认为，创新可以推动产业升级，从而对区域发展带来影响。不过创造性破坏理论和产业创新理论是通过淘汰过时的技术和产业，进行新技术革新来实现产业升级的。其中，产业创新理论更加强调创新的扩散，认为技术创新会扩散到其他区域，其所带来的产业升级最终会促进区域协调发展。而创新网络理论则强调了创新的联动效应，认为技术创新往往更容易在资源丰富、人才集聚的地区得到实施和应用，这些地区通常能够吸引更多的研发机构、高科技企业和创新型人才，并形成技术创新的集聚效应，进而推动区域经济的快速增长。这种网络效应可以促使新技术的快速传播和应用，加速产业的迭代更新。相比之下，资源匮乏、基础设施薄弱的地区可能面临技术创新能力不足、产业结构滞后等问题，导致区域经济发展不平衡。

（二）要素聚集推动区域协调与不均衡

产业迭代与空间重构的相关理论认为，区域不均衡的原因在于产业升级加速了要素聚集，在要素聚集导致的空间重构下，劳动力、资本和技术使得产业无法均匀分布。区域经济发展既涉及国家顶层的战略设计，也涉及各地根植于基层的具体实践探索。不同区域资源配置与要素流动受到所有制属性、对外开放战略和区域发展战略等的影响，表现出不同的特征。

产业集聚理论提到，当特定产业在某个地区内得到集中发展时，会形成产业集群。这种集群往往基于某些地区的要素基础，如拥有先进的技术、人才储备、资本积累等，使其具备了较强的比较优势，从而吸引更多的资源向其聚集。一旦某个地区或产业开始出现资源的聚集效应，就会形成更多的资源向该地区或产业聚集的良性循环，这种循环累积会加剧虹吸效应。同时，政府的政策扶持、产业政策、税收优惠等也会加速资源向某些地区或产业聚集，使这些地区或产业更容易形成虹吸效应。这种集聚效应会导致资源在集聚区域的集中配置，促进该地区的经济增长。随着产业升级和技术进步，资源越来越集中到集群，造成区域发展不平衡。区域经济非均衡增长理论认为，不同地区的经济发展水平和速度本身就存在差异。当产业发生升级或调整时，非均衡的增长可能导致资源和人口的向心性流动，落后地区往往面临较大的困难，进一步加剧地区之间的差距。

（三）产业链的延伸重构推动区域协调与不平衡

产业迭代与空间重构的相关理论认为，产业链的延伸重构也是重要驱动因素之一。产业升级与产业链的延伸重构相互作用，产业链的优化离不开产业升级，产业升级会促进产业链向上下游延伸，并因时空影响而形成区域间产业分工。由于土地资源有限，人口增加，拥挤程度升高。当某一地区负荷过重时，就会寻找其他地区进行产业转移，而产业转移会重塑区域经济地理格局，对区域空间结构的发展和变化产生影响。另外，经济极化中心的产业外溢会带动经济要素由核心地区向外围扩散，投资资金、先进技术和管理模式可能会向周边地区输出，促进周边地区基础设施建设、科技创新和管理水平提升，缩小与中心的差距。就产业转出地而言，实现本区域产业升级、高端化，形成本区域新的高级经济中心，带动整个区域“核心—边缘”模式的进一步演化。就产业转入地而言，增加本区域的新职能，参与区域经济竞争，进一步融入区域生产体系，并将部分产业向外转移，形成区域经济次中心，可以带动整个区域圈层式或雁式演化，最终达到区域均衡。新经济地理学补充了以“外生比较优势”为基础的传统产业转移理论，认为随着集聚的加强，中心地区的拥挤程度不断升高，使在中心聚集的企业将外部经济较低的生产活动转移到外围地区，从而催生出一个区域性的生产网络，促进区域间的协调发展。

产业链延伸重构所带来的产业转移和区域分工的空间塑造作用使区域发展从不均衡到均衡，存在阶段性和主体性差异。雁阵模式理论和梯度推移理论都认为，应该先由某个地区掌握某项技术，发展某个产业，在此产业面临衰退时，转移到下一梯度的地区，并以此再往下传递。但不同的是，雁阵理论更倾向于国际产业转移，但实际上一国和地区并不会将核心技术等产业链上游产业转移到其他国家和地区，而是往往会选择将更低端的加工制造产业等产业链下游部分转到其他国家和地区，而这会拉大国家和地区之间的经济发展差距，还会给转入国家和地区带来生态环境方面的问题；而梯度推移理论认为，随着经济的发展，推移速度加快，可以逐步缩小地区间的差距，实现经济分布的相对均衡，促进区域协调发展。产品生命周期相关理论用不同主体的生命周期来解释在不同生命周期时会带来的产业转移。同一产品在不同国家和地区市场上的竞争地位的差异决定了国际贸易和国际投资的变化，在成熟期国际投资较多。与此同时，其他国家和地区可能还处于起步阶段或已经进入衰退阶段，国际投资较少，尤其是衰退期的产业就会发生转移。分工理论则强调产业链视角下的产业分工。由于各国和地区的先天优势不同，因此在产品内分工中担任的角色也就不同。全球化进程中，不同国家和地区所“负责”的环节不同，这些专业化和分工能够促进全球经济的发展和提高效率，但也可能导致一些国家和地区在某些产业上相对较弱或缺乏竞争力。因此，在全球产业链上担任关键角色的国家和地区可能获得更多经济利益和发展机会，从而导致区域发展不均衡。

第三章
区域协调发展及问题解构：现代服务业提供的新思路

第一节　测度指标体系构建

一、指标体系的构建原则

第一，系统性原则。从区域协调发展的内涵出发，把区域协调发展看作一个复合系统，指标体系应该综合反映区域经济发展、区域一体化水平、区域发展差距和区域公共服务保障程度等方面的具体内容和特点。为了确保评价的准确性和实效性，需要将评价目的与评价指标有机地结合起来，形成一个紧密联系的有机整体。所以，评价指标的选取必须坚持系统性原则，确保每个子系统的各方面均有代表性指标，反映各区域协调发展的实际，避免交叉或者遗漏信息。

第二，科学性原则。科学性原则是指，区域协调发展指标必须建立在一定的科学基础之上，使用概念必须准确，测算方法要有科学依据，能够准确反映所度量指标的基本现状、功能以及发展趋势。区域协调发展评价指标体系不仅仅体现在它对区域协调发展现象的表征和衡量上，更体现在它能为区域协调发展提供具有指导意义的趋势分析。

第三，可操作性原则。本研究建立指标体系的最终目的在于应用。一些指标，从其定义来说，对于科学测度区域协调发展很有意义，但如果缺乏现实可操作性，那么将其纳入综合评价指标体系则会给后续的测度工作带来负面影响。因此，在选择指标时，要注意实际的可操作性。首先，所选择的指标必须是可量化的，这是开展科学测度的一个重要先决条件。其次，数据必须具有可得性，并且数据来源要专业可靠，确保数据能够比较准确地反映各区域发展的现实。在构建评价指标体系的过程中，系统性和可操作性两方面往往难以统筹兼顾，指标体系会随着指标数量的增加而更加系统化，但同时实际的操作难度也会提升，这就需要权衡指标的理论意义和对应数据收集的难易程度之间的关系，寻求两者的最佳交集。

第四，可比性原则。发展是一个动态的过程，指标体系要能够反映各区域随时间变化而改变的协调发展状况。由于各个区域的经济基础、生活水平和生态环境等均存在着一定差异，因此在指标选取时要确保指标在不同时间、不同空间之间具有一定的可比性，这就要求数据在统计口径、计算方式和适用范围等方面保持一致，以便在后续测度时对区域进行横向与纵向比较。

第五，创新性原则。区域协调发展的综合评价指标体系一直处于不断发展和完善的过程中，评价指标体系的构建也应顺应新时代的发展特征，作出相应的调整和创新。具体而言，坚持创新性原则意味着评价指标体系的设计应综合考虑当前影响区域协调发展的重要因素，并且时刻关注问题的关键点，以期为各级政府进一步调整相关政策提供参考依据。

二、区域协调发展的评价标准

在新时代背景下，面对国际和国内形势的变化，我国区域发展战略进行了新的调整，构建起“4 + N”的区域发展战略格局。除了“四大板块”之外，还包括京津冀协同发展、长江经济带建设、成渝地区双城经济圈建设、长三角区域一体化发展等。对于推进新时代我国区域高质量协调发展，各战略都有着不同的定位。例如，京津冀地区利用其经济发展存在的显著空间溢出效应，可进一步增强对周边地区的积极带动作用，推动实现区域经济的协调发展；长江经济带通过利用空间集聚效应，形成了一体化的区域联动发展格局，促进了劳动力、要素、资本的快速集聚，进而加强了区域间的分工合作和错位竞争；成渝双城经济圈建设旨在加快建西部核心增长极，推动西部大开发战略进展取得新的突破，进一步缩小我国东西部的发展差距；长三角地区应加快基础设施互联互通，促进公共服务便利共享，优化优质教育和医疗卫生资源布局，以建设成为高质量的区域一体化发展示范区，从而提高长三角地区辐射带动全国发展能力。通过区域发展战略的作用效应可见，新时代区域协调发展评价标准集中体现在区域经济是否持续发展；区域联系是否密切，区域分工是否合理；区域差异是否控制在合理的范围内；区域公共产品是否均衡，区域生活水平是否一致等方面。

第一，区域经济发展。随着我国进入新发展阶段，形成了西部大开发、东北振兴、中部崛起、东部率先发展的区域发展总体战略，生产力布局逐步优化，区域的比较优势得到有效发挥，区域发展协调性进一步增强。要持续推进区域协调发展，不能以牺牲全国总体的发展速度为代价来实现区域发展的均衡，也不能为了过度追求整体的高质量发展而放弃最低限度的协调要求。一方面，区域经济发展是区域协调发展的基础。区域经济的发展水平直接影响到区域协调发展的实现。只有通过经济发展来提高地区的生产力和生活水平，才能使各种资源得到充分的利用和协调，达到区域协调发展的目标。另一方面，区域经济发展是推动区域协调发展的主要动力。经济发展是驱动地区发展的重要动力，只有经济发展得到有效推动，才能推进地区产业结构调整、人口流动和城市化进程等各个方面的协调发展。因此，对区域经济发展效率进行测度是十分必要的。

第二，区域一体化水平。深化区域联系是区域一体化的重要目标之一。随着区域一体化的不断深入，区域之间的协同互动能力逐渐增强。首先，区域一体化能够促进经济协同发展。通过区域一体化，可以将各个地区的经济资源有机地整合起来，形成一个协同发展的经济区域。这不仅可以实现经济资源的优化配置，还可以促进区域内企业的互利合作，提升区域整体经济实力。其次，区域一体化能够促进社会协调发展。区域内各个地区之间的发展水平和社会福利程度存在差异，通过区域一体化可以促进社会公共服务的均衡发展，减少社会不公平现象，从而实现区域内社会协调发展。最后，区域一体化能够促进环境协调发展。区域内各地区之间的环境污染和生态环境存在着不同程度的问题，通过区域一体化可以促进区域内环境资源的整合和共享，实现区域内环境的协调发展，提高环境质量和生态保护水平。因此，区域一体化有助于推动城市群高质量发展和实现区域协调发展。

第三，区域发展差距。当前，我国在经济、社会和环境方面仍然存在发展不平衡和不充分的问题，区域发展差距依旧存在。此外，在一些关键领域和环节，改革任务仍然十分艰巨，需要进一步加强措施和努力。如何在不影响整体发展的情况下，使区域内部有足够的发展弹性，关键在于将区域发展差距控制在一个适度的范围内并逐步降低。区域发展差距会导致不同地区的居民在经济、社会、文化等方面享受不同的发展机会和资源，影响社会公平性。不同地区经济发展水平的差异会导致资源配置的不均衡，影响全国经济的发展。区域发展差距的缩小有利于促进全国范围内的经济协调发展，提高经济效益。因此，评价区域协调发展的标准之一就是要考虑区域发展差距的大小。此外，要促进本地区的经济、社会、文化等方面的发展，也要考虑本地区和其他地区之间的差距，区域发展差距可以更好地引导地方政府的政策制定和实施，促进区域间的合作。区域间的发展差距越小，越能实现区域间的相对公平。

第四，区域公共服务保障程度。推进区域协调发展不单单是要将重点放在经济增长，更关键的是要重视区域之间人口、社会、环境、资源、教育等多系统的有机结合及协同，提高区域内公共服务保障程度，充分发挥不同区域的比较优势。只有这样，才能进一步实现区域之间基本公共服务与发展机会的相对均衡，促进区域协调发展。如果区域公共服务保障程度不高，会对居民的健康、教育、文化等方面带来负面影响，进而影响其经济。例如，医疗设施不完善会导致居民就医困难，降低生产力；教育资源不足会影响青少年的成长和知识水平，降低其未来的就业竞争力。此外，区域公共服务保障程度还会影响区域经济的发展。高质量的公共服务能够吸引人才和资本流入该区域，促进区域的经济发展和创新能力提升，进而推动区域协调发展。因此，区域公共服务保障程度作为区域协调发展评价标准之一是非常必要的，它能够反映区域整体的发展水平和居民生活水平，也有助于政府和相关部门的规划和决策，促进区域协调发展。本研究分别从民生福祉、绿色生态与教育创新三个领域对区域公共服务保障程度进行了测度。

本研究从区域经济发展、区域一体化水平、区域发展差距、区域公共服务保障程度四个方面构建区域发展评价指标体系的一级指标，并选取了共 35 个三级指标（见表 3. 1）。

表 3.1 区域协调发展评价指标体系

目标层	一级指标	二级指标	三级指标	
			指标代号	指标名称
区域协调发展水平	区域经济发展	经济发展速度	X1	人均 GDP
		财政收入水平	X2	人均财政一般预算收入
		固定资产投资水平	X3	人均固定资产投资额
		产业结构	X4	第三产业占 GDP 比重
			X5	高技术产业增加值占 GDP 比重
		投入产出效率	X6	全员劳动生产率
	区域一体化水平	市场一体化	X7	市场化指数
		贸易一体化	X8	外贸依存度
		产业一体化	X9	产业结构合理化指数
		信息一体化	X10	互联网普及率
		交通一体化	X11	交通网密度
	区域发展差距	收入水平差距	X12	居民人均可支配收入的地区差距
		消费水平差距	X13	居民人均消费支出的地区差距
		财政支出差距	X14	人均财政一般预算支出的地区差距
		劳动薪酬差距	X15	职工平均工资的地区差距
		储蓄存款差距	X16	人均金融机构存款的地区差距
		物流运输差距	X17	人均货物周转量的地区差距
		人口流动情况	X18	流动人口占总人口比例
		人口城镇化情况	X19	常住人口城镇化率
	区域公共服务保障程度	民生福祉	X20	人口自然增长率
			X21	城镇登记失业率
			X22	人均基本养老保险累计结余
			X23	人均地方基础设施投资的地区差距
			X24	人均地方医疗卫生支出的地区差距
			X25	每万人拥有的执业（助理）医师数
			X26	每万人拥有公共交通车辆
		绿色生态	X27	人均公园绿地面积
			X28	单位 GDP 电耗
			X29	单位 GDP 二氧化碳排放量
			X30	单位 GDP 化学需氧量
			X31	单位 GDP 建设用地面积
		教育创新	X32	高校招生数占高中毕业生比重
			X33	人均教育经费
			X34	R&D 经费占 GDP 比重
			X35	每万人高价值发明专利拥有量

三、区域协调发展水平的测度

（一）数据采集和标准化处理

本研究所采用的数据主要来源于各类统计年鉴及政府相关部门发布的统计公报，包括《中国统计年鉴》《中国人口和就业统计年鉴》《中国高技术产业统计年鉴》《中国科技统计公报》《中国环境统计年鉴》《中国固定资产投资统计年鉴》，以及各省统计年鉴等在内的数据资源，涵盖了2003～2020年31个省份的数据。在数据采集的过程中，为了得到更为准确的结果，本研究对部分原始数据进行了比重测算，同时也采用了线性插值法对个别年份的缺失数据进行了补全。

由于统计口径存在差异，需要对指标体系中各三级指标的原始数据进行标准化处理。按照各指标的性质和作用，将其分为正向指标和逆向指标两大类，其中正向指标标准化数值越大越好，逆向指标标准化数值越小越好。具体计算公式如下：

$$\text{正向指标：} X'_{ij} = \frac{X_{ij} - X_{i\min}}{X_{i\max} - X_{i\min}} \tag{3.1}$$

$$\text{逆向指标：} X'_{ij} = \frac{X_{i\max} - X_{ij}}{X_{i\max} - X_{i\min}} \tag{3.2}$$

其中，X_{ij}代表第i项指标在第j年的原始数据，$X_{i\max}$代表第i项指标所有年度数据中的最大值，$X_{i\min}$代表第i项指标所有年度数据中的最小值，X'_{ij}代表第i项指标在第j年的标准化数值，所有指标的标准化值都将落在［0,1］区间内。

（二）确定指标权重

在建立一个综合评价指标体系的过程中，通过科学的方法确立每个评价指标的权重对于后续测度工作的展开具有重要的意义。从已有研究来看，确定指标权重的方法大体可以分为主观赋权法和客观赋权法。主观赋权法是指，研究者根据自身累积的知识经验对指标之间的重要程度进行主观判断，从而决定各指标权重的方法，如专家调查法、层次分析法等。客观赋值法是指，研究者根据指标数据所提供的原始信息来决定指标权重的方法，如熵值法、均方差法、主成分分析法等。

由于本研究的三级指标较多且原始数据均可得，为了排除赋权的主观性，采用熵权法对指标体系进行赋权。熵值法是“熵”应用在系统论中的信息管理方法。信息是对系统有序程度的度量，熵是对系统无序程度的度量。根据信息熵的定义，对于某项指标，可以用熵值来判断某个指标的离散程度，其信息熵值越小，指标的离散程度越大，该指标对综合评价的影响就越大，即所占权重也应越高。熵值法的具体计算步骤如下：

第一步，计算第 i 年的 j 项指标占全部样本的比重 Y_{ij}：

$$Y_{ij} = \frac{X'_{ij}}{\sum_{i=1}^{n} X'_{ij}} \tag{3.3}$$

第二步，计算指标 j 的信息熵 E_j：

$$E_j = -\frac{1}{\ln n}\sum_{i=1}^{n} Y_{ij} \times \ln Y_{ij} \tag{3.4}$$

第三步，计算指标 j 的冗余熵 D_j：

$$D_j = 1 - E_j \tag{3.5}$$

第四步，计算指标 j 的权重 W_j：

$$W_j = \frac{D_j}{\sum_{j=1}^{m} D_j}(j = 1,\cdots,m) \tag{3.6}$$

通过计算得出区域协调发展水平评价指标体系各指标权重，如表 3.2 所示。

表 3.2　区域协调发展水平评价指标体系各指标权重

指标代号	指标名称	指标属性	权重
X1	人均 GDP	正向	0.0284
X2	人均财政一般预算收入	正向	0.0269
X3	人均固定资产投资额	正向	0.0278

续表

指标代号	指标名称	指标属性	权重
X4	第三产业占 GDP 比重	正向	0. 0294
X5	高技术产业增加值占 GDP 比重	正向	0. 0267
X6	全员劳动生产率	正向	0. 0285
X7	市场化指数	正向	0. 0306
X8	外贸依存度	正向	0. 0260
X9	产业结构合理化指数	负向	0. 0307
X10	互联网普及率	正向	0. 0289
X11	交通网密度	正向	0. 0288
X12	居民人均可支配收入的地区差距	负向	0. 0281
X13	居民人均消费支出的地区差距	负向	0. 0288
X14	人均财政一般预算支出的地区差距	负向	0. 0277
X15	职工平均工资的地区差距	负向	0. 0277
X16	人均金融机构存款的地区差距	负向	0. 0259
X17	人均货物周转量的地区差距	负向	0. 0242
X18	流动人口占总人口比例	正向	0. 0296
X19	常住人口城镇化率	正向	0. 0298
X20	人口自然增长率	正向	0. 0305
X21	城镇登记失业率	负向	0. 0307
X22	人均基本养老保险累计结余	正向	0. 0294
X23	人均地方基础设施投资的地区差距	负向	0. 0266
X24	人均地方医疗卫生支出的地区差距	负向	0. 0285
X25	每万人拥有的执业（助理）医师数	正向	0. 0291
X26	每万人拥有公共交通车辆	正向	0. 0301
X27	人均公园绿地面积	正向	0. 0305
X28	单位 GDP 电耗	负向	0. 0308
X29	单位 GDP 二氧化碳排放量	负向	0. 0309
X30	单位 GDP 化学需氧量	负向	0. 0308

续表

指标代号	指标名称	指标属性	权重
X31	单位 GDP 建设用地面积	负向	0. 0307
X32	高校招生数占高中毕业生比重	正向	0. 0287
X33	人均教育经费	正向	0. 0284
X34	R&D 经费占 GDP 比重	正向	0. 0285
X35	每万人高价值发明专利拥有量	正向	0. 0212

（三）计算子系统综合得分

基于指标的标准化值和测算的指标权重，可得到各省份四个子系统的综合得分。子系统综合得分的计算公式如下：

$$Z_i = \sum_{j=1}^{k} X'_{ij} W_j \tag{3.7}$$

其中，k 表示子系统中包含的三级指标项数，综合得分 Z_i 落在［0,1］区间内，得分越高则表示区域内该子系统发展水平越高。

（四）计算区域协调发展指数

区域协调发展指数能够直观反映各年度区域协调发展的真实水平，有助于探究我国区域协调发展水平的时间序列变化趋势。本研究利用各子系统综合得分的变异系数来计算区域的协调发展指数。

第 i 年各子系统综合得分的变异系数的计算公式如下：

$$V_i = \frac{S_i}{\overline{Z_i}} \tag{3.8}$$

其中，S_i 表示该年度各子系统综合得分的标准差，$\overline{Z_i}$表示该年度各子系统综合得分的均值，变异系数 V_i 越大，表示区域协调发展水平越低。

第 i 年的区域协调发展指数的计算公式如下：

$$B_i = 1 - V_i \tag{3.9}$$

区域协调发展指数测度结果如表 3. 3 所示。

表 3.3　2003～2020 年各省份区域协调发展指数

省份	2003 年	2004 年	2005 年	2006 年	2007 年	2008 年	2009 年	2010 年	2011 年	2012 年	2013 年	2014 年	2015 年	2016 年	2017 年	2018 年	2019 年	2020 年
北京	0.665	0.685	0.734	0.750	0.782	0.793	0.819	0.822	0.838	0.852	0.867	0.887	0.920	0.936	0.944	0.953	0.952	0.946
天津	0.729	0.724	0.734	0.734	0.725	0.739	0.779	0.795	0.814	0.822	0.831	0.841	0.844	0.845	0.825	0.804	0.807	0.786
河北	0.411	0.398	0.418	0.410	0.416	0.444	0.455	0.472	0.484	0.494	0.494	0.500	0.517	0.532	0.554	0.569	0.595	0.608
山西	0.411	0.413	0.477	0.472	0.442	0.461	0.488	0.500	0.518	0.558	0.564	0.580	0.597	0.590	0.574	0.588	0.587	0.594
内蒙古	0.520	0.527	0.610	0.611	0.614	0.640	0.684	0.708	0.735	0.748	0.764	0.786	0.771	0.765	0.768	0.787	0.788	0.788
辽宁	0.598	0.590	0.584	0.560	0.561	0.603	0.630	0.643	0.662	0.690	0.705	0.699	0.671	0.657	0.664	0.669	0.677	0.674
吉林	0.495	0.486	0.532	0.531	0.524	0.551	0.561	0.563	0.574	0.595	0.614	0.629	0.636	0.650	0.646	0.649	0.665	0.674
黑龙江	0.559	0.517	0.524	0.503	0.507	0.530	0.562	0.555	0.571	0.599	0.610	0.615	0.634	0.623	0.624	0.619	0.609	0.614
上海	0.591	0.617	0.644	0.662	0.687	0.718	0.748	0.747	0.765	0.784	0.788	0.790	0.808	0.835	0.844	0.851	0.856	0.847
江苏	0.602	0.589	0.594	0.579	0.585	0.644	0.672	0.686	0.702	0.712	0.730	0.743	0.749	0.758	0.758	0.756	0.765	0.766
浙江	0.586	0.602	0.622	0.616	0.626	0.666	0.673	0.690	0.699	0.701	0.711	0.723	0.741	0.754	0.762	0.773	0.782	0.781
安徽	0.316	0.336	0.386	0.362	0.368	0.403	0.407	0.406	0.430	0.453	0.467	0.487	0.503	0.519	0.532	0.555	0.576	0.584
福建	0.598	0.582	0.577	0.573	0.572	0.616	0.624	0.645	0.658	0.671	0.683	0.688	0.693	0.701	0.714	0.721	0.729	0.728
江西	0.368	0.355	0.374	0.355	0.354	0.390	0.432	0.445	0.468	0.497	0.520	0.530	0.557	0.571	0.580	0.595	0.599	0.609
山东	0.476	0.468	0.479	0.461	0.469	0.522	0.537	0.553	0.570	0.586	0.597	0.611	0.629	0.631	0.623	0.621	0.628	0.632
河南	0.248	0.264	0.279	0.274	0.291	0.328	0.340	0.345	0.373	0.405	0.418	0.454	0.469	0.473	0.480	0.493	0.510	0.511

续表

省份	2003 年	2004 年	2005 年	2006 年	2007 年	2008 年	2009 年	2010 年	2011 年	2012 年	2013 年	2014 年	2015 年	2016 年	2017 年	2018 年	2019 年	2020 年
湖北	0. 444	0. 429	0. 462	0. 444	0. 448	0. 477	0. 482	0. 502	0. 527	0. 546	0. 566	0. 595	0. 612	0. 623	0. 634	0. 648	0. 656	0. 640
湖南	0. 479	0. 468	0. 454	0. 426	0. 435	0. 462	0. 479	0. 472	0. 494	0. 516	0. 541	0. 550	0. 567	0. 581	0. 594	0. 599	0. 606	0. 612
广东	0. 612	0. 639	0. 678	0. 664	0. 661	0. 720	0. 736	0. 734	0. 736	0. 737	0. 735	0. 745	0. 762	0. 773	0. 773	0. 769	0. 771	0. 769
广西	0. 492	0. 449	0. 450	0. 422	0. 407	0. 429	0. 429	0. 411	0. 408	0. 436	0. 460	0. 479	0. 499	0. 508	0. 522	0. 534	0. 565	0. 583
海南	0. 409	0. 436	0. 482	0. 474	0. 494	0. 520	0. 541	0. 567	0. 576	0. 602	0. 615	0. 644	0. 672	0. 676	0. 680	0. 692	0. 706	0. 722
重庆	0. 499	0. 483	0. 517	0. 492	0. 461	0. 491	0. 492	0. 507	0. 553	0. 580	0. 598	0. 623	0. 637	0. 646	0. 650	0. 646	0. 646	0. 643
四川	0. 411	0. 410	0. 421	0. 411	0. 408	0. 453	0. 480	0. 484	0. 497	0. 519	0. 550	0. 572	0. 588	0. 606	0. 616	0. 626	0. 639	0. 650
贵州	0. 416	0. 383	0. 393	0. 384	0. 370	0. 363	0. 410	0. 400	0. 441	0. 463	0. 468	0. 482	0. 501	0. 514	0. 526	0. 534	0. 553	0. 562
云南	0. 278	0. 301	0. 358	0. 388	0. 397	0. 416	0. 441	0. 443	0. 478	0. 499	0. 521	0. 537	0. 559	0. 571	0. 589	0. 603	0. 642	0. 666
西藏	0. 360	0. 387	0. 443	0. 412	0. 491	0. 478	0. 459	0. 470	0. 460	0. 515	0. 534	0. 551	0. 605	0. 647	0. 609	0. 640	0. 625	0. 719
陕西	0. 446	0. 445	0. 468	0. 463	0. 470	0. 487	0. 527	0. 540	0. 559	0. 578	0. 595	0. 615	0. 630	0. 635	0. 652	0. 663	0. 675	0. 681
甘肃	0. 351	0. 340	0. 412	0. 394	0. 381	0. 389	0. 410	0. 410	0. 437	0. 466	0. 486	0. 516	0. 547	0. 548	0. 544	0. 562	0. 566	0. 586
青海	0. 463	0. 478	0. 499	0. 493	0. 487	0. 491	0. 528	0. 555	0. 569	0. 598	0. 630	0. 667	0. 697	0. 696	0. 713	0. 725	0. 738	0. 764
宁夏	0. 554	0. 534	0. 618	0. 587	0. 574	0. 592	0. 618	0. 627	0. 661	0. 669	0. 673	0. 682	0. 702	0. 706	0. 701	0. 714	0. 723	0. 749
新疆	0. 429	0. 415	0. 437	0. 450	0. 459	0. 472	0. 497	0. 497	0. 552	0. 595	0. 626	0. 647	0. 666	0. 650	0. 678	0. 707	0. 730	0. 751
全国	0. 576	0. 573	0. 598	0. 587	0. 582	0. 606	0. 622	0. 629	0. 642	0. 656	0. 666	0. 681	0. 695	0. 701	0. 705	0. 712	0. 721	0. 725

第二节　总体及分地区协调发展态势

一、总体区域协调发展水平分析

（一）我国区域协调发展水平演变趋势分析

根据区域协调发展指数的测算结果，图 3. 1 显示了 2003 ~ 2020 年我国区域协调发展水平的演变趋势。结果显示：我国区域协调发展指数由基期 2003 年的 0. 576 增长至 2020 年的 0. 725，除 2005 年和 2006 年指数略微下降之外，2003 ~ 2020 年我国区域协调发展水平整体呈现出平稳上升的趋势。这说明，在这 18 年间区域协调发展相关政策的推进实施具有显著的正面效果，改革开放后区域之间发展差距不断扩大的格局正在逐步被打破，各省份之间的发展协调程度不断上升。从 2003 年党的十六届三中全会提出“统筹区域发展”到 2017 年十九大报告提出要实施区域协调发展战略，区域协调发展的战略意义愈显重要，越来越多的区域协调发展相关规划相继出台，而区域协调发展水平的稳步上升也为“十四五”规划深入实施区域协调发展战略奠定了扎实的基础。

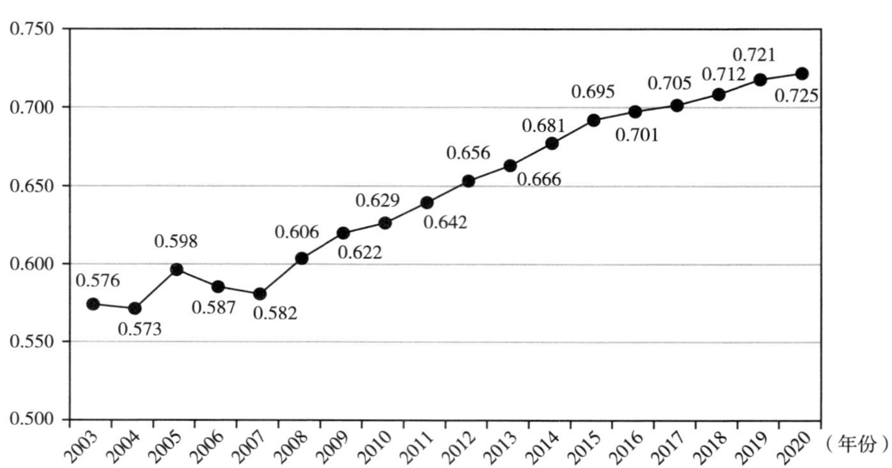

图 3. 1　2003 ~ 2020 年我国区域协调发展指数的演变趋势

具体而言，根据不同的增长速度，我国区域协调发展演变趋势可以大致分为三个阶段。第一，2003～2008 年属于探索性发展阶段。在此期间，国家以发展作为关键要素，指导性目标依然是经济保持较快发展速度，提出要积极推进西部大开发，促进中部地区崛起，振兴东北地区老工业基地等一系列重要战略举措，释放出改善区域协调发展水平的信号。第二，2008～2015 年属于快速发展阶段。该阶段并未否认发展的重要性，但将促进区域协调发展正式列入规划范围，开始具体落实统筹区域发展的指导思想，一系列相关战略与政策陆续出台。第三，2016～2020 年我国区域协调发展进入稳定发展阶段，持续在主体功能区建设、经济结构优化、区域利益协调等方面努力，将区域协调发展提升到重要位置。

（二）区域协调发展各子系统的演化趋势分析

区域协调发展指数反映了区域协调发展整体水平的演变趋势，但无法体现评价指标体系中各个子系统的具体信息，为了分析区域协调发展各领域取得的成绩与存在的问题，需要对子系统的分指数进行深入分析。依据 2003～2020 年区域协调发展子系统指数的测算结果，绘制各子系统协调发展水平的演化趋势图，对 2003～2020 年各子系统的发展变化情况进行剖析，以探究在区域协调发展水平整体实现平稳增长的过程中，区域经济发展、区域一体化水平、区域发展差距、区域公共服务保障程度四大领域的贡献程度，同时深入挖掘区域协调发展整体水平演化变迁的真实成因。

1. 区域经济发展

自 2003 年以来，我国区域经济发展协调指数呈现出先下降后快速上升，然后恢复平稳的趋势，由 2004 年的低谷值 0.132 升至 2019 年的峰值 0.672（见图 3.2）。从构成区域发展效率指数的 5 个二级指标来看，第一，造成区域经济发展协调指数呈现此趋势的主要原因在于产业结构水平和投入产出效率的变化。在产业结构水平方面，2011 年之前第三产业占 GDP 的比重在 40% 上下徘徊，其低谷值为 2004 年的 37.5%，而随着经济发展方式的转变和产业结构的有效调整，第三产业在国民经济中的地位愈显突出，该指标呈现出稳步增长的趋势，2020 年达到峰值，为 53.9%，上升了 16 个百分点。此外，高技术产业增加值占 GDP 比重在 2016 年达到峰值（14.1%），而由于国家加大了对传统产业振兴的支持，该比重在近些年呈现相对小幅下降趋势，2020 年为 11.7%。在投入产出效率方面，全员劳动生产率一路向好，说明我国的劳动生产效率始终保持着快速稳定的增长趋势。第二，经济发展速度保持在较高水平。人均 GDP 始终保持正增长，在 2007 年达到峰值（20.5%），但受新冠疫情的冲击，2020 年增速大幅放缓。财政收入水平与经济发展水平类似，在 2020 年之前呈现不断上升的趋势，2020 年除少数省份之外，人均财政一般预算收入均呈现出不同程度的下降趋势，这说明新冠疫情对全国的经济发展和财政收入都造成了不小的影响。第三，固定资产投资水平方面整体呈现出平稳增长的态势。近年来，一线省份随着固定资产投资的逐渐饱和而出现投资相对放慢的情况，而那些发展相对较慢的省份则加大了固定资产投资，区域之间的固定资产投资差距呈下降趋势。

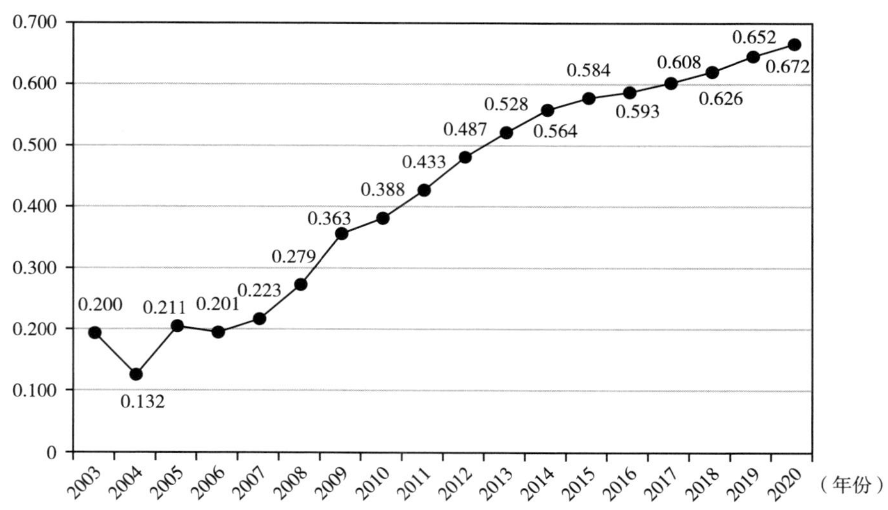

图 3.2　2003～2020 年区域经济发展协调指数的演变趋势

这一趋势充分显现了我国新时代区域协调发展的创新理念，即协调发展并不反对在经济领域有适度的区域差距，要保障地区比较优势的充分发挥，不能陷入低水平均衡发展的陷阱。党的十八大以来，在西部大开发、中部崛起、东北振兴等区域发展战略的基础上，我国提出要构建以“一带一路”、京津冀协同发展、长江经济带发展三大战略为引领的区域协调发展新格局。这意味着，在不断强调协调的同时，发展这一要素并没有被忽视。

2. 区域一体化水平

区域一体化水平协调指数是一个反映区域一体化程度的重要指标，区域一体化水平协调指数整体的波动性较大，呈现出先波浪形增长再快速增长后恢复平稳的趋势（见图 3.3）。具体表现为：第一，2003～2011 年该指数呈现波浪形增长趋势，造成这种变化的主要原因在于区域市场一体化程度的波动。市场化指数由 2003 年的 5.5 上升至 2007 年的 7.5，而 2011 年该指标又降至 5.5。这说明 2003～2011 年受国内外多种因素的影响，我国市场一体化进程存在一定波折，市场分割较严重且各区域发展速度不一。第二，2011～2015 年该指数呈现快速增长趋势，这主要得益于区域信息一体化和贸易一体化的快速发展。随着信息化时代的到来，数字技术得到广泛应用，使更多的资源共享、跨区合作等成为现实，有效减少或消除了区域间的贸易障碍，有助于建立区域之间的技术经济联系和发挥经济发展的溢出效应，使区域一体化水平得以进一步提高。第三，2015～2020 年该指数保持稳中向好的发展态势，人均进出口额趋于饱和，逐渐形成统一稳定的国内贸易市场。从区域产业一体化程度来看，产业结构合理化指数逐年变小，产业分工趋于合理，有效地发挥了规模经济效应。同时，随着高速铁路网络的不断完善，区域交通一体化程度稳步上升，区域交通服务和管理能力得到了极大提升。总的来说，区域一体化水平协调指数的整体波动性较大，这是由于不同时期受到各种因素的影响所导致的，但是在长期的发展过程中，我国区域一体化水平持续提高，不断促进了各个区域之间的经济联系和合作发展。

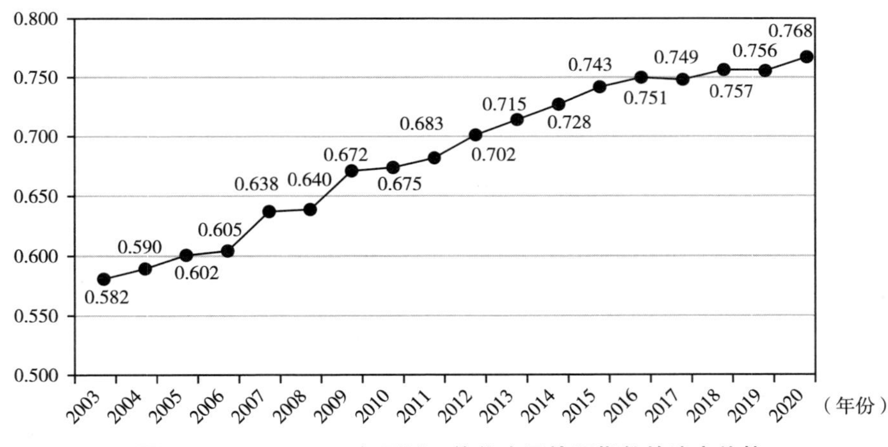

图 3.3　2003～2020 年区域一体化水平协调指数的演变趋势

3. 区域发展差距

区域发展差距协调指数呈现快速上升后稳步上升的发展趋势，从2003年的0.17上升到2020年的0.445（见图3.4），说明随着国家区域协调发展政策的实施，人民生活水平持续改善，各省份之间的发展差距也呈现出逐步缩小的态势，即在确保整体经济发展水平不断提高的基础上，允许区域之间存在一定的经济差距，并逐步引向相对合理的范围。第一，2003～2007年虽然人均货物周转量总体呈现上升趋势，但由于部分区域发展竞争压力较大，存在一定程度的地方保护，进而扩大了区域间的物流运输差距。第二，人口流动主要表现为从贵州、安徽、河南等省份流出到上海、北京、天津等地。由于现阶段我国经济增长方式由高速转向高质量增长，导致部分工作与人口匹配程度下降，人口流动开始呈现下降趋势。第三，7个二级指标总体呈现不断下降的趋势。其中，人口城镇化差距下降幅度最大，全国常住人口城镇化率上升了30个百分点，达到63.7%。收入水平、消费水平、劳动薪酬、储蓄存款差距均有不同程度的下降，说明随着技术的进步和经济增长方式的改变，全国收入分配格局更加公平合理，收入差距进一步缩小，经济增长格局由投资和出口逐渐向消费转移，在一定程度上有效地拉动了内需。

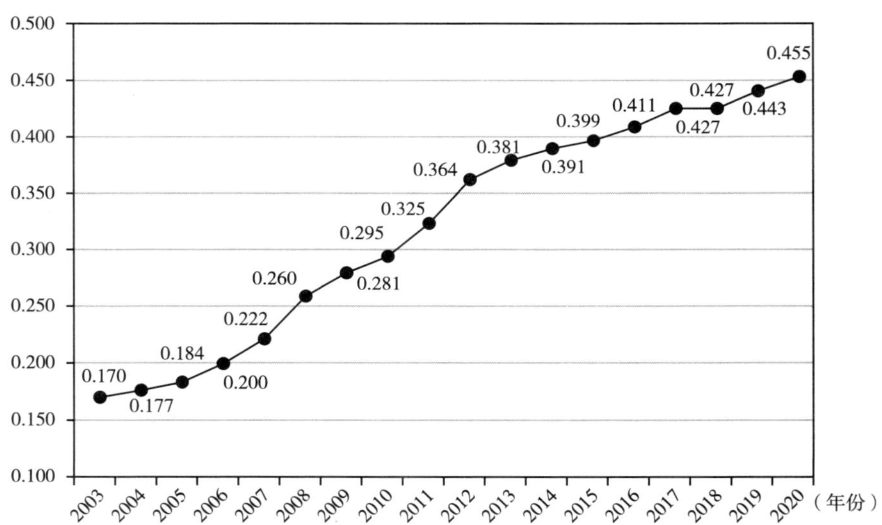

图3.4　2003～2020年区域发展差距协调指数的演变趋势

4. 区域公共服务保障程度

区域公共服务保障程度协调指数总体呈现持续上升的趋势，从 2003 年的 0.776 攀升到 2016 年的峰值 0.881，并基本稳定在这个水平（见图 3.5）。这主要得益于近年来区域发展相关政策中对于基本公共服务均等化的高度重视。通过西部大开发、中部崛起、东北振兴等区域发展战略的扶持，各省份基础设施建设与基本公共服务供给水平得到了改善，使该领域协调发展水平得以持续增长。第一，二级指标民生福祉是拉动基本公共服务保障程度上升的主要原因，这主要得益于党中央对于脱贫攻坚和基本公共服务均等化的高度重视，加大了就业、养老、医疗、基本公共服务等的投入和支持力度。全国登记失业率早期出现小幅度的上升，但总体处于下降趋势，由 2004 年的 3.93% 下降至 2019 年的 2.95%；基本养老保险覆盖率越来越高，2020 年为 33.3%，上涨了近 24 个百分比；医疗卫生支出和基础设施投入也逐年上升。第二，在教育创新领域内，义务教育普及程度明显提高，全国 15 岁以上文盲人口占比由 2003 年的 9.6% 下降至 2020 年的 3.1%，同时全国高校在校生数占比呈现持续上升的趋势，说明高等教育受众面越来越广。创新合作能力不断加强，R&D 经费占 GDP 比重上涨了将近一倍，各地区之间的高价值专利发明差距也在逐渐缩小，说明地区间创新成果得到了有效交流共享。第三，绿色生态水平总体呈现上升趋势。单位 GDP 电耗和单位 GDP 化学需氧量在 2020 年出现了小幅波动，人均公园绿地面积始终保持上升态势，单位 GDP 二氧化硫排放量和单位 GDP 建设用地面积稳定下

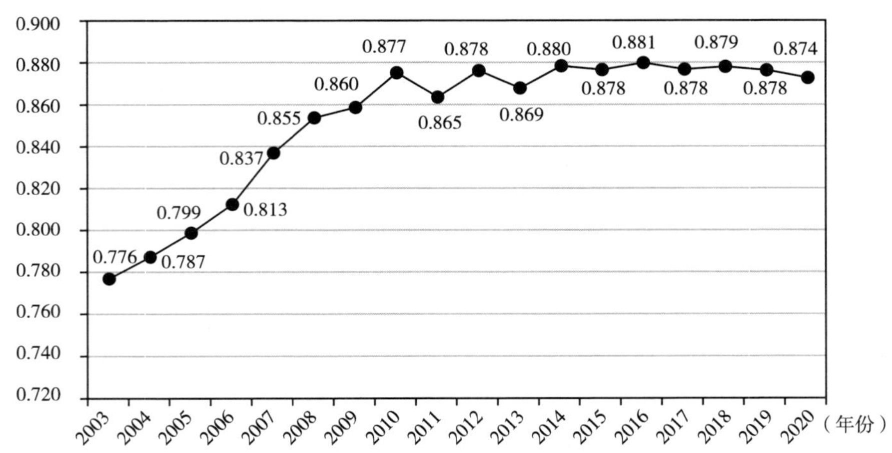

图 3.5　2003～2020 年区域公共服务保障程度协调指数的演变趋势

降，说明近年来中央和地方政府坚持绿色发展、建设生态文明，环境质量明显好转，资源利用效率也显著提高，有助于促进社会生产力的持续发展。

二、八大经济区视角下区域协调发展水平分析

本研究将我国划分为八大经济区，对区域协调发展水平进行进一步的分析，旨在剖析八大区域的发展差距对于全国协调发展水平的影响。其中，东北地区包括辽宁、吉林、黑龙江；北部沿海地区包括北京、天津、河北、山东；东部沿海地区包括上海、江苏、浙江；南部沿海地区包括福建、广东、海南；黄河中游地区包括山西、内蒙古、河南、陕西；长江中游地区包括安徽、江西、湖北、湖南；西南地区包括广西、重庆、四川、贵州、云南；大西北地区包括西藏、甘肃、青海、宁夏、新疆。

从图 3.6 可以看出，八大经济区的发展度均呈上升趋势，但是综合发展水平仍存在较大差距，具体表现为：从发展度的均值来看，东部沿海地区遥遥领先，北部沿海地区紧随其后，南部沿海地区次之，东北、长江中游和黄河中游三大地区基本持平，西南地区与大西北地区处于较低水平。从发展度的平均增

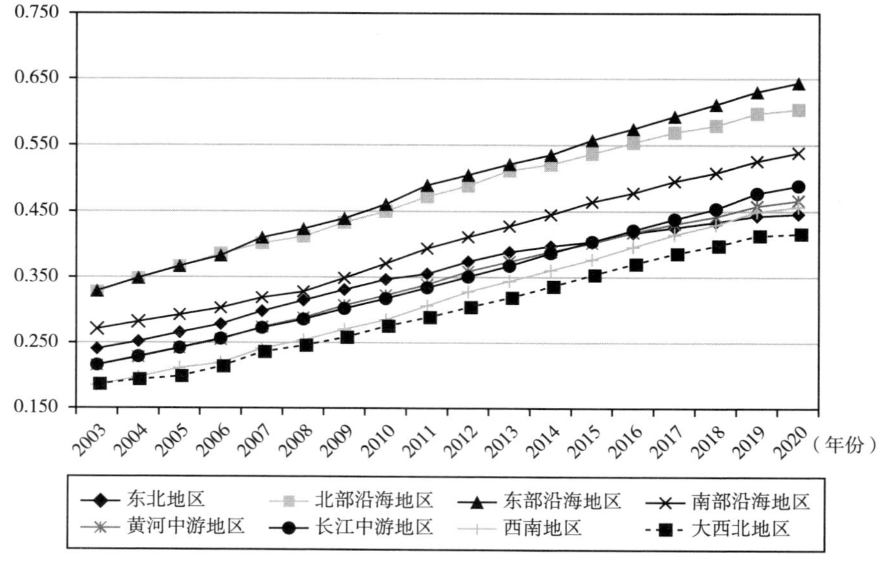

图 3.6　2003～2020 年八大经济区发展度的演变趋势

长率来看，西南地区增幅最大，其次是长江中游和大西北地区，黄河中游地区、南部沿海地区和中部沿海地区的增长率基本持平，北部沿海地区和东北地区相对低于其他地区。

与变异系数相比，泰尔指数可以直观地呈现区域间和区域内的发展差异。本研究借助泰尔指数分析区域协调发展水平的差异及来源，为区域协调发展水平的政策制定提供事实依据。具体计算步骤如下：

$$T = \frac{1}{n}\sum_{i=1}^{n} \frac{Z_i}{\overline{Z}}\log\left(\frac{Z_i}{\overline{Z}}\right) \tag{3.10}$$

其中，T 表示发展度的泰尔指数，落在［0,1］区间内，T 越大则表示地区的差异越大。Z_i 表示第 i 个区域的综合发展度，$\overline{Z}$为区域发展度的均值。

同时，泰尔指数通过分解，还可进一步对区域间和区域内的差异进行刻画。

$$T_b = \sum_{j=1}^{k}\left(\frac{n_j Z_j}{n\overline{Z}}\right)\log\left(\frac{Z_j}{\overline{Z}}\right) \tag{3.11}$$

$$T_w = \sum_{j=1}^{k}\left(\frac{n_j Z_j T_j}{n\overline{Z}}\right) \tag{3.12}$$

$$T = T_b + T_w \tag{3.13}$$

T_b 表示区域间差异，T_w 表示区域内差异，n 表示全国省份总数，n_j 表示 j 区域内省份总数，T_j 表示 j 区域的总体差异泰尔指数。图 3.7 和图 3.8 显示了 2003～2020 年全国以及八大经济区综合发展度的泰尔指数。

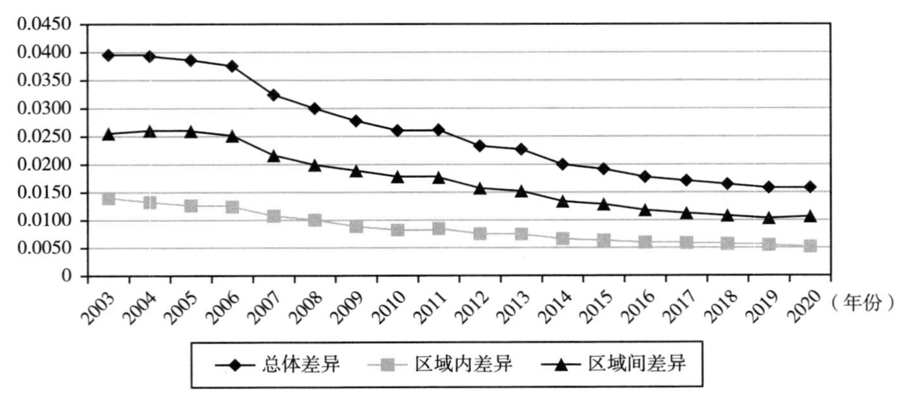

图 3.7　2003～2020 年全国发展度泰尔指数的分解

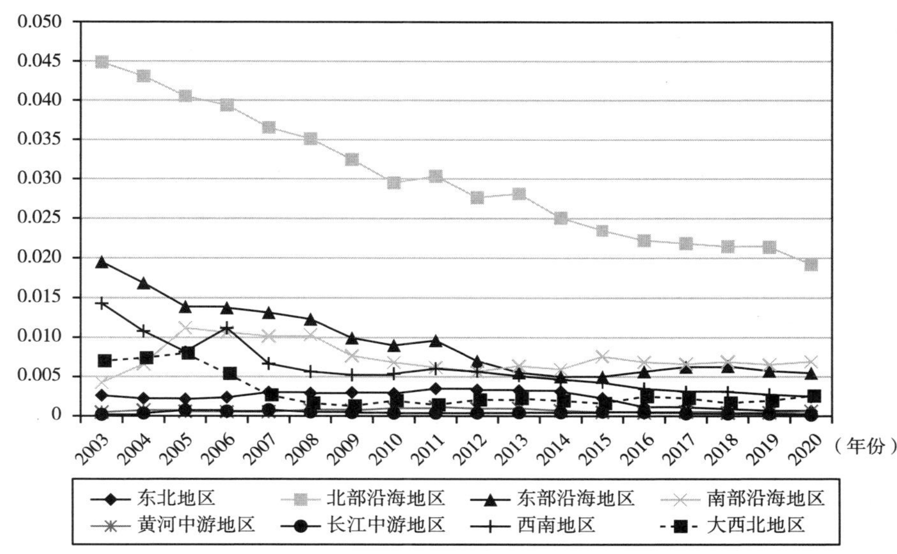

图 3.8　2003～2020 年八大经济区发展度泰尔指数的演变趋势

从全国泰尔指数分解结果看，我国协调发展水平总体差异依然显著，但这种差异呈现逐年缩小趋势，总体差异指数由 2003 年的 0.0395 持续下降至 2020 年的 0.0158。区域间和区域内的泰尔指数也在不断缩小。在整个统计区间，区域间泰尔指数始终大于区域内泰尔指数，且其贡献率也逐年上升，由 2003 年的 64.6% 上升至 2020 年的 67.1%，变动趋势与总体差异更加接近，这说明区域间差异是导致我国协调发展区域差异的主要因素。

从八大经济区的视角来看，北部沿海地区的泰尔指数虽然逐年下降，但其值始终远大于其他地区，说明该地区内部差异最大。其次是东部沿海和南部沿海地区。东部沿海地区的泰尔指数呈现持续下降的趋势，而南部沿海地区的泰尔指数由 2003 年的 0.0042 上升至 2020 年的 0.0069，表明该地区内部差异明显扩大。西南地区、大西北地区、东北地区相较而言内部差异较小且均呈下降之势。即使黄河中游地区内部差异也有略微扩大的趋势，但该地区和长江中游地区的泰尔指数始终低于 0.001，内部差异远低于其他地区。这说明北部沿海地区发展差异是区域内发展差异的主要来源，东部沿海和南部沿海地区次之，长江中游地区最小。

虽然目前我国区域协调发展水平仍呈现出差异性分化，但其总体差异逐年递减，说明中央和地方政府出台的一系列区域协调发展政策是积极有效的，能极大缩小几大经济区内的协调发展水平差异。

第三节 我国区域协调发展问题及产业视角的解决思路

一、我国区域协调发展的现状

我国区域经济发展经历了均衡、非均衡、协调以及多极化发展阶段。自20世纪90年代开始，我国实施了西部大开发、东北老工业基地振兴和中部地区崛起等一系列区域发展战略，每一个阶段都取得了良好的成绩。但是，区域协调发展问题一直是制约我国实现均衡发展的瓶颈。为缩小差距，国家先后制定一系列相关政策。党的十九大报告提出实施区域协调发展战略，建立更加有效的区域协调发展机制。党的二十大报告进一步指出，要深入实施区域协调发展战略，促进区域协调发展。面对世界经济新常态，我国区域发展呈现出多样化和复杂化的特点，各区域发展程度总体上升，但是综合发展水平仍然存在较大差距。

东部地区已经初步走上高质量发展轨道和现代化道路，从早期设立经济特区、沿海开放城市、计划单列市，到京津冀、长三角、珠三角先行先试一系列重大改革开放措施，再到浦东打造社会主义现代化建设引领区、浙江先行先试为全国共同富裕探路、粤港澳大湾区建设亮出“横琴方案”“前海方案”，东部地区一直是我国改革创新的试验田和领头羊。相比南方地区来说，北方地区增长速度有所放缓，尤其是北部沿海地区、东北地区等发展相对滞后，东北地区的大规模国有企业改革进程相对滞后，这导致经济结构不够灵活，创新能力不足。东北地区在经济发展中过度依赖资源型产业，这使得其在经济结构调整过程中面临巨大的挑战。服务业作为国民经济的主导产业，在经济体系中具有重要的地位和作用。服务业在国民经济中的突出作用表现在它具有“黏合剂”的功能，使之成为经济增长和效率提高的助推器、经济竞争力提升的牵引力、经济变革与经济全球化的催化剂。在当前世界经济工业化和服务化的趋势背景下，我国服务业发展的不平衡和地区差距是造成区域经济发展差距的重要原因。因此，根据区域发展测度分析，找出我国目前区域协调发展存在的一系列问题并探讨相应的解决措施具有重要意义。

二、我国区域协调发展存在的问题

我国区域经济发展不平衡问题较为突出，2021 年我国人均 GDP 最高的地区（北京）与最低地区（甘肃）的差距高达 4.5 倍，东西部人均 GDP 差距为 1.49 倍，南北差距为 1.27 倍，说明我国区域发展差距依然较大，区域分化严重。在梳理八大经济区发展现状的基础上，本研究从供给侧、需求侧和市场结构三个层面来探究服务业的区域协调问题。从供给侧的角度来看，首先，经济差距扩大带来的地区间产业结构差异导致不同地区的经济发展方向不同。其次，我国地域辽阔、人口众多，形成了以“胡焕庸线”为界的人口地理分界线，东南人口密集，西北人口稀疏，这样的劳动力区域分布差异使得人力资本分布不均匀，缺乏高技能劳动力的支持。最后，由于缺乏科技投入和技术创新，创新不足导致区域发展内生动力不足，落后地区难以追赶先进地区，基础设施的差距导致人物分流严重，要素涌入先进地区等，使区域发展出现不平衡不协调的问题。从需求侧的角度来看，近年来复杂的经济形势对消费、投资和对外开放程度造成影响，不同地区之间的消费能力、消费需求以及融资能力差距较大。同时，不同地区的市场一体化程度体现为市场规模、市场需求和市场发展水平方面的较大差距。发达地区的市场规模通常较大，消费能力和购买力强劲，而欠发达地区的市场规模相对较小，消费水平和购买力较低。不同地区由于经济发展水平、产业结构和人口特点的差异，对产品和服务的需求也存在较大差异，导致市场需求的多样性和不均衡性。发达地区的市场通常拥有更加完善的市场体系和市场基础设施，市场发展水平较高；而欠发达地区的市场基础设施相对薄弱，市场发展水平相对较低。以上差距导致了不同地区市场一体化的程度不同，阻碍了全国范围内市场资源的有效配置和优化利用。

（一）地区间产业结构差异导致经济差距扩大

近年来经济差距不断扩大，国家统计局的调查数据显示，2021 年南方

GDP 总量对经济贡献已达到 63.03%，人均 GDP 是同期北方的 1.27 倍，产业结构导致的经济增长方式差异是造成经济差距的原因之一。

具体来说，自 2010 年以来，我国的区域产业结构呈现出“一降、二三升”的发展情形，具体体现为：2010 年，三次产业比重为 10.2∶46.8∶43.0，到 2022 年，三次产业比重调整为 7.3∶39.9∶52.8。通过对比可以看出，对第一产业的重视以及投入程度逐步降低，对第二、第三产业的投入不断加大。在产业转移方向上，第三产业向东部地区转移，第二产业在比重下降的同时向中西部地区转移，经济结构失衡，经济发展不均衡的问题突出。我国东部地区的经济发展总量明显高于中西部、东北地区。东部地区第二、第三产业占比大，2022 年分别为 50.66% 和 54.68%，产业结构水平较高。而中西部地区在总体上仍处于产业结构的低级阶段，以传统产业发展为主。相较于南方地区，北方地区过早去工业化的问题更加明显。近年来，我国南北方地区第二产业占比均出现了较大的下滑趋势，2020 年北方地区的第二产业产值占比下降到了 36.2% 的历史新低点，比南方地区的 39% 还低近 3 个百分点。北方地区并没有充分利用自身较好的工业比较优势，过快地向第三产业转变。

（二）人力资本分布不均匀以及缺乏高技能劳动力的支持

人力资本分布不均匀以及缺乏高技能劳动力的支持也是造成区域协调问题的关键因素。如果人力资本（包括教育水平、技能和知识）的分布不均匀，且无法通过引导使其在区域均匀分布，将导致经济增长不平衡，区域间差距加大。此外，缺乏高技能劳动力的支持也会影响地区的发展。高技能劳动力对于创新、科技进步和生产效率的提高具有重要作用。如果某个地区缺乏高技能劳动力，将会限制该地区的产业结构升级和技术创新能力，从而使其在全球竞争中处于劣势地位。2017～2020 年人才跨域数据显示，60% 以上的人才流向五大城市群。其中，长三角、珠三角、成渝地区人才净流入占比分别为 6.4%、3.8%、0.1%，两大“三角”地区成为人才流入的集中区域。京津冀、长江中游地区人才整体“净流出”，占比分别为 0.7%、1.2%。这说明我国东部地区拥有更多的高技能和创新型人才，能够更好地从事科研创新活动，从而带动经济增长。而欠发达的西北地区由于人才流失和人力资本增长缓慢、积累不足，往往无法享受到技术创新带来的经济红利，经济增长相对较慢。当前，我国人口红利逐渐消失，资本边际报酬递减，资源处于瓶颈期，同时要素驱动和投资驱动发展模式不再具有竞争优势。可见，区域技术及创新能力的差异会导致区域经济增长方式的差异，进而对区域经济差距产生影响。

（三）缺乏科技投入和技术创新

当前，区域发展不平衡的重要原因之一在于北方地区创新投入量不足以及缺乏技术创新，导致北方地区部分产业出现资本投入不足和产业竞争力缺失（周密、张心贝和张恩泽，2022）。党的十八大以来，我国的科技经费投入呈现上升态势，由 2012 年的 1.03 万亿元增加到 2021 年的 2.8 万亿元，增幅达 171.7%，同比上年增长 14.6%。不断增加的科研经费是经济增长的结果，也体现了我国总体研发实力正不断增强。然而，研发投入的递增态势在各区域并不均衡。20 世纪 80 年代以来，我国创新能力一直呈现出东部高、中部和西部低的特征，与此同时，地区的发展也呈现相同梯次状态。科技创新的差异造成了区域经济发展的差异，反过来又导致科技投入的差异，表现为科技创新能力和效率的不均衡。科技投入差异首先表现为财政对区域的科技支持不均衡。我国研发经费资源一直以东部地区为重点，向东部聚集，2016 年总计为 1.07 亿元，占全社会研发经费的比重达 68%。

（四）公共服务和基础设施建设不够完善

在我国，教育资源、医疗资源、社会福利等方面的覆盖不全，导致公共服务获得不均等。而基础设施建设水平的不足也可能限制了经济发展，如交通运输、能源供应、信息通信等基础设施的滞后会制约产业发展和投资吸引力。东部地区具有经济和地理优势，基础设施健全，一方面，服务业能够促进经济的发展，另一方面东部地区的经济基础也能够推动服务业进一步发展，两者相辅相成。而中西部地区仍然以工业为主，服务业密集程度以及公共服务水平不高。虽然我国物流业高质量发展水平总体呈上升趋势，但整体水平较低且各区域差异显著，东部地区发展水平高于中西部地区。

我国现代服务业整体发展水平依然较低，在产业结构中的占比远低于发达国家，生产性服务业发展水平不高、结构不合理，科技、人才等要素竞争力还不强。我国城市化发展相对滞后，城乡二元结构长期存在，影响和制约经济增长。同时，传统服务业占据主导地位，现代服务业比重较小。进入 21 世纪以来，我国服务业发展速度显著提升，内部结构也有所改善，但主要仍是批发零售、餐饮、交通运输等低端的服务产业，低端服务业在整个服务产业中占比偏大。而高端服务业如信息技术、金融服务等现代服务产业，占整个服务产业比重小。当前，我国服务业占 GDP 比重仍然偏低，发展相对滞后，存在地区间、城乡间发展不平衡、服务领域狭小、服务水平不高、行业垄断严重等问题。地区间、城乡间的服务业水平不均衡对我国服务业的发展起到了制约作用，主要表现为东部发达地区服务业水平较高，中西部地区服务业发展水平较低。整体上，我国城乡间、沿海和内陆间的差异比较明显，综合发展水平相差很大，最大差距高达 3 倍。目前服务业主要集聚在东部地区，公共服务的水平较高。

（五）消费差异

十余年来，我国人均消费稳步增长，尤其是南方地区人均消费相对较高且增幅稳定。近年来，如何扩大内需是我国经济的重要问题，更是经济发展重要动力之一。但由于我国南北方在长期的历史发展中形成的人文习惯与资源禀赋具有明显差异，消费习惯也大有不同，南方地区由于交通便利、产业丰富等原因，人均消费较北方地区高。具体而言，南方地区的平均值为 2 万元，北方为 1.5 万元。2022 年，以全国均值 2.45 万元为基准，北方地区超过均值的城市只有北京和天津，南方地区超过均值的城市数量远超过北方地区。特别是 2018 年以来，南北地区消费水平都有所提高，南北方经济发展在时间和空间上的不平衡加剧。一方面，居民收入水平和消费能力存在差异，导致经济差距；另一方面，地区产业结构和发展定位影响了当地的市场环境和价格水平；此外，区域间的社会保障和公共服务水平也存在差距，影响了居民的消费意愿和消费行为，从而导致区域间不协调。

（六）投资差异

资本是重要的生产要素，资本的聚集会使某一地区的人均资本存量较大，从而增加总产出和人均产出，导致地区经济差距。因此，由于资本集聚程度不同而导致的南北方投资差异，成为南北方经济发展不平衡的主要因素之一。1992～2021 年，我国投资区域分布不均的状况异常明显，表现为东部地区的人均固定资产投资额远高于中西部地区，且中西部地区的人均固定资产投资额始终低于全国平均水平，但从相对差异上看，各地区的差距有逐步缩小的趋势。1992 年，东部地区的人均固定资产投资额为 808.53 元，为中部地区的 2.3 倍，西部地区的 2.4 倍；2006 年后这一差距缩小至一倍以内，东部地区的人均固定资产投资额仅比中部和西部地区分别高出 83% 和 91%，而到 2021 年，差距进一步缩小到 16%。这有赖于西部大开发和中部崛起等区域发展战略，但由于长期积累导致的地区吸收投资能力的不同，东、中、西地区投资存在的差异难以弥合。在固定资产投资总额方面，南北地区在 2015 年前总体差异不大，北方较南方略低。但自 2021 年始，情况有所转变，南北地区固定资产投资额增速明显不同，南方增速变快，而北方的增速则逐渐放缓。增速上的差距使得南方地区获得了更为集中的固定资产投资，资本积累加速，呈现出强劲的增长态势与积极的增长活力，与北方地区较缓的资本积累速度形成对比。这种增长态上的差异为弥合地区内生经济发展动力带来障碍，成为我国区域协调发展的阻力之一。

（七）对外开放差异

基础设施带来的差异让南北地区的对外开放程度明显不同，这也逐步扩大了南北方进出口总额的差距。进出口成为改革开放以来我国重要的经济发展势能，但由于所处地理环境和资源禀赋上的差距，南北地区的对外开放格局差异明显。南方地区水系丰富，临江、海港口众多，水运便利，大大缩短了交通运输距离和成本，又因为出海便利，因此对外贸易更为频繁。在内陆、沿海港口不断完善的过程中，形成了珠三角、长三角城市群，城市群的快速发展加大了我国海陆贸易的货运吞吐量，形成了独特的区位优势，这也为南方地区进一步深化对外开放提供了更大的自主性和流动性优势。基于这些优势，南方地区无论从进出口指标或是总量上来看，均优于北方地区，虽然自 2015 年以来，南方地区的贸易依存度有所下降，但北方地区并无增长，这导致 2021 年南北方进出口总量差额达 19.6 万亿元，地区间进出口差距显著。从南北地区间对外贸易水平的差距来看，南方地区表现出更大的潜力，这不仅有助于进一步优化南方地区的产业结构，也会为地区的经济发展不断注入活力，形成内循环与外循环的有序发展，而北方地区面临发展缓慢甚至停滞的经济发展状态，将导致北方地区陷入经济活力不足，新旧动能转换不畅的困局，不利于区域协调发展。

（八）市场一体化程度

2022 年 4 月，《中共中央　国务院关于加快建设全国统一大市场的意见》指出，结合区域重大战略、区域协调发展战略实施，鼓励在维护全国统一大市场前提下，优先开展区域市场一体化建设工作。这表明促进市场一体化成为促进区域协调发展的重要举措之一，在全国促进市场一体化过程中应发挥各地区的优势和特色产业，优化区域产业分工，实现区域一体化协调发展和共同富裕。市场一体化对于服务业的发展和优化至关重要。尽管我国一直在积极推动市场一体化进程，但在服务业领域仍然存在一些挑战和不足。

一方面，服务业市场的开放程度和自由度有待提高。尽管我国已经采取了一系列措施降低外商投资准入限制和缩减负面清单，但在某些领域仍面临市场准入的限制。此外，与制造业相比，服务业还需要进一步破除市场准入壁垒，加强对外资的吸引力，提高外资企业在市场竞争中的地位。另一方面，服务业市场的监管体系仍需完善。服务业涉及多个子行业和专业领域，涉及的法规、标准和审批程序繁多，这给企业和从业者增加了交易成本和运营风险。

三、基于产业视角的解决思路

为解决我国区域协调发展的诸多问题，我们要发挥创新在区域协调发展中的驱动作用；完善区域协调发展机制体制，更好发挥发达地区的引擎作用，实施区域产业的渐进转型和动态平衡战略；完善区域之间的帮扶机制，因地制宜，发挥比较优势，加快区域产业结构互补发展和跨地区产业协同；坚持绿色、高质量、可持续发展的经济发展方式，重点关注能源高新技术以及服务业在经济中的重要作用，促进两业融合；改善基本公共服务水平，提升基础设施建设，加快各地区的基础设施建设，为产业发展提供支撑。此外，落后地区要提升自我发展的动能，积极与先进地区展开交流合作，主动融入其产业布局，寻找更多产业支持途径，缩小与先进地区的差距。

现代服务业对国家经济增长起着关键作用。要充分发挥现代服务业带动整体经济繁荣、促进 GDP 增长和区域协调的作用。现代服务业通常是知识密集型的，可以提供大量就业机会。随着经济的转型和技术的进步，服务业的需求不断增长，为各行各业提供了更多的就业机会，特别是在城市化进程中。现代服务业的发展可以提供各种便利和舒适的服务，如医疗保健、教育、金融、旅游、娱乐等，使人们的生活更加便利、丰富和满意。服务业的发展需要不断创新和采用新技术。通过引入新技术和创新模式，服务业可以提高效率、降低成本，并为其他行业提供支持和推动。

综上所述，现代服务业在经济和社会发展中扮演着多重角色，对于提高生活质量、促进经济增长和创新，以及提高国家的国际竞争力都具有重要意义。

（一）优化产业结构

即使各区域之间在区域协调发展水平上的总体差距逐步缩小，但各区域之间和区域内部的发展差距也不容忽视。发达地区在实现自身产业结构现代化时，应充分利用扩散效应，帮助欠发达地区，使其从产业转移中获益。

东、中、西三大地区要构建合理的产业协作机制，因地制宜，发挥比较优势。此外，保有原有的产业结构优势与特色同样重要。在发展新型产业的同时，也要避免去工业化严重的问题。东部地区新兴产业发展迅速，西部地区资源丰富，传统产业发展稳固，东部地区的产业发展可以为西部地区传统产业带来新兴技术与知识，而西部地区传统产业的发展也可以为东部地区提供源源不断的资金与资源支撑，形成互补。具体而言，东部地区地势较为平缓，多丘陵和平原，河流纵横，河运、陆运发达，经济发展要素齐全，人口和资源分布集中。中部地区应发挥区位优势和粮食产区优势，加强交通设施建设，形成沟通南北、联络东西的纵横交通网络，以全区域开放发展为目标，不断发展和完善新型制造业和现代农业。对西部地区而言，可发挥产业承接的后盾作用，在保护生态环境的同时加强基础设施建设，达到生态保护和经济发展的双赢局面，实现可持续发展。由此可知，我国各个地区在保持区位优势的同时又可以互补，在相互弥合、要素流转的过程中，将带动经济和社会的快速发展。因此，对于自然资源丰富的西部地区而言，基础设施的不断完善将加快石油、天然气、煤炭等资源的开发和利用，而东中部地区的技术与知识溢出会形成先进的新能源技术，提高能源开发与利用的附加值。除此之外，中西部地区还拥有较为廉价的劳动力，传统产业中的劳动密集型产业仍保有发展的余地，这不仅可以成为承接东部部分产业的契机，更可以成为短期内中西部发展的经济增长点。东北地区与中西部地区的发展是区域协调发展的重要抓手，除了资源的充分开发利用，还要解决欠发达地区的经济增长问题，寻找发展优势，制造经济增长点，实现特色发展。

在区域协调发展的战略框架下，南北地区应致力于互补性发展。同时，防范过早去工业化带来的风险，并实施产业的渐进式转型。北方地区尤其要警惕因过早去工业化可能引发的“鲍莫尔病”，即服务业占比增加而拖累整体经济效率的现象。为实现高质量发展目标，必须统筹规划，充分发挥南北地区各自独特的产业优势，合理布局产业空间，构建一个稳定、有序、协调发展的区域产业体系。应顺应空间结构演变的趋势，逐步推进产业结构调整，以避免去工业化速度过快所带来的风险。此外，优化和配置重大基础设施与公共资源，促进南北方在产业上的优势互补，通过差异化发展寻求动态平衡，从而逐步缓解经济发展不平衡的问题。此策略强调渐进性与稳定性的重要性，确保各区域能够根据自身条件与发展阶段进行适当的产业升级与转型，推动经济的持续健康发展。

（二）促进创新带动，增加科技和人力投入

技术创新可以改进生产过程，提高生产效率和产能。企业通过改进生产设备、提升生产技术、进行数字化的应用来降低生产成本、提升产品质量以及改进生产效率。引入先进的生产设备、自动化和数字化技术，可以降低成本、提高产品质量及生产效率。这将有助于推动整个区域的经济发展，并促进各个产业间的协调。技术创新可以推动产业结构的优化和升级。通过引进新技术、新产品和新模式，旧有产业可以实现转型升级，提高附加值和市场竞争力。同时，技术创新也会催生新兴产业的发展，为区域经济注入新的增长动力。技术创新还可以促进区域间的合作与交流。通过建立创新网络、科研机构合作和跨区域项目合作，对不同的资源、经验和技术进行交流，通过互相学习，达到优势互补的效果，提升创新成果产业化率，从而促进区域间的经济协调和一体化发展。

科技自立自强是构建现代化产业体系的基础性和战略性支撑。对于北方地区而言，需要积极探索新兴产业领域，并推动形成促进产业现代化的新动力和

新竞争优势。具体来说：首先，通过实施更为积极的创新驱动发展战略，增加对研发活动的资金支持，可以刺激创新型产业的成长，合理配置资源，加速传统产业向知识密集型和技术密集型产业转变，以实现产业升级。其次，明确界定北方地区在经济成长、文化遗产保护以及农业发展方面的独特功能定位，确立具有优势的主题功能区。这将有助于确保关键领域的创新投入，从而促进北方地区的特色化发展。此外，这还有助于保持和提升北方地区的竞争力，同时也有利于在全国范围内实现更均衡的发展格局，确保不同地区之间协调发展。

我国东西部地区创新能力的不均衡已成为创新均等发展的阻碍之一，如何缩小区域间创新能力的差距？解决办法之一是研发经费投入在区域间的统筹规划，合理的资金利用可以为创新发展提供均等化的机会。就我国的研发现状而言，中西部地区的研发成果已落后于东部地区，这与经济发展水平现状是一致的。因此，在政府研发基金的投入、创新政策支持等方面，应当适当对中西部地区予以倾斜，为均衡发展创造机会，例如政府可以为相关企业提供直接财政补贴及税收减免等。通过这些宽松的政策，可以加强对中西部地区的支持。此外，还应在科研机构的建立与选址、科研人才的引进与应用等方面出台积极的政策措施，来帮助地区留住技术和人才。在科研经费的运用上，应当优先运用在产业结构相对完善、经济运行机制相对完善、资本运行相对顺畅的企业，以此带动当地的发展。同时，需要加大中西部地区人力培养，通过提高劳动力数量、素质和劳动力生产率，增加产出，从而带动经济增长。

对于欠发达地区而言，积极转型经济发展模式是其改善现状、谋求科技水平提升的关键路径。在新时代背景下，全面协调发展成为核心主题，建设创新型国家和迈向世界科技强国是重要目标。在此框架下，协调且均衡地分配科技资源，将成为推动区域均衡与充分发展的关键。

（三）完善基础设施和公共服务

应推动物流业以及交通运输业发展，促进资金和货物流通，打破地域限制，引导农村劳动力迁入城市，缩小城乡收入水平差异。同时，应重视经济发展的空间关联性，加强物流的区域联合。首先，要突破行政区域壁垒，加强跨区域物流服务业合作，在确保区域间利益共享共赢的基础上，通过强强区域联合和强弱区域互补构成区域间的循环流转，发挥高质量增长区域的示范作用。

要优化各产业空间布局，建立健全区域之间的利益补偿机制。引导资源从高质量发展地区向其他地区流动，实现物流业协同发展。积极发展物流业，实现各区域间和区域内物流业均衡协调发展。要协调好各区域间的不均衡问题，在战略上要通过系统梳理西部大开发、中部崛起和长三角一体化发展等区域政策，促进物流业协调发展。其次，要大力发展数字经济。数字经济所引发的技术创新与进步具有渗透性特征，通过改变生产要素比例与种类，逐渐替换传统落后的生产要素，重构分工协作体系，提高劳动生产率。在具体安排上，应以城市群和都市圈为主体构建产业聚集带，进而带动周边地区的发展；同时，对于低发展水平的省份，还要做好节水节能技术研发、发展第三产业和高新技术产业等产业政策设计。最后，坚持改善基本公共服务水平，实现均衡化发展。公共服务水平是保障居民健康幸福生活的重要因素，政府部门要充分利用好财政投入和政策杠杆，建立全面的社会保障机制，并逐步推进公共服务水平均衡化发展。

（四）推进市场一体化

在市场一体化建设的政策背景下，完善我国区域产业结构调整和供给侧结构性改革是推动欠发达地区产业结构转型升级的关键路径。随着市场一体化进程的不断深化，各市场主体将面临更加广阔的发展空间。在此过程中，物流、金融、能源以及科技创新等领域将持续释放制度性红利。因此，各地区特别是欠发达地区应当积极把握这一机遇，充分利用市场一体化带来的制度优势，以实现产业结构的优化升级和市场结构的精细化调整，从而实现经济高质量增长，缩小区域经济差距。

市场一体化与要素市场的建设应协调进行。商品市场与要素市场对区域产业分工、产业结构升级和区域经济差距的影响存在互补性，要尽量发挥统一商品市场缩小区域经济差距的效应，加快统一要素市场建设，特别是要破除人力资本的跨区域市场流动障碍，在更大范围内优化人才配置资源，深化区域产业分工，提高落后地区经济效率，缩小区域经济差距。

（五）缩小消费和投资差异

消费市场不均衡的内外需求布局加重了区域发展的不平衡。作为主体功能区，城市群能够更有效地引领和刺激周边市场的需求增长。基于此，北方地区应充分发挥诸如京津冀等城市群的引擎作用，着力于形成多维度的功能区，这对于缩小南北方及城乡间的发展失衡极为关键。当城市化的进程达到一定阶段时，区域经济增长模式将从单一的增长极转变为由城市群和经济带共同驱动的“多级多圈”模式。京津冀、长三角以及粤港澳大湾区等城市群作为我国重要的城市群驱动源，显著提升了区域经济的竞争力。然而，与长三角和粤港澳大湾区相比，京津冀城市群的辐射效应依然欠缺，未能充分助推北方经济腹地的深度发展，其在拉动市场消费升级等方面的潜在优势也未完全释放。

我国区域协调发展的主要目标是通过推动区域间经济结构和发展水平的均衡化，实现资源优化配置和互补，提高整体经济效益和社会福利水平。从产业视角来看，需要加强不同地区之间基础设施建设、产业布局和创新能力的协调，推动人才、技术、资本等要素的流动和交流，促进贸易和投资自由化和便利化，推动区域间的市场一体化。为了实现区域协调发展，我国采取了一系列政策和措施，其中包括制定和实施区域发展规划，加大对欠发达地区的支持力度，推动东部地区对口支援中西部地区，推进城乡一体化发展，促进农村地区发展，加强生态环境保护等。然而，我国区域协调发展面临一些挑战和问题。比如，近年来经济差距还在不断扩大，东部地区相对发达，而中西部地区发展相对滞后；人力资本投入不足，生产要素分布不均，城乡发展不平衡，技术创新还有待加强；资源环境约束和生态保护还需要加强等。要解决这些问题，需要进一步完善政策措施，加大对欠发达地区的支持力度，推动区域间的互利合作，提高整体社会经济发展水平。

总之，我国区域协调发展是一个长期任务，这不仅需要政府予以政策、财政上的支持，更需要企业自身谋求转变，还需要社会各方为发展提供动力。通过深化改革、创新驱动、加强合作，可以实现区域间的经济和社会协调发展，推动我国实现更加全面、均衡、可持续的发展。

第四章
现代服务业空间区位动力及其促进区域协调发展机制

第一节　现代服务业空间区位动力

区位理论认为，人类活动的空间分布与特定的经济活动是密不可分的。空间区位的动力主要来源于地理位置优势、交通运输网络、人口流动、区域经济一体化等。现代服务业主要通过改变地理位置优势，通过产业调整与扩张发展交通运输网络，引导人口由核心城市向外围城市流动，以及通过产业的扩散与集聚发展实现区域经济一体化等方式增强空间区位动力。

现代服务业在发展初期集中于地理位置优越、基础设施完善的核心城市，通过技术的进步与发展，吸引人才集聚。其创新性特质往往能使企业形成创新生态系统，加速企业产业链的优化升级，延长产业价值链，实现产业链的扩张。现代服务业的网络性又使得先进的技术与经验得以共享，提高资源的匹配程度，并通过知识溢出效应，在外围城市形成新的经济增长点，完成企业的扩张发展。同时，在现代服务业的引导下，可实现产业在外围城市的集聚发展，优化外围城市的交通建设，形成新的地理优势与交通运输网络，便利劳动力与资源的流动，避免人才与资源在核心城市过度集中，增强整个区域的经济活力，从而有助于实现区域经济一体化。

一、资源配置效应

资源匹配具有外部性，即资源匹配的总体数量与资源匹配的预期质量正相关。当资源总体数量以及资源配置总体数量能够被准确计量时，资源匹配的精确程度就高，匹配的预期质量将达到预期。现代服务业通过搭建大数据平台了解资源现状，并通过对大数据的分析掌握市场对资源的需求状况，分析市场对资源的需求趋势，从而作出智能决策，如弱化地区由于先天自然禀赋而形成的比较优势，强化后天学习创新而形成的高附加值比较优势，同时引导资金、技术、人才在各个区域之间合理流动，避免资源的过度集中与浪费，改变地区资源的俱乐部性质，提高资源的匹配质量。

现代服务业发展所产生的资源配置效应主要体现在经济层面与社会层面。

首先，在经济层面，现代服务业通过帮助企业进行智能决策，更准确地了解市场需求状况、企业内部的资源配置现状，从而进行更准确的需求预测，并通过市场信息的反馈，及时调整企业资源配置，建立持续改进和动态变化的资源配置体系，提升资源配置的灵活性和效率。现代服务业还可以通过数字平台进行资源的合作与共享，引导产业的合理聚集，形成产业集群；通过技术与资源的共享，形成技术外溢，提高企业的创新效率，降低经营成本，提高资源利用率，改变本地市场的激烈竞争现状，并对周边区域形成人才、技术辐射，形成更大规模的产业集群，在产业集群的不断发展中，进行跨地区、跨部门之间的资源共享，有助于形成企业各部门间、地区间的合作与共享模式（张幸、钟坚和王欢芳，2022），在提高企业经济效益的同时，改变地区经济发展现状，缩小地区间的发展差异。

其次，在社会层面，现代服务业通过数字化技术，搭建数字化信息平台，缓解城乡之间、地区之间的信息差异，打破地区之间的信息壁垒，进一步了解各地资源分布状况，对各地区资源要素进行新一轮的配置重组，避免资源闲置或资源过剩，提高资源分配的公平性。现代服务业的发展还会带动金融、教育、公共服务业的发展，推动地区基础设施的建设和完善，延展交通运输网络，畅通资源分配渠道，改变由于地理劣势或经济劣势而导致的资源分配不均，提升社会福利，合理利用有限资源，实现各地区资源的统筹规划，在现代服务业发展过程中，这有助于实现享有平等的机会和基本服务的目标，实现资源的最佳配置。

二、产业链空间重构驱动效应

产业链空间重构是指对产业链各个环节的布局和组织进行重新调整和优化，以促进产业链的高效运作和协同发展，包括产业链的纵向整合、横向整合、空间集聚以及协同创新等。现代化产业体系的构建离不开产业链的空间整合及优化。现代服务业的发展通过技术的创新、发展与应用，引导产业链进行数字化转型，进行产业链的纵向和横向优化，并通过价值链的整合，推动全球价值链调整，实现经济可持续发展（黄汉权、盛朝迅，2023）。

现代服务业的发展推动了数字技术的广泛运用，为现代化产业体系的发展提供技术支持。通过云计算、物联网等技术，采集产业链上下游的数据变得便捷高效，并能实现实时更新与共享。通过对上游企业的信息整合，可增强企业对所处产业链的资源、成本的控制能力。同时，信息与技术在产业链中快速流动，对下游企业的消费者需求反应更为敏捷，促使产业体系不断通过科技创新实现技术变革、结构重组，在促进企业生产力发展的同时去库存化。现代服务业通过数字技术的发展，引导产业链进行纵向整合，缩短企业上下游之间的信息、技术距离，使企业在降低成本的同时对市场进行快速反应，提高企业在产业链中的垂直一体化程度，提高市场竞争力与盈利能力。

现代服务业在发展中通过对要素的调动与配置，将各个产业进行联结。通过现代服务业所提供的信息、生产共享平台，相同类型的企业在这一过程中通过信息和资源的整合形成空间聚集，提高企业集中度，形成产业集群。不同类型的企业在这一过程中进行信息、资源、技术交换，提高产业关联度，减少中间环节，促成企业联盟或企业合作，形成不同区域的企业协同。现代服务业引导产业链纵向整合，可以通过资源、信息等的整合，引导产业集群发展，促进产业融合，在释放企业传统产业潜力的同时培育新兴产业，在保持地区经济发展的同时形成新的经济增长点。

现代服务业的发展有助于提高地区劳动力素质，带动当地金融、政务、公共服务等发展，提升地区产业链的科技水平；通过企业间、地区间的信息交换，引导劳动力自发流动以及企业间的相互学习，形成人才、技术外溢，建立产业生态圈；通过产业资本要素的汇聚进行资源整合，形成产业链在特定空间的集聚，促进区域内企业相互依存，吸引区域外企业前来合作，促进区域协同发展，构建现代化产业体系，提高知识密集型、技术密集型企业的占比。

三、市场整合效应

市场整合是通过对不同地区、不同阶段的市场要素、资源、参与者等的整合，实现效率提升、一体化发展的目标。市场整合包括行业内企业整合、跨行业合作与联盟、地区间市场一体化等。通过市场整合，可实现市场对资源的统一调配，扩大市场规模，提高资源利用率，降低企业经营成本，建立更优质的企业合作关系（李建成、程玲和吴明琴，2022），有助于建立市场统一制度，实现市场一体化，从而实现全国统一大市场的目标。

在我国，早期由于地理文化、交通建设等差异，导致市场整合存在困难（丁从明等，2018；范欣、宋冬林和赵新宇，2017），损失了经济效率，也阻碍了规模经济的发展。现代服务业的发展不仅为区域之间的信息沟通提供了便利的途径与平台，降低了信息交流成本，同时还通过促进公共服务的发展，完善地区基础设施建设，为市场整合创造条件。

首先，现代服务业中教育、金融行业的发展，通过对人才的培养与资金的调动，为地区企业创造人才、资本、技术等优势，并通过产学研结合，增强当地企业竞争力，提升企业创新研发能力，发展新兴产业，形成地区发展新业态，并通过溢出效应，打破要素流动的限制，改变各地市场割据的局面（马新啸、汤泰劼和仲崇阳，2022）。在进行同行业合作的过程中，不断进行技术创新与资源共享（卿陶、黄先海，2021），形成产品集成度高、具有高价值链的产业链，改变地区市场结构，并通过同行业间的市场整合，形成区域经济发展的新势能（王钺，2021）。

其次，现代服务业推动了平台经济的发展。通过在线平台的建设和运营，把各地企业纳入平台进行信息共享，形成网络化的信息共享与交流平台，促进供需双方的连接和交换。通过信息的交流与整合，平台经济可以对不同地区的资源进行进一步整合与重新分配，并通过对市场信息的交流与技术的相互学习，整合不同地区、行业和规模的企业和个体，促进市场参与者的合作与交流，形成规模经济，打破区域市场之间的信息交流壁垒，缩小技术差距，形成统一的市场交易规则，从而有助于形成市场一体化，促进市场需求有效增长。

四、区位优势内生扰动效应

区位优势是指某一区域相对于其他区域而言所具有的地理位置、资源禀赋等方面所存在的特殊优势或竞争优势。区位优势内生扰动效应是指某一区域内部的优势变化会引起其他相关因素的变化，从而带来区域内产业集聚、人才流动、资本流动等方面的变化。现代服务业的发展改变了地区传统优势，弱化了物质资源、地理位置和基础设施等传统优势在区位优势中的地位，强调了无形资产、知识、技术等的重要性，并在发展的过程中通过互联网和数字技术改变区域之间、经济系统之间相互关系，提高彼此之间的相互依存度。

首先，现代服务业的发展改变了传统区位优势中的地理优势。通过网络服务平台，利用数字技术实现远程交流与共享，企业之间、地区之间不再受限于地理条件，信息交换与技术交流变得更为频繁。而信息与技术的外溢有助于激发企业的创新行为，发展知识密集型产业，开发新的产业链，改变地区传统产业优势。同时，企业、地区间的频繁交流与共享能够引发知识密集型、技术密集型的产业集聚，而在具有创新生态系统和知识密集型产业集群的地方，现代服务业的发展更为活跃，从而形成经济增长的良性循环，转化为区域经济增长的内生动力，在保持区域内经济高质量发展的同时扩大地区经济辐射范围，促进区域协调发展。

其次，现代服务业可以改变传统区位优势中的资源禀赋优势。传统经济发展大多依赖于自然资源，而现代服务业通过创造良好的创新环境、投资环境、教育环境，改变了企业发展受限于自然资源的现状。现代服务业中的平台经济有力地整合了市场参与者，在信息化和数字化的催化下，打造出创新生态系统和支持环境，吸引和培育服务业创新企业和初创企业，加大技术和知识在经济增长中所占的比重。同时，知识密集型地区和高科技产业集群对于投资者更具吸引力，从而产生投资乘数效应。不断完善基础设施与数字化技术，使教育更为普及。人才的培育为现代化产业体系的发展注入高素质劳动力，形成地区产业新的竞争优势，并通过劳动力的流动与地区间的交流形成外溢，带动区域协调发展。

五、区域增长效应

区域增长效应是指在一个特定区域内，经济活动的持续增长所带来的正向影响和连锁反应。经济增长会出现在增长极，并通过极化效应和扩散效应影响区域经济活动，通过溢出效应带动其他区域的经济发展。现代服务业的发展可以带动一个地区就业机会增加、收入增长、技术创新以及公共服务的改善等。通过改变地区的经济活动，如产业链协同效应、产业结构优化等。促进区域内组织相互依存、互助合作和相互吸引，提高企业的竞争力和效益；通过技术、知识外溢，对其他区域产生正向影响，带动资本、技术、劳动力等要素在各个区域的流动，推动区域经济均衡发展。

现代服务业的发展促进了区域产业的多元化，避免地区经济仅依赖于传统的制造业或农业，降低经济周期性波动对于地区经济的影响。金融、咨询、信息技术、教育等领域的不断发展，改变了地区产业结构，提高了就业机会，有助于吸引专业人才流入，加大企业研发投入。通过创新和技术进步，促使企业不断进行技术改进，推动区域的创新活动，并通过溢出效应带动区域其他相关产业不断创新和发展，增加区域内经济的韧性和稳定性，并通过现代服务业的数字技术和共享平台扩散至其他区域，带动其他区域经济增长。

现代服务业往往涉及国际贸易、跨国公司和跨境投资等，能够吸引国内外的投资和资源，具有较强的国际化特征。这些投资和资源的引入可以进一步促进经济增长，扩大区域的产业规模和影响力，提升专业化分工能力，形成规模效应，通过外部经济，可促进区域与其他地区和国家之间的经济联系和合作，吸引外部投资和资源流入，调整贸易流向和贸易结构，将我国产业价值链嵌入全球价值链中，推动国际国内分工的深化，提升资本生产效率，降低经济体间的收入增长差距（Milanovic and Yitzhaki，2022），实现区域经济增长之间的耦合（马涛、吴然和洪涛，2022）。

第二节 现代服务业引导的产业协同机制

现代服务业通过集聚生产要素、改善生产条件、促进产业关联、推进产业融合等，对区域协调发展起到增补动力的作用。其作用首先体现为现代服务业引导产业协同机制，具体体现为市场驱动作用、技术创新作用、服务支持作用和产业融合作用。其中，市场驱动作用体现为，现代服务业通过整合供应链、发展平台经济等，降低成本，改善市场准入条件。技术创新作用体现为，现代服务业提供的数字工具和信息服务渠道可以优化生产环节，改变企业的行为模式，强化知识共享和技术溢出对全产业的正外部性，同时高技能劳动力数量的增加和人才技能的提高扩充了劳动力池效应。服务支持作用体现为，金融服务和基础设施服务为产业发展提供了全方位支持。其次，现代服务业所呈现出的融合性可以融合文化、技术、制造、服务，促进制造业产业链的纵向与横向发展，最终促使区域内产业空间扩张、产业生态优化、产业竞争力提升。在这个过程中，也不能忽视创新政策在现代服务业引导产业集聚中所发挥的作用。在我国，组织形式因其特殊性，虽然不直接作为现代服务业的一部分，但在整个产业协同和区域合作的进展中起到间接引导的作用，而政策创新对于产业协同有着同样重要的作用。创新政策和制度可以为区域产业发展提供顶层设计，打破既有体制机制壁垒，改变产业发展的路径依赖。由此，提出以下基本假说：

假说一：现代服务业可以促进产业协同发展。

一、市场驱动作用

首先，现代服务业可以通过整合供应链，将不同产业的各个环节连接起来，提高生产效率。供应链是以客户需求为导向，以提高质量和效率为目标，以整合资源为手段，实现产品设计、采购、生产、销售、服务等全过程高效协同的组织形态，是产品生产和流通中涉及的原材料供应商、生产商、批发商、零售商以及最终消费者组成的供需网络。在这个网络中，每个贸易伙伴既是客户的供应商，又是供应商的客户。现代服务业通过信息整合、协调与资源共享、组织互联这三个维度，提升各产业的供应链管理水平。例如，物流服务提供商可以协调生产商、分销商和零售商，以降低运输成本，减少库存，提高交付速度。现代通信商和互联网业务企业可以构建统一的产品管理和分销渠道，加快货物周转和品类的更新，并通过大数据为生产商和经销商提供数据匹配，精准对接客户需求。

其次，通过发展平台经济，现代服务业通过信息共享增强了产业合作和市场竞争，各行业的企业可以通过共享平台进行合作，实现资源和信息的互通，从而开辟一体化市场。信息外部性和信息共享使产业集聚，同时共享信息使企业降低生产成本，提高潜在的劳动生产率。在集聚经济学的研究中，位于集聚区的企业可以通过共享信息提高自身的利润，吸引更多的潜在进入者以实现市场条件下集聚的自发积累。更多的潜在企业意味着更激烈的竞争、更快的产品更新速度和企业内部组织逻辑的优化，而平台经济加快了这一进程。从生产性服务业角度来看，数字平台可以最大限度降低生产性服务业的信息不对称，提高供需双方的透明度和诚信度，从而增强上下游企业以及产业间的系统集成发展能力。不仅如此，数字平台很有可能突破生产性服务业市场的时空边界，增强市场主体的竞争程度，锻造企业市场竞争力，同时发挥网络外部性。围绕现代产业发展的共性服务需求，拓展服务业市场，培育一批集战略咨询、管理优化、解决方案创新、数字能力建设于一体的综合性服务平台，促进平台间的协同研发、资源共享和成果推广应用。以体系化思路将开源设计、软件开发、信息、电子商务、金融、技术转移等平台集成整体的生产性服务业平台经济体系，打造生产性服务业平台经济体系，可以助力各产业的专业化与集约化发展。由此，提出以下假说：

假说二：现代服务业通过整合供应链、发展平台经济的方式发挥市场驱动作用，促进区域协调发展。

二、技术创新作用

现代技术和数字化工具在引导产业协同中发挥着关键作用。现代服务业借助数字化技术，提高了信息流、物流和资金流的可视化和管理效率（贺灿飞、王文宇和朱晟君，2021）。这有助于产业之间更好地互动，共享数据和资源。

具体来讲，通过大数据和分析技术，企业可以以数据化、直观化的方式获得市场信息，理解市场趋势、客户需求和竞争环境，把握政府政策动态，并通过加入政府的“智慧大脑”，更有针对性地制定协同计划。借助物联网和智能制造技术，企业可以实时监测和优化生产过程，提高产业链的效率，同时基于与区域内其他企业进行信息互换，迅速调整工艺技术和人力资源配置，使技术创新能够在很短的时间内扩散到整个产业，最终通过区域集聚加倍放大其产出带来的正面效益（Fujita and Thisse，2004）。物联网技术还可以连接不同产业的设备和系统，实现跨产业的协同操作。区块链技术提供了安全的数据交换和合同执行机制，促进跨产业的信任和合作，打破时空要素对产业融合的限制。同时，云计算等众多计算工具更是降低了企业的 IT 成本和运营成本，而更多的企业“上云”则加快了企业整体数字化转型的进程。

另外，现代服务业带来了更多的创新和知识传播途径，促进了企业合作研发、人力资源培养和区域创新水平的提高，实现了产业更高的效率，更好的创新和更大的价值创造。具体来讲，创新中心和孵化器可以成为不同产业企业的创新和合作平台，使其能够共同探索新想法和技术，带动地区小微企业的成长，培育当地产业后备力量。此外，创新平台通过网络性，使同产业链的企业可以进行联合研究和开发项目，共同解决技术难题和创新挑战，通过整合创新资源，缩短新产品研发流程，增加创新类别和数量（Zhou Yi et al.，2019）。同时，更多的教育和培训活动提供了更多有利于创新活动的课程，这种知识传递形式通过提高员工技能和培养更多的创新人才，直接转化为产业发展的动力。而更多的高素质劳动力可以造就更好的知识环境，创造更多的知识溢出，增强当地产业的劳动池效应。高技能劳动力的聚集不仅可以带动产业内人员在知识溢出中获取更高的技能，也可以通过众多的网络平台、人才交流会等统筹上下游产业的人力资本。在这一动态过程中，高技能劳动力提高了产业间的整体劳动素质，推动了产业协同中最重要的生产要素，即人力资本水平的提高，最终通过学习、匹配、共享机制，推动当地现代制造业发展。由此，提出以下假说：

假说三：现代服务业通过数字技术、知识溢出的方式带动技术创新发展，促进区域协调发展。

三、服务支持作用

根据“供给引导”理论，金融资本作为一种生产要素，能够作为投入进入社会再生产系统，与劳动等其他生产要素相结合，进而带来经济的增长和产业的发展。现代服务业中的金融支持服务有助于解决资金需求问题，降低风险，促进合作，推动创新。金融服务机构可以提供包括创业资金、研发资金、项目融资等多种形式的资金支持，帮助不同产业的企业进行转型及合作创新。一方面，对传统制造业企业，在采用先进适用技术、设备更新换代、推进绿色化智能化转型发展中所需要的金融服务予以重点支持；另一方面，对于专精特新中小微企业、科技型中小微企业等市场主体重点关照，使其充分发挥产业创新主体的作用。现代科技支持下，金融创新产品的出现和金融服务效率的提升提高了产业链、供应链的现代化水平。

现代物流、现代交通和现代仓储服务同样为产业协同提供了支持。现代物流具有先导性作用，可以创造适宜产业发展的低成本、高效率的物流条件，支撑和推动产业布局调整、要素配置优化、发展模式创新，促进现代物流与区域经济互促发展、良性互动。现代交通服务，特别是高速公路、铁路、航空和海运，可以大大提高商品的流通速度。这有助于缩短交付时间，满足市场需求，缩短供应链周期，从而提高产业协同合作的效率。更好的交通网络提高了资源利用效率，使不同区域之间更容易进行资源交流和合作，减少资源浪费。这有助于提高资源的可持续利用，减少污染。现代仓储服务可以帮助企业优化库存管理，减少库存成本，降低资本占用率。这有助于提高库存周转率，减少库存浪费，提高资金利用率，促进产业协同。从“中心地理论”的角度来看，交通方面的变化最深刻地改变了区域间产业活动的联系，依靠便利的交通条件，偏远地区的产业活动也可以与中心城市建立联系，实现产业合作、人员流动和信息交换，与中心城市产生地域协同；而中心城市通过“邻近效应”发挥产业示范和带动作用，在动态的过程中通过“增长—产业空间扩散”机制（王珺、杨本建，2022），提高了落后地区的产业专业化水平。因此，现代服务业中的交通为产业协同提供了基础条件，并在空间视角上产生了更为广泛的塑造作用。

四、产业融合作用

现代服务业对产业协同发展的影响还体现在产业融合过程中。随着现代服务业与现代制造业深度融合，两者的发展关系也不仅仅局限于单方面的促进和支持，更体现在充分结合下催生的新增长路径。这种路径体现在产业协同的三个方面：上下游产业协同发展、横向企业协同发展和新旧产业协同发展。

首先，从产业链和产业上下游角度分析，以生产性服务业为核心的现代服务业能深化产业分工，集中体现为增值链外包和增值链服务对产业链业务范围的拓展。通过专业的外包服务公司，企业可以将其非核心业务外包，从而专注于核心业务以提高竞争力，改变以往企业存在的生产经营涉及领域众多、专业化不强，难以与上下游企业形成有效的分工协作问题。而增值服务拓展了产业链的业务范围，使得单一产品朝向价值链两端攀升与高端嵌入，增加了产品的附加值，同时促进了产业发展融合态势。其次，从企业横向协同发展，即横向整合的角度分析，目前仍存在同类生产的集聚效应、品牌企业的杠杆效应、规模经济的虹吸效应不足等问题（刘坤，2021）。现代服务业为企业品牌孕育提供了新机会，通过平台包装、直播带货、扩大化宣传等多种手段，培育业内龙头，加快同质产业整合以提高资源利用效率。最后，从新旧产业协同发展的角度分析，新产业和旧产业往往存在一定的替代关系或是前后向关联，而现代服务业可以通过数字化手段推动旧产业的数字化转型，使旧产业转型后顺利衔接新产业，或是通过新旧产业的外部合作，将旧产业中的生产技术、管理经验共享给新产业，从而帮助新产业迅速在市场上立足；而旧产业通过与新产业的合作，推出新的产品，拓展新市场，从而与新产业协同发展。由此，提出以下假说：

假说四：现代服务业通过整合产业链上下游的方式推动产业融合进程，促进区域协调发展。

五、政府政策的支持

对于以上四种作用机制，除了市场发挥作用之外，政府也可以提供支持。

政府可以通过构建好的制度环境，平衡制造业和服务业的市场地位，弥补市场机制的失灵部分，通过政策、规划引导，促进企业的产能配置，联结战略伙伴，实现有效协同。对于技术创新和服务支持的作用，地方政府通过相关政策指引，给予相关产业和园区诸如税收分成、税收优惠、资金扶持等利益补偿模式，与企业合作创办各类人才和技术交流活动，从而激发地区合作的活力，带动产业升级转型。

第三节　现代服务业引导的地区协作机制

当前，我国经济发展呈现出不平衡的状况，东西部、城乡之间的发展差异仍旧显著；一些大城市成为经济发展的热点，吸引了大量资源和投资，形成了较强的竞争优势，产生强烈的虹吸效应，这导致区域间的竞争不均衡，呈现出区域集群式差异。此外，由于优质资源的供给差异、人才资源流动性不足等原因，导致欠发达地区经济发展资源供给不足，所需劳动力、技术等欠缺，区域间现代服务业的发展差距逐步扩大。

现代服务业是相对传统服务业而言的，是伴随工业化进程并依托信息技术和现代管理理念、经营方式和组织形式而发展起来的，向社会提供高附加值、高层次、知识型的生产和生活服务的行业。一方面，在当今全球化进程中，现代服务业已然成为许多经济体的重要支柱，并呈现出新的变化。随着数字化的发展，现代服务业越来越依赖信息技术和数字化工具，呈现数字化转型的趋势，新兴服务领域（如人工智能、大数据分析、区块链和虚拟现实等）正迅速崛起，这些领域为服务业带来了全新的商机和创新模式。另一方面，伴随着消费者对服务个性化需求的提升，现代服务业倾向于提供定制化、个性化的服务，并催生出更多的跨界服务，推动了新的商业模式和增长，现代服务业正朝着更多创新、协作和数字化方向发展，为人们的生活提供更便捷、多样化和有保障的服务体验。

如何充分发挥现代服务业的引导作用，实现地区间的优势互补，构建经济发展新格局，成为服务业发展亟待解决的问题。本研究从规模经济、要素效率提升、地区间政策支持、公共服务共享四个角度，探讨现代服务业对地区间协作与竞合所发挥的引导作用，构建地区间协作机制。由此，提出以下基本假说：

假说五：现代服务业可以提高地区协作程度。

一、规模经济效应

现代服务业的合理布局对于可持续发展及提升其在经济中的占比发挥着至关重要的作用，是城镇化与产业结构调整的重要抓手。因此，以现代服务业为抓手，各区域进行纵向整合与区域间的横向合作，促进现代服务业区域协调发展，是构建现代服务业引导的区域协作新格局的重要举措。现代服务业的集聚发展可以在充分利用现有产业发展的基础上，实现优化行业分工，提升产业价值链，从而降低行业平均成本，实现规模经济效益（韩峰、阳立高，2020），构建区域协作发展机制。

在地方产业政策的支持下，生产性服务业开始呈现空间聚集的特征（刘奕、夏杰长和李垚，2017）。在聚集性发展的过程中，保持地区内各行业发展优势，进行地区间的资源整合，优化行业内分工（Maineem，Shapirodm and Viningar，2010），并通过跨地区的上下游合作、劳动力流动与产业集聚区的集体学习等方式，提高劳动生产率与产业技术创新能力，形成技术外溢。利用知识经济的发展，带动各区域知识密集型服务业产业链延伸（Kes，Hem and Yuanc，2014），在实现行业优化升级的同时，降低生产成本，形成规模经济效应，保持地区间产业发展的良性竞争，用现代服务业的发展引导地区间产业协作。

与此同时，现代服务业的发展也可以通过与其他产业的融合发展，推进产业功能与城市功能协调融合，推动以现代服务业为引导，各区域产业相融相长、耦合共生（郭凯明、黄静萍，2020），实现地区间的产业协作。现代服务业与先进制造业、现代农业深度融合可以形成技术转移，在这个过程中，区域间的技术引进与技术购买会产生技术交流与集体学习行为（郭凯明、王钰冰和杭静，2022），促进技术创新与进步，引发区域发展中的自主创新与协调创新行为，促成区域间的深度共享与合作，形成创新驱动区域经济发展的经济模式（Aghionp and Festréa，2017）。产业间的交流与合作能进一步提高生产率，降低生产成本，缩短区域间的经济距离，在专业化集聚和多样化集聚中实现规模经济，促进区域间产业协作，避免过度竞争，建立有效的地区协作机制。

二、要素效率提升效应

在新发展阶段，随着信息技术的发展，东中西部、城乡之间、各经济带之间信息、人才、资本等要素分配差距逐渐显现。现代化程度较高的区域、城市掌握着更多的要素资源，而资源的过度集中造成了资源配置的效率下降，要素流转效率低下（Brandtl，Tombet and Zhux，2013），成为我国经济高质量增长的阻碍之一。党的二十大报告指出要深化要素市场改革，建立高质量市场体系。通过深化要素市场改革，提高要素与生产的适配程度，加速要素在各区域间的流转，促进要素配置效率的提升，形成以现代服务业为引导，要素合理配置的经济发展新格局，建立跨区域协作机制，是构建产业布局合理的经济发展新格局的重要举措之一（陆铭，2023）。

要素效率提升是指，通过更有效地利用生产要素（如劳动力、资本、技术、原材料等）来实现更高的增量的目标。因此，要素充分流动与合理配置是要素效率提升的前提，而要素的流动与生产聚集具有明显的外部性，生产性服务业的发展会加速要素供给与企业需求之间的匹配，此时企业在利益最大化的驱动下，打破要素的空间限制，在经济区域之间进行劳动力、技术等要素的空间配置（梁向东、阙启越，2021），并依托现代服务业中技术的发展，促进要素的双向自由流动，提高要素配置效率。

现代服务业中信息技术的发展能充分调动劳动力、技术等要素的流动。一方面，现代服务业的发展促使信息部门与产业的不断融合，使劳动力、技术实现跨区域、跨行业流动成为可能，能有效解决劳动力要素供给侧与需求侧矛盾（宁光杰、崔慧敏和付伟豪，2023）。另一方面，不同区域由于生产技术水平发展程度不一，所需的劳动力、资本、技术等要素不同，而现代服务业中信息技术的发展有助于降低区域间的信息约束，促进信息流动，在现代服务业集聚发展与分散的过程中充分释放劳动力、资本、技术等需求信息，调节要素在各区域内的合理配置，缓解城市拥挤效应（陈诗一、刘朝良和冯博，2019），减少要素的过度集中，提高要素的配置效率，其中，劳动力的合理配置也使得生产技术、理念等从发达地区传播到欠发达地区，促进区域间的协作，在提高劳动生产率的同时也能促进区域协调发展。

此外，现代服务业依托数字化发展，带动资本、技术等要素在不同区域间转移，产生空间溢出效应，实现区域协作与共同发展。资本的逐利性使投资者不断寻求更多的投资领域，而现代服务业在发展过程中不断带来新的经济增长点（黄烨菁，2019），在促进沿海地区稳步提升的同时，增强内陆地区企业的竞争力，现代服务业在数字化背景下不断进行技术创新，并在各地区通过技术扩散形成空间溢出效应，加速技术要素的高效流动，提高技术在各区域的利用率（刘富华、宋然，2023），标准化技术应用显著降低企业间合作壁垒，提高了企业创新效率，也促进了地区间的技术协作，缩小区域发展差异。由此，提出以下假说：

假说六：现代服务业通过实现规模经济、提升要素效率的方式提高区域全要素生产率，从而提高地区协作程度。

三、地区间的政策支持

自改革开放以来，我国为支持各地区发展，制定了东部优先发展、中部崛起、西部大开发以及振兴东北老工业基地等战略，使得各地区的经济水平大幅提升，但由于各地区的发展水平及条件不一致，因此在发展过程中仍存在一些壁垒。现代服务业通过数字化发展、构建信息共享平台等方式，降低各地区间的壁垒，建立跨省跨区域合作平台；通过现代服务业项目的资源共享、协同创新，实现区域间的协同合作，促进区域协调发展。优化政策环境有助于充分发挥现代服务业在打破各区域壁垒、构建区域市场一体化中的引导作用，建立地区协作机制。

对于政府而言，地方政府的财政政策是重要的经济调节手段（徐超、庞雨蒙和刘迪，2020）。其中，财政分权可以激发各级政府之间的良性竞争，改变财政支出均等化的局面，提高政府资金利用效益率，提高地方财政收入（Stoilovad and Patonovn，2012）。而现代服务业作为新一轮科技革命的经济增长点，则有机会获得更多的资金支持，实现多样化发展。现代服务业发展具有开放和自由化的特征，在地方财政政策的支持下，跨区域商务活动更加便利，使跨区域产业集聚、生产要素集聚成为可能，推动了不同地区市场之间的互通和交流，通过提供各种服务，如金融、物流、通信等，促进区域市场的一体化进程（阎川、雷婕，2019），这有助于进一步打破区域间的壁垒，增加外地企业进入本地区生产经营的机会，并通过资源的整合，形成产业协同集聚（Restucciad and Rogersonr，2013），实现区域协同发展，构建区域协同发展机制。

此外，政府的税收政策也会影响地区企业的发展与跨区域协作。税收竞争理论认为，有效的税收政策有助于提高地区的招商引资吸引力。区域性的税收优惠可以通过低税率来吸引资本（马光荣、程小萌，2022）。使现代服务业获得更为充足的资金支持，而现代服务业中技术、金融等的发展为企业的集聚发展提供了更好的先决条件。在现代服务业发展的引导下，企业通过在异地设立子公司的方式享受地区的税收优惠，同时将母公司先进的技术、人才以及经营理念带入税收优惠地区，从而促使内陆地区或产业发展薄弱地区得到沿海地区或产业发展较好地区的协助，实现内陆地区与沿海地区联动发展，形成现代服务业引导下的地区协作新格局。

四、公共服务共享

公共服务在满足居民教育、医疗、交通、住房和安全等基本需求方面具有重要意义，有助于消除社会不平等，为弱势群体提供经济支持，是促进社会和谐与稳定、提升生活质量的重要手段。公共服务的布局影响着劳动力的流动，促使劳动力“用脚投票”，选择在公共服务更好的城市居住和就业（夏怡然、陆铭，2015）。由于劳动力资源的外部性会使个人技能与劳动生产率提升，因此这些城市的企业往往可以率先实现技术进步与产能提升，延长企业价值链。此外，公共服务可以建立可靠的安全预期，为地区经济发展提供保障，通过公共服务的普及，提高地区人力资源的质量，促进创新驱动发展，推动经济增长（李实、杨一心，2022）。但我国公共服务受限于地理条件与交通基础设施等原因，其发展呈现出地域差异、城乡差异，同时，各地区的经济水平也存在明显差异，这也决定了各地公共服务发展难以实现均等化。

一方面，现代服务业的发展使数字技术得到广泛应用，并不断实现技术创新，为数字平台的搭建提供技术支持。公共服务共享依托数字技术创建共享平台，允许公民、政府和其他利益相关者进行交流和合作，使公共服务的资源共享和协作成为可能，打破区域限制，实现公共资源的跨区域共享，在提高公共资源利用率的同时，促进区域间的信息合作，为区域间协作减少信息摩擦。此外，现代服务业的发展也促使地区交通设施不断完备。依托于地区交通条件的电商物流得以发展，实现及时配送，沿海地区与内陆地区的资源互换与共享更为便捷，形成区域间的互动互助，降低了运输成本，地区间的协作更为频繁。

另一方面，现代服务业依托“一带一路”核心区域与节点城市、长江经济带、珠三角城市群等，提高现代服务业的开放程度，拓展现代服务业的辐射深度与广度，推动现代服务业引导的区域互联互通，促进区域间的合作交流。不同地区的公共服务机构可以通过合作交流，分享最佳实践、经验教训和创新想法，提高地区公共服务的效率和质量，为解决各地区共同面临的问题提供方法。此外，现代服务业通过搭建数据平台，使政府可以利用大数据进行数据分析，从而为公共服务提供决策支持，优化公共服务的提供方式和资源配置。通过地区间的合作交流，可以促进地区间的协作，为解决本区域的问题提供新的思路和方法，缓解地区之间、城乡之间的发展不平衡。

最后，现代服务业带动了技术的发展，催生出在线教育平台。在线教育平台打破了时间与空间的限制，可以成为公共服务机构向公众提供教育资源的渠道。偏远地区的弱势群体可以通过这些平台获取知识，获得教育机会，提高教育的可及性和公平性，从而提高地区劳动力素质和弱势群体的劳动竞争力。劳动力素质的提高有助于提高企业的创新能力。企业在创新中不断谋求新的发展并寻求合作，通过企业之间的合作，逐渐加强地区之间的互助与交流，形成区域间劳动力与技术的交流与合作、资源共享，为地区其他企业的发展提供可参考的途径，加强区域间的企业协作。

由此，提出以下假说：

假说七：现代服务业通过地区政策支持、公共服务共享的方式提高地区公共服务水平，提高地区协作程度。

第四节　现代服务业引导的城乡融合性发展机制

党的十九大报告指出，我国社会主要矛盾已经转化为人民日益增长的美好生活需要和不平衡不充分的发展之间的矛盾。其中，最为显著的就在于城乡发展的不平衡与不充分，因此如何正确认识与处理城乡关系是社会主义市场经济体制改革的重要问题。在以供给侧结构性改革为主线的现代化经济体系建设中，应当立足我国国情与乡村实际，以城乡融合性为主线走出一条中国特色的城乡一体化发展之路。城乡融合性强调城市和农村间的互补性与协调性，即城乡之间的合作互动能否推进整个地区的协调发展，可以体现为城乡均衡与城乡融合两个阶段。城乡均衡强调城市与农村间发展差距的缩小，从而保证资源配置的平衡，以减少不平等和贫困。城乡融合强调城市与农村间的互补和合作，从而实现城乡相互依存与互补发展。城乡均衡与城乡融合相辅相成，城乡发展差距的缩小能为城乡融合创造有利条件，城乡融合也有助于城乡均衡的实现，以城乡资源互补推动经济水平的整体提高，进而实现区域共同繁荣。因此，本节通过分析现代服务业对城乡均衡与城乡融合的影响机制，为实现区域协调发展目标提供可行的参考路径。

由此，提出以下假说：

假说八：现代服务业可以促进城乡融合发展。

一、现代服务业促进城乡融合发展的要素流转加速机制

要素所有者为追求效益的最大化，会在各区域之间进行空间配置，而要素流动和生产集聚具有明显的匹配外部性，因而要素空间转移会改变区域间的显性要素结构和比较优势，其转移的方向同时关联区域发展趋势，因此生产要素流转的顺畅性与有序性对城乡关系的形成与发展具有至关重要的作用。城乡要素结构差异明显。一般而言，资本、高技术劳动力、技术等要素在城市是丰裕的，土地、低技术劳动力等要素在农村地区相对丰裕。资本、劳动力及技术等要素流动性比较强，土地不能空间流动，但在一定程度上能进行产业间转移。不同区域间要素流动受到的约束不同，因此仅仅依靠要素的自由流动来实现资源有效匹配在实践中会遇到障碍，比如地区间信息不对称、地方保护性政策、营商环境差异等都会妨碍要素有效匹配。而随着现代服务业的不断发展，产业链中人才、技术、资本等要素供给与企业需求之间的匹配速度得到明显提升，从而降低打破区域要素锁定的成本，同时需求的增加会进一步刺激相关要素的供给。因此，现代服务业会通过促进城乡要素双向互动，充分发挥工业对农业

的反哺作用，也能激活农村闲置的生产要素（如土地、剩余劳动力等），有助于一二三产业协调发展，有利于缩小城乡收入差距、缓解城乡发展失衡，是城乡融合的重要前提和基础条件，从而有助于推动城乡融合发展体系的建成。

在信息技术变革与全球一体化背景下，服务业转型升级表现为产业结构向高附加值服务变迁，商业模式向共享化经济演变，通过生产与生活方式的巨大变革推动实现城乡均衡。现代服务业将大数据、人工智能、机器学习等工具引入生产与消费环节后所出现的平台经济、共享经济有助于克服时间与空间对城乡要素流动、产业发展的约束，从而打破城乡之间空间隔离、发展不均衡的现状，通过提升农村生产生活水平，推动城乡均衡。从要素流动视角出发，现代服务业对农村生产方式的升级主要体现在产业链在生产和布局上的延伸和裂变，农村产业不再局限于农业产品，有了嵌入世界市场相关产业链的机会，从而走向与高端产业结合的路径，进而完成衍生产业的创造。例如，电子商务行业的出现，结合基础设施的完善与现代物流的发展，城乡之间可以通过平台无差异共享供需信息，农产品可以在一个开放的市场环境中进行交易，将农产品与下游产业联系起来，降低了中间产品成本，为扩大农产品销售提供了可能，解除了传统农产品销售过程中空间制约的影响，摆脱了区位劣势约束。在生活方面，现代服务业能有效缩小农村与城镇人口在教育、金融等领域的差距。现代服务业凭借数字化转型所建立的平台化、智能化服务生态系统，能打破地理约束，将信息与乡村民众共享。例如，远程教育的出现不仅能提高儿童基础教育教学内容的多样性与质量，还能帮助成年人进行继续教育。而互联网金融的出现增加了农民的金融知识，还能促使风险评估简洁化，提升了农民的投资欲望，增加了农民和农业获得小额信贷的可能性，为农民扩大经营提供了可能。因此，现代服务业能通过商业模式的创新提升资源流动速度，从而推动城乡均衡。

现代服务业对要素有效流动的促进作用能推动土地利用的统筹与产业布局的规划，可见其是促进城乡融合的关键。现代服务业具有促进要素流转的加速机制，能通过生产空间分散、信息共享、降低交易成本等来加快要素流动。网络信息服务业克服空间对信息的约束，能加快信息流通，为资源信息匹配提供了更多的选择和可能，从而实现不同市场、不同区域的信息同步与共享。现代物流、现代通信、现代办公系统等为实现生产环节空间分散布局提供基础条件，现代产业通过延伸产业链得以向农村地区扩散转移，农村土地要素价值快速提高。各种网络平台帮助实现了城乡共享优质的会计、金融、法律和教育培训等服务，降低了要素交易成本，提升了要素交易效率。可见，通过生产服务业搭建的各种平台，城市要素、产业、信息等不断向农村地区扩散其影响，而农村要素（土地和低技术劳动力）通过不断快速匹配新产业、新信息而提高价值。

由此，提出以下假说：

假说九：现代服务业通过加快要素流转速度提升农村生产、生活水平，推动城乡资源互通，从而促进城乡融合。

二、现代服务业发展影响城乡融合的空间溢出机制

现代服务业发展除了通过加速要素流动促进城乡融合外，还通过产业和要素的空间转移带动创新知识向农村等低位势地区或行业转移，由此导致的空间溢出效应也能有效促进城乡融合。在人工智能、互联网信息技术、大数据等技术的推动下，产业分工不断深化，经济服务化不断推进，加速了现代服务业与制造业分工协作，空间约束被不断打破，要素流向在空间上更加多维化（梁向东、阙启越，2021）。现代服务业具有信息共享和知识集成的作用，能形成区域“技术池效应”，通过现代服务业衍生出的知识分享、要素匹配、学习机制等，让企业要素配置的地理半径大幅扩大，生产成本降低，要素边际收益随之提升。城市等发达地区在技术、知识及效率上具有相对优势，技术知识等随着供应链、产业链和价值链的延伸，在空间上传递到相对落后地区，带动农村等地区要素边际生产力提高、生产活动效率提升。在提高配置效率的同时，加快了要素空间结构的优化，特别是在“互联网＋”和产业融合趋势下，空间溢出机制推动先进生产技术和模式从城市向农村地区传播，现代服务业逐渐成为农村要素参与市场竞争的重要依托，要素在市场扩张中配置效率不断提高，推动资源高效利用，从而实现现代服务业通过空间溢出机制带动乡村地区协同发展。

现代服务业对城乡融合的溢出效应首先体现为市场范围的扩张。现代服务业不仅包括高科技、高端服务，还包括一系列与服务业相关的产业，如物流、

信息技术、营销等。产业链的延伸可以跨越城乡之间的地理界限，不仅促使所提供的产品和服务更为多样化，还会使得服务市场的范围得以扩大，触及农村地区。因此，现代服务业的出现不仅满足城市居民的需求，也为农村地区提供了更多的服务机会，为农村居民提供更广泛的选择。这种市场的扩张有助于提高农村地区的生活水平和消费水平，还能为当地提供就业机会和发展动力，有助于缓解农村劳动力就业压力，促进城乡均衡。同时，现代服务业的发展能有效促进人才流动。现代服务业的发展通常伴随着知识密集型、技术密集型行业的出现，因此会产生大量的人才需求，包括信息技术、金融、医疗、教育等领域，这种就业机会的增加吸引人才向服务业集聚的地区流动，进而形成创新生态系统，包括大学、研究机构、创新型企业等。此创新生态系统会伴随人才交流平台产生，便于各类专业人才互相交流与合作，从而推动知识在城乡之间的共享和创新，有助于知识、技术和经验在农村地区传播，促进农村经济转型升级，从而推动城乡融合。

由此，提出以下假说：

假说十：现代服务业通过空间溢出机制提升农村发展水平与城乡融合，从而推动城乡融合。

三、现代服务业对城乡融合的虹吸机制

城乡二元结构是发展过程中难以绕过的一种状态，其形成原因十分复杂，比如社会制度、人文风俗、产业变迁等都会产生影响。经济活动集聚产生的外部性是企业与要素集聚的驱动力，进而形成的生产和生活聚集区又进一步强化了这种集聚外部性，这种不断自我强化的集聚效应（农村与农业难以产生这种集聚效应）使城市与农村地区的发展差距越来越大，是形成城乡二元结构的重要原因之一。我国城乡二元结构长期存在，城乡之间的差距在许多方面极为明显，包括经济发展水平、基础设施、公共服务等方面显著失衡。例如，城市的教育资源相较于农村更为丰富，考虑到代际发展的需求，即为了帮助子女获得更好的教育以寻求更多发展机会，许多农村家庭倾向于迁往城市；同时，农村养老设施相对滞后，进一步加重了农村人口选择向城市流动的欲望，进而造成农村劳动力大量流失，对农村发展产生不利影响（梁向东、阳柳，2019）。这

种人口流动的不均衡，尤其是农村劳动力的流失，直接破坏了农村生产力的发展。与此同时，人口流失伴随着大量资金等要素的外流，抽空了农村产业发展动力。这种城市对农村要素的虹吸效应会随着现代服务业的发展得到进一步强化，从而导致资源在城镇的集聚效应更为显著，阻碍城乡融合。

要素和经济活动向城市等高位势地区和行业集聚产生的虹吸效应会妨碍城乡融合。现代服务业具有加剧要素和经济集聚的作用，其通过集聚机制产生的虹吸效应会扩大城乡之间的差距，不利于城乡融合发展。主要影响机制如下：现代服务业为要素流动和产业转移提供了更为便捷的平台。如果城乡之间公共设施、营商环境等差异较大，农村地区优质要素和更有竞争力的产业将谋求区位优势，向产业集聚区转移，这一集聚效应不仅带动了服务业本身的发展，也拉动了相关产业的布局。城市因此成为创新服务和高附加值产业的聚集地，而农村地区由于缺乏这种服务业集聚效应，难以形成具有竞争力的产业布局。也就是说，城市会对要素和经济活动产生强烈的虹吸效应，从而导致农村地区产业发展失力，要素进一步流逝。与此同时，现代服务业通常伴随着数字化和科技的发展，而这些技术往往首先在城市落地实施，使城市居民更早且更容易享受到数字化服务，实现智能化生活，而农村地区由于信息和技术滞后，难以同步享受到这些创新带来的好处，城乡之间的数字鸿沟因此加大，导致农村地区发展更为困难。如此累积循环，城乡发展差距不断加剧，城乡融合发展难以实现。如何平衡现代服务业的溢出机制和集聚机制产生的溢出效应及虹吸效应在城乡融合发展中的作用，是需要重点关注的问题。

由此，提出以下假说：

假说十一：现代服务业会加剧集聚的现象，从而阻碍城乡融合发展。

第五章
现代服务业促进区域协调机制检验

第一节　现代服务业引导的产业协同机制检验

现代服务业作为区域经济的重要组成部分，其发展不仅能够提升区域经济的整体竞争力，还能通过产业协同机制促进区域内各产业的互动与融合，从而实现区域经济的协调发展。现代服务业主要包括房地产业，交通运输、仓储和邮政业，金融业，批发和零售业，住宿和餐饮业，信息运输、软件和信息技术服务业等，这些服务行业的发展可以有效促进区域内其他产业的转型升级，提高整体经济的附加值和竞争力，其中，现代服务业与制造业之间的协同发展是实现区域经济协调发展的关键（解希玮，2023）。通过建立网络化协作平台和行业动态联系，实现服务业与制造业的信息共享和无缝对接，可以促进两者的互动发展。在之前的理论分析部分已经深入探讨了现代服务业如何通过市场驱动作用、技术创新作用和产业融合作用等方式推动区域产业协同发展，接下来的实证分析部分则通过具体数据分析来验证上述理论的有效性。

一、变量与模型构建

（一）数据来源

考虑到新冠疫情这一不可抗力因素对经济发展、产业升级所造成的影响，本研究选取 2005 ~ 2020 年 30 个省（区、市）（不含港、澳、台、西藏地区）的面板数据，研究所需数据主要来源于《中国统计年鉴》、各省（区、市）的统计年鉴、《中国第三产业统计年鉴》、Wind 数据库和《中国分省企业经营环境指数报告》等。考虑到数据获取的不完整性，对于仅有少数缺失数据的样本采用插值法进行数据补全。同时，为降低极端异常值对于回归结果的影响，本研究对所有连续变量进行了首尾 1% 水平的缩尾处理。

（二）变量选取

1. 被解释变量

被解释变量为产业协同（*Coag*），它是各种产业之间的资源整合、信息共享与协作创新，其在工业企业中表现得尤为显著。通过不同产业间资源与优势的整合，工业企业可以提升生产效率，增强企业的生产力与适应性，推动工业增加值的增加，提高工业增加值在生产总值中的占比。因此，本研究参考唐建荣和郭士康（2021）的研究，利用公式：产业协同指数 =（各省份工业增加值/工业增加值总额）/（各省份生产总值/生产总值总额）来衡量省级产业协同程度。

2. 解释变量

解释变量为现代服务业（*Service*）。参考苏永伟等（2022）的研究，采用现代服务业增加值来衡量。以《国民经济行业分类》为依据，选取房地产业，交通运输、仓储和邮政业，金融业，批发和零售业，住宿和餐饮业，信息传输、软件和信息技术服务业的增加值来衡量现代服务业的增加值。

3. 控制变量

考虑到产业协同发展与地区间、企业间的交流与合作的便利程度、技术差异、政府参与度等密不可分，本研究参考周明生和王珍珠（2024）、胡彬和王媛媛（2023）等的做法，选取以下变量作为控制变量：

（1）交通基础设施水平（*Infra*），采用货运量的自然对数值来衡量（Zhao et al.，2014）。

（2）技术市场发展水平（*Tech*），以技术市场成交额与地区生产总值的比值来衡量。

（3）社会消费水平（*Consum*），采用社会消费品零售总额与地区生产总值之比来衡量。

（4）信息化水平（*Nri*），采用邮电业务总量与地区生产总值的比值来衡量（李光辉、刘雨婷和李红，2022）。

（5）工业化水平（*Sec*），以第二产业增加值与地区生产总值的比值来衡量。

（6）政府干预程度（*Gov*）。在地区经济发展中，政府扮演着关键角色，通过减税和优惠政策等手段缓解市场失灵，激发产业活力。然而，过度干预可能抑制市场效率，引发资源配置扭曲，因此本研究引入政府干预程度（*Gov*）作为控制变量，采用一般公共预算支出与地区生产总值的比值来衡量（张云矿、胡善成和杨桐彬，2022）。

4. 机制变量

（1）市场驱动因素（*Ope*）。对市场驱动因素（*Ope*）的量化分析至关重要。本研究采用营商环境指数作为衡量市场驱动因素的关键指标。具体而言，本研究选取《中国分省企业经营环境指数报告》2006～2020年经营环境指数数据进行测算。该报告提供了2006年、2008年、2012年、2016年、2019年和2022年的详细数据，对于报告中未包含的年份，本研究采用线性插值法对缺失数据进行估算，以确保时间序列数据的连续性和完整性。

（2）技术创新（*Rd*）。衡量技术创新（*Rd*）的常用指标是研发支出的自然对数值（矫萍、田仁秀，2023），这一指标能够量化企业在研发活动上的经济投入。

（3）产业融合（*Inco*）。本研究参考周明生和张一兵（2022）的研究，采用生产性服务业从业总人数占服务业从业总人数的比重来衡量制造业与服务业的融合程度。这种方法能够反映两个行业之间的劳动力配置和互动关系，是产业融合的一个有效指标。

表5.1列示了主要变量的相关说明。

表5.1　主要变量说明

变量类型	变量名称	变量说明
被解释变量	产业协同（*Coag*）	产业协同指数＝（各省份工业增加值/工业增加值总额）/（各省份生产总值/生产总值总额）
解释变量	现代服务业（*Service*）	现代服务业的增加值等于房地产业，交通运输、仓储和邮政业，金融业，批发和零售业，住宿和餐饮业，信息传输、软件和信息技术服务业的增加值在采用熵值法赋权后的加权平均之和

续表

变量类型	变量名称	变量说明
控制变量	交通基础设施水平（*Infra*）	交通基础设施水平 = Ln（货运量）
	技术市场发展水平（*Tech*）	技术市场发展水平 = 技术市场成交额/地区生产总值
	社会消费水平（*Consum*）	社会消费水平 = 社会消费品零售总额/地区生产总值
	信息化水平（*Nri*）	信息化水平 = 邮电业务总量/地区生产总值
	工业化水平（*Sec*）	工业化水平 = 第二产业增加值/地区生产总值
	政府干预程度（*Gov*）	政府干预程度 = 一般公共预算支出/地区生产总值
机制变量	市场驱动因素（*Ope*）	参考《中国分省企业经营环境指数报告》中的经营环境指数
	技术创新（*Rd*）	技术创新 = Ln（研发支出）
	产业融合（*Inco*）	产业融合 = 生产性服务业从业总人数/服务业从业总人数

（三）主要变量的描述性统计

从描述性统计结果（见表5.2）可知，产业协同指数的均值为0.025，中位数为0.015，说明数据分布存在偏斜；标准差为0.035，相对较小，表明数据点围绕均值分布较为集中。现代服务业发展水平的均值为0.033，中位数为0.020，同样显示出偏斜的分布；其标准差为0.037，说明数据点分布较为分散；最小值为0.001，最大值为0.208，表明服务业水平在样本中存在较大差异。

表5.2　描述性统计

变量	样本量	均值	标准差	中位数	最小值	最大值
Coag	480	0.025	0.035	0.015	0.000	0.216
Service	480	0.033	0.037	0.020	0.001	0.208
Infra	480	11.389	0.860	11.523	9.118	12.890

续表

变量	样本量	均值	标准差	中位数	最小值	最大值
Tech	480	0.012	0.023	0.004	0.000	0.146
Consum	480	0.376	0.054	0.373	0.263	0.496
Nri	480	0.071	0.045	0.063	0.020	0.240
Sec	480	0.427	0.083	0.435	0.173	0.594
Gov	480	0.238	0.107	0.219	0.096	0.706

（四）模型设定

$$Coag_{it} = \alpha_0 + \alpha_1 Service_{it} + \alpha_2 X_{it} + \omega_i + \delta_i + \varepsilon_{it} \tag{5.1}$$

其中，i 表示省份；t 表示年份；$Coag_{it}$表示 i 省份在 t 年的产业协同程度；$Service_{it}$表示 i 省份在 t 年的现代服务业水平；X_{it}表示省级层面的控制变量；δ_i 表示时间固定效应；ε_{it}表示随机扰动项；α_0 表示常数项；α_1 和 α_2 均为模型估计参数。其中，α_1 是本研究主要关心的参数，若 α_1 显著为正，说明现代服务业对提升产业协同具有显著的促进作用。

二、实证分析

前面章节提出了现代服务业在引导区域经济发展中的关键作用，并构建了相应的理论框架和研究假设，即现代服务业的发展能够通过提升市场驱动效能、促进技术创新、加强产业融合等方式，引导和促进区域产业的协同发展。为了验证上述假设并深入探讨现代服务业引导的产业协同机制，本研究将采用实证分析方法对这些变量之间的因果关系进行实证检验。在实证分析部分，本研究将详细列出模型估计的结果，包括变量的系数、显著性水平以及模型的整体拟合度。

（一）基准回归结果分析

表 5.3 展示了现代服务业对产业协同发展影响的基准回归结果及其稳健性检验。其中，列（1）是仅考虑核心解释变量的固定效应模型结果，列（2）~

列（7）是在前者的基础上逐步加入控制变量的结果。从影响系数来看，所有模型的现代服务业变量都至少在5%置信水平上显著为正，说明现代服务业发展有助于促进制造业和服务业的协同发展，且该结果具有一定的稳健性。从列（7）来看，现代服务业发展水平每增加1%，产业协同发展水平就会提高0.030%。由此，假说一得到验证。

表5.3　　基准回归结果

变量	(1)	(2)	(3)	(4)	(5)	(6)	(7)
Service	0.053*** (3.421)	0.049*** (3.294)	0.047*** (3.164)	0.048*** (3.186)	0.048*** (3.191)	0.045*** (3.039)	0.030** (2.004)
Infra		-0.007*** (-5.731)	-0.007*** (-5.344)	-0.007*** (-5.334)	-0.007*** (-5.321)	-0.004*** (-2.600)	-0.004*** (-2.770)
Tech			0.047 (1.256)	0.038 (0.979)	0.038 (0.988)	0.036 (0.959)	0.031 (0.830)
Consum				-0.010 (-0.939)	-0.010 (-0.962)	-0.025** (-2.332)	-0.031*** (-2.849)
Nri					0.003 (0.231)	0.010 (0.747)	0.012 (0.967)
Sec						-0.049*** (-4.544)	-0.055*** (-5.074)
Gov							-0.031*** (-3.240)
常数项	0.023*** (40.655)	0.106*** (7.319)	0.102*** (6.820)	0.106*** (6.837)	0.105*** (6.811)	0.096*** (6.253)	0.110*** (6.985)
个体固定效应	是	是	是	是	是	是	是
年份固定效应	是	是	是	是	是	是	是
样本量	480	480	480	480	480	480	480
R^2	0.975	0.977	0.977	0.977	0.977	0.978	0.979

注：括号内为标准误，***、**、*分别表示在1%、5%、10%的水平上显著。

在回归中，现代服务业（*Service*）均呈现出正向显著性，这表明服务业的发展对产业协同发展有正向影响。服务业的提升可以通过提高服务效率、促进产业升级等方式，对产业协同发展产生积极作用。交通基础设施水平（*Infra*）这一变量在所有模型中均呈现负向显著性，原因在于基础设施建设在短期内可能会增加企业的运营成本，或者基础设施的改善并没有立即转化为生产效率的提升。例如，过度投资会导致资源错配，进而不利于产业发展。社会消费水平（*Consum*）在列（6）和列（7）中均呈现负向显著性，表明消费水平的提高在短期内对因变量有负面影响。这是因为消费结构的变化导致企业成本上升，进而影响了企业的生产和投资决策。工业化水平（*Sec*）和政府干预程度（*Gov*）在列（6）和列（7）中呈现负向显著性，表明工业化水平和政府干预在短期内对因变量有负面影响。工业化水平的增加伴随着资源的过度消耗或环境污染，而政府干预会通过扭曲市场机制或增加企业负担来影响经济效率，进而影响产业协同发展水平。信息化水平（*Nri*）和技术市场发展水平（*Tech*）在所有模型中均不显著，这意味着信息化水平和技术市场发展水平对因变量的影响较小。

（二）稳健性检验

为了确保上述估计结果的可靠性，本研究采用替换被解释变量的衡量指标、更换样本周期以及将解释变量滞后一期的方式，进一步进行稳健性检验。具体结果如表 5.4 所示。

表 5.4　稳健性检验

变量	(1)	(2)	(3)
	*Coag*1	剔除 2008 年和 2020 年	滞后一期
Service	0.762 *** (4.732)	1.094 *** (5.524)	1.157 *** (5.900)
Infra	0.092 *** (6.058)	0.082 *** (5.179)	0.097 *** (5.921)
Tech	−0.334 (−0.838)	−0.572 (−1.288)	−0.530 (−1.245)
Consum	0.087 (0.763)	0.082 (0.665)	0.099 (0.845)
Nri	−0.213 (−1.588)	−0.228 (−1.457)	−0.129 (−0.947)
Sec	1.519 *** (13.296)	1.691 *** (13.762)	1.433 *** (11.821)

续表

变量	(1)	(2)	(3)
	*Coag*1	剔除 2008 年和 2020 年	滞后一期
Gov	0.157 (1.562)	0.267** (2.529)	0.122 (1.117)
常数项	-0.834*** (-4.984)	-0.825*** (-4.756)	-0.864*** (-4.727)
个体固定效应	是	是	是
年份固定效应	是	是	是
样本量	480	420	450
R^2	0.910	0.924	0.918

注：括号内为标准误，***、**、* 分别表示在 1%、5%、10% 的水平上显著。

1. 替换被解释变量

为确保估计结果的稳健性并规避因被解释变量度量差异可能引发的偏误，本研究采用就业人数与行政区划面积的比值作为被解释变量来进行稳健性检验。此度量方法的选取参考了杨仁发（2013）的研究，其在探讨产业集聚与地区工资差距关系时亦采用了相似的比值计算方式。通过这种方式，本研究旨在更准确地评估地区经济发展中产业协同发展水平，同时控制其他潜在干扰因素的影响。从表 5.4 中的列（1）可以看到，现代服务业（*Service*）的系数为 0.762，且在 1% 的显著性水平上显著。这一结果表明，现代服务业的发展对产业协同发展水平仍然具有显著的正向影响。基础设施（*Infra*）的系数为 0.092，同样在 1% 的显著性水平上显著，这进一步强调了基础设施在促进产业协同发展中的重要作用。此外，技术市场发展水平（*Tech*）的系数为 -0.334，表明技术进步在短期内对就业密度产生负向影响，这与技术替代劳动力的现象有关。而工业化水平（*Sec*）的系数为 1.519，且在 1% 的显著性水平上显著，表明工业产出的增加对产业协同发展水平有显著的正向影响。

2. 更换样本周期

为探究样本数据的选择对于研究结论稳健性的影响，本研究选取 2005 ~ 2020 年作为研究样本区间，这一时期涵盖了 2008 年金融危机和 2020 年新冠疫情等重大事件。这些事件虽然在性质上存在差异，但均对我国宏观经济的正常运行秩序产生了重大冲击，对产业投资者的投资信心造成了打击，并在不同程度上影响了企业的发展。特别是在2020年，新冠疫情对经济社会产生了深远影响。为了避免这些特殊年份对研究结论的潜在干扰，本研究在稳健性检验中剔除了2008年和2020年的数据。通过这种筛选，能够更准确地评估在常态经济环境下，政府政策、市场机制以及其他控制变量对地区经济发展的影响。由表5.4中列（2）的结果可知，即使在排除了这些特殊年份的干扰之后，研究结论依然稳健，进一步验证了研究结果的可靠性和政策建议的有效性。

3. 解释变量滞后一期

为解决双向因果造成的内生性问题，将滞后一期的现代服务业（L*Service*）作为解释变量对模型（1）进行检验。如表5.4中的列（3）所示，现代服务业发展滞后一期对当期产业协同发展具有显著的正向影响效应，这种效应在1%的显著性水平上显著，表明在全国范围内，现代服务业的发展在一定时期内对产业协同发展的影响具有动态持续性。具体来看，现代服务业滞后一期的影响系数为1.157，且在1%的显著性水平上显著。这一结果远高于直接回归的影响系数0.030，表明现代服务业对产业协同发展的正向影响在时间上具有累积效应。这意味着现代服务业的持续发展能够为产业协同发展提供更为稳定和深远的推动力，这种推动作用随着时间的推移而逐渐显现并加强，同时这也反映了现代服务业在促进产业协同方面的长期效应和潜在动力。现代服务业的滞后效应通过多种机制发挥作用，如通过提升信息流通效率、促进技术创新、加强产业融合等方式，对产业协同发展产生积极影响。此外，现代服务业的滞后效应还与交通基础设施、技术市场发展水平、工业化水平以及政策导向等因素有关。随着现代服务业的不断发展，其对其他产业的引领和带动作用日益增强，从而在产业协同发展中发挥着越来越重要的作用。

（三）机制分析

前面的结果表明，现代服务业能够显著地促进产业协同发展。根据理论分析，其背后的主要机制包括：第一，现代服务业发展通过市场驱动作用促进产业协同发展；第二，现代服务业发展通过技术创新作用促进产业协同发展；第三，现代服务业发展通过产业融合作用促进产业协同发展。基于此，本研究尝试从市场驱动机制、产业融合机制和技术创新机制的路径来实证检验现代服务业对产业协同的机制影响。关于识别作用路径的实证方法，鉴于传统逐步中介效应检验存在内生性偏误和渠道识别不清等诸多问题，本研究采用江艇（2022）给出的操作建议，通过设置多个中介变量来尽可能清晰地阐述现代服务业发展与上述传导路径的因果关系。

1. 市场驱动作用

在理论分析部分已经讨论了现代服务业如何通过整合供应链、提升生产效率、发展平台经济以及促进信息共享等方式，增强产业合作和市场竞争，实现资源和信息的互通，进而推动一体化市场的形成。为了验证现代服务业发展的市场驱动作用假说，本研究借鉴了罗吉和阿奇尔（Rogge and Archer，2021）的研究方法，采用营商环境指数作为市场驱动作用的代理变量。表 5.5 的列（1）展示了市场驱动作用机制分析的回归结果。其中，现代服务业（*Service*）的回归系数为 0.923，且在 1% 的显著性水平上显著为正。这一结果有力地支持了现代服务业发展能够通过市场驱动有效促进产业协同发展的论断，验证了假说二。具体而言，现代服务业通过提供高质量的服务，优化了市场环境，降低了交易成本，从而促进了产业间的协同效应。技术市场发展水平（*Tech*）和工业化水平（*Sec*）并不显著，可能是因为技术影响市场驱动的机制较为间接或存在滞后效应，需要更长时间才能显现。信息化水平（*Nri*）也不显著，可能的原因是净利率与市场驱动的直接关联性较弱，或受其他因素干扰。

表 5.5　机制分析

变量	(1)	(2)	(3)
	市场驱动	技术创新	产业融合
Service	0.923 *** (6.242)	0.044 *** (5.615)	0.182 *** (7.530)
Infra	0.063 *** (4.515)	0.002 ** (2.107)	-0.003 (-1.356)
Tech	-0.039 (-0.107)	0.035 * (1.828)	0.221 *** (3.687)
Consum	0.408 *** (3.875)	0.002 (0.371)	-0.074 *** (-4.288)
Nri	-0.031 (-0.253)	-0.011 (-1.623)	-0.015 (-0.722)

续表

变量	(1)	(2)	(3)
	市场驱动	技术创新	产业融合
Sec	0.138 (1.319)	-0.010* (-1.764)	-0.072*** (-4.211)
Gov	0.193** (2.095)	-0.015*** (-3.059)	-0.046*** (-3.045)
常数项	2.246*** (14.617)	0.007 (0.849)	0.141*** (5.618)
个体固定效应	是	是	是
年份固定效应	是	是	是
样本量	480	480	480
R^2	0.973	0.967	0.971

注：括号内为标准误，***、**、*分别表示在1%、5%、10%的水平上显著。

2. 技术创新作用

理论分析指出，现代服务业通过数字化技术的应用，显著提升了信息流、物流和资金流的可视化及管理效率，从而增强了产业链的生产效率。此外，现代服务业的发展为创新和知识传播提供了新的途径，促进了企业间的合作研发、人才培养以及区域创新能力的提升，进而实现了产业效率的优化、创新能力的提升以及价值创造的最大化。为了验证现代服务业对技术创新效应的影响，本研究采用研发支出的自然对数作为技术创新效应的代理变量。这种方法允许我们量化技术创新的经济影响，并将其与现代服务业的发展水平联系起来。回归分析结果［见表5.5列（2）］揭示了技术创新变量的系数在1%的统计水平上显著为正。这一结果表明，随着现代服务业发展水平的提高，产业协同发展得到了显著促进，验证了假说三。具体而言，技术创新变量的正向显著性源于现代服务业在以下几个方面的贡献：首先，现代服务业通过提供先进的信息服务和解决方案，促进了企业内部和企业间的信息共享，从而提高了研发活动的效率；其次，现代服务业的发展有助于吸引和培养高技能人才，为技术创新提供了人力资源支持；最后，现代服务业通过促进企业间的合作和知识交流，加速了新技术的扩散和应用，进一步推动了产业协同发展。通过实证分析，进一步证实了现代服务业在促进技术创新和产业协同发展中的重要作用。

其中，工业化水平（*Sec*）在10%的水平上显著为负，反映第二产业的发展水平带来的高成本对区域产业协同发展有抑制效应，需要进一步研究其长期效应。

3. 产业融合作用

前面已经提出现代服务业的发展不仅促进了产业间的单向支持，而且通过与现代制造业深度融合，催生了新的增长路径，这些路径在产业协同发展中体现为上下游产业协同、横向企业协同以及新旧产业协同三个方面。根据周明生和张一兵（2022）的研究，我们采用生产性服务业从业总人数占服务业从业总人数的比重作为衡量制造业与服务业融合程度的指标。从表5.5的列（3）可知，产业融合变量的系数在1%的统计水平上显著为正，表明现代服务业的发展水平提升对产业协同发展具有显著的正向影响。这一发现与理论分析一致，即现代服务业的发展能够强化产业融合效应，进而提升产业协同发展水平，验证了假说四。其中，交通基础设施水平（*Infra*）不显著，表明基础设施投资在短期内未能有效转化为产业融合的动力，或存在资源配置不当；社会消费水平（*Consum*）在1%水平上显著为负，反映了消费增长在短期内对产业融合的挤出效应，或消费结构变化对产业融合的复杂影响；政府干预程度（*Gov*）也显著为负，表明政府干预在产业融合过程中存在过度或不当的干预，抑制了市场的自然融合过程。

（四）异质性分析

前面的实证结果基本可以证实现代服务业有助于引导产业协同机制，但其提升效果在不同产业的融合程度以及不同产业类型中是否存在差异，仍有待进一步验证。由此，本研究在该部分基于产业融合程度以及产业基础两个维度，对现代服务业对产业协同机制的提升效果进行异质性分析。

1. 产业融合程度差异

产业融合程度的差异主要体现在不同行业和服务领域之间的互动与合作深度上。这种差异导致了产业融合在不同细分行业中的表现不均衡，影响了产业协同发展的整体效率和效果。为了评估现代服务业对不同产业融合程度的影响效应，将样本中的省份分为两组，即产业融合水平较高的省份和产业融合水平较低的省份，并在回归时分别以高于或低于产业融合（*Inco*）指标中位数作为区分，若高于中位数，则虚拟变量*Inco*取1，反之则为0。类似地，将信息化水平（*Nri*）指标中位数以上的样本设定为高信息化水平组，对于这部分样本，虚拟变量 *Nri* 取 1，反之则为 0。回归分析结果如表 5.6 中的列（1）~列（2）所示。从回归分析结果可知，产业融合水平较高的省份的回归系数为正，且在 10% 的水平上通过显著性检验，而产业融合水平较低的省份未通过显著性检验。这是因为产业融合水平较高地区往往拥有较为成熟的产业链和创新生态系统，能够更好地实现资源的有效配置和价值创造。这种协同创新机制不仅增强了企业的核心竞争力，还促进了区域经济的整体高质量发展，而产业融合水平较低地区可能面临产业结构单一、创新能力不足等问题，使得服务业难以有效促进制造业的转型升级。

表 5.6 异质性分析

变量	(1)	(2)	(3)	(4)
	高产业融合水平	低产业融合水平	高信息化水平	低信息化水平
Service	0.046* (1.892)	0.001 (0.093)	0.007* (1.865)	−0.004 (−0.103)
常数项	0.174*** (4.305)	0.019*** (3.878)	0.031*** (2.785)	0.157*** (4.563)
控制变量	是	是	是	是
个体固定效应	是	是	是	是
年份固定效应	是	是	是	是
样本量	239	239	237	238
R^2	0.978	0.987	0.993	0.975

注：括号内为标准误，***、**、* 分别表示在 1%、5%、10% 的水平上显著。

2. 信息化水平差异

信息化水平的差异则直接影响产业融合的速度和质量。信息技术的应用是现代服务业与制造业融合的重要推动力，信息化水平不仅改变了企业的运营模式，还加快了产业之间的融合与创新。为了评估现代服务业对不同信息化水平的影响效应，将样本省份分为高信息化水平省份和低信息化水平省份，回归分析结果如表 5.6 中的列（3）~列（4）所示。从回归分析结果可知，高信息化水平省份的回归系数为正，且在 10% 的水平上通过显著性检验，而低信息化水平省份未通过显著性检验。这是因为信息化水平较高的地区通常具有更好的网络基础设施和更高的信息对称度，这有利于各领域产业主体获得信息、技术、资本支持，不断优化产业结构。相比之下，信息化水平较低的地区缺乏这些条件，导致其在产业结构升级过程中效果不明显。

三、结论与建议

（一）结论

本章基于2005~2020年30个省（区、市）（不含港、澳、台、西藏地区）的面板数据，运用模型刻画了现代服务业与产业协同发展之间的关系。研究结果表明，首先，现代服务业的发展有助于促进产业协同发展。其次，机制分析进一步阐释了现代服务业如何通过市场驱动、技术创新和产业融合三个关键途径影响产业协同发展。市场驱动作用强调了服务业在提升市场效率和促进资源优化配置中的关键角色。技术创新作用则突出了服务业在推动技术进步和增强产业竞争力中的贡献。产业融合作用则展示了服务业与制造业等其他产业深度融合，形成新增长动力的潜力。最后，异质性分析的结果表明，不同省份在现代服务业发展对产业协同发展的影响上存在显著差异。特别是，对于那些高产业融合和高信息化水平的省份，现代服务业发展的正向影响更为显著，且在10%的统计水平上通过了显著性检验。相反，低产业融合水平和低信息化水平的省份并未显示出同样的显著性，这可能是因为这些地区在服务业发展和产业协同方面存在潜在的不足。

（二）政策建议

基于本研究的基准结论和机制分析，我们提出以下政策建议：

第一，促进服务业与制造业深度融合。政策制定者应积极推动服务业，尤其是现代服务业与制造业的深度融合。这涉及税收优惠、财政补贴和投资激励，以支持服务业在提升产业链附加值、促进技术创新和加强产业协同发展中的作用。此外，应鼓励企业探索新的业态和模式，如智能工厂建设、工业互联网应用、柔性化定制等，以实现服务业与制造业的有效对接和协同发展。

第二，加强市场驱动和技术创新的激励机制。鉴于市场驱动和技术创新在产业协同发展中的关键作用，政策应聚焦于营造一个有利于市场驱动和技术创新的环境，包括简化行政审批流程、降低市场准入门槛、加强知识产权保护以及提供研发资金支持。同时，政策应支持建立服务型制造网络平台，实现信息共享与跨界融合，建设基于云服务的产业组织结构，加快培育新模式，如定制化服务、协同制造等。此外，为加强市场驱动和技术创新，可以建立一个监测和评估体系，定期评估服务业发展对产业协同发展的影响，以及各项政策措施的实施效果。这将有助于及时调整和优化政策，确保政策目标的实现。监测体系应包括关键绩效指标（KPI），以量化评估政策影响；同时，可采用定性方法，如案例研究和访谈，以获得更深入的洞察。

第三，差异化政策设计。考虑到高产业融合水平和高信息化水平省份与低产业融合水平和低信息化水平省份之间的显著差异，政策建议应采取差异化的设计。对于高产业融合水平和高信息化水平的省份，应进一步巩固和扩大其优势，而对于低产业融合水平和低信息化水平的省份，则需要提供更多的政策倾斜和资源投入，以促进其服务业的发展和产业协同水平的提升。同时，需要鼓励区域间协调合作，特别是发挥服务业较为发达的地区对其他地区的支持和带动作用。通过区域合作项目和平台、建立跨区域的供应链网络、共享研发平台和市场准入机制，实现资源共享和优势互补，促进区域间技术和人才流动。

第二节　现代服务业引导的地区协作机制检验

基于前面对现代服务业引导地区协作机制的分析，本节对此进行数理分析，并基于实证检验对相关机制予以验证。

一、变量与模型构建

（一）数据来源

社会网络理论认为，通过各种网络关系（如经济、社会、技术以及信息网络），区域能够更有效地进行资源配置和协同创新，从而促进协调发展。而不断发展的现代服务业加速了经济发展、人口流动以及信息网络普及等，促进了资源在复杂区域关系中的流动。因此，在变量选取时，现代服务业促进地区协作的指标选取应是多角度、多方位的，以便精准衡量现代服务业在促进地区协作过程中的作用。

本研究采用2005～2020年各省的统计年鉴，以及《中国人口和就业统计年鉴》《中国高技术产业统计年鉴》《中国科技统计公报》《中国环境统计年鉴》等的数据进行指标构建与实证分析。由于2020年后新冠疫情的影响使实证结果产生偏误，难以准确估计，因此本研究未采用2020年以后的数据。在对样本进行上下1%缩尾处理后，共获得480个样本用于实证检验。

（二）变量选取

在被解释变量方面，本研究已构建了区域协调发展指标体系。为便于采用实证的方法准确衡量一定的地理区域内资源的合理配置程度、各方利益整合度，以及在促进经济、社会和环境的全面和谐发展方面，实现区域间的均衡与互利的区域协调发展程度，本节将第三产业占GDP比重、高技术产业增加值占GDP比重、人均金融机构存款的地区差距等15个指标剔除，从均衡发展、资源整合、可持续发展、政策导向、创新驱动等角度共选取20个三级指标，分别构建了区域经济发展水平、区域一体化水平、区域发展差距、民生福祉、绿色生态、教育创新六个二级指标。指标体系既包含经济、社会等整体性指标，涵盖了人文、生态等可持续发展要素，能够较好地度量地区协作程度，又可避免与解释变量产生内生性问题，以确保实证结果的稳健性与准确性，从而使结论更严谨和更可靠。

在解释变量方面，本研究同样采用综合指标的方式进行衡量。现代服务业是指基于知识和信息技术发展，致力于提供高附加值服务的经济部门。与传统服务业相比，现代服务业强调创新、技术应用和综合服务能力，具有知识密集型、信息技术驱动、高附加值、服务与产品、全球化与区域合作等特征。加之现代服务业强调知识、技术和创新的结合，对提升社会生活水平和促进经济可持续增长具有重要作用，因而成为推动经济转型的重要力量。由此可见，单一的指标并不足以衡量现代服务的发展及其影响，因此本研究采用多元指标赋值并加权平均，作为现代服务业的代理变量参与回归。

在机制变量方面，本研究在第四章已提到现代服务业引导的地区协作机制主要包含规模经济、要素效率提升、地区间政策支持以及公共服务共享。因此，机制变量的选取围绕这四个方面进行。

同时，为了剔除其他因素对地区协作程度的影响，本研究还根据需要以及数据的可获得性等原则，选取了相应的控制变量。控制变量较好地考虑了影响二者之间因果关系的相关因素。控制变量参与回归后，可尽量避免内生、外生因素的干扰。

变量选取的具体说明如下：

第一，被解释变量为地区协作程度（*reg*）。本研究将区域经济发展、区域一体化水平、区域发展差距和区域公共服务保障程度设定为评价指标体系的四个一级指标，并在此基础上，参考《中华人民共和国国民经济和社会发展第十四个五年规划和2035年远景目标纲要》，从区域协调发展的内涵出发，遵循系统性、可操作性、可比性、创新性等原则，共选取20个三级指标构建了新时代区域协调发展水平评价指标体系。首先，从经济增长速度、财政收入水平、固定资产投资水平、投入产出效率四个领域选取四个三级指标，构成了指标体系的区域经济发展子系统，这样可以较为全面地反映我国当前的经济发展状况。其次，在区域一体化程度子系统中设立了市场一体化、贸易一体化、产业一体化、交通一体化四个二级指标，旨在从经济要素流动、产业分工协作和信息流动共享等方面综合反映我国目前区域一体化水平。再次，在区域发展差距子系统中，设立了收入水平差距、消费水平差距、劳动薪酬差距、物流运输差距四个二级指标。最后，分别从民生福祉、绿色生态与教育创新三个领域，对区域公共服务保障程度进行测度，选取了八个三级指标。地区协作指标体系如表5.7所示。

表5.7 地区协作水平指标体系

目标层	一级指标	二级指标	三级指标	
			指标代号	指标名称
地区协作水平	区域经济发展	经济增长速度	X1	人均GDP
		财政收入水平	X2	人均财政一般预算收入
		固定资产投资水平	X3	人均固定资产投资额
		投入产出效率	X4	全员劳动生产率

续表

目标层	一级指标	二级指标	三级指标	
			指标代号	指标名称
地区协作水平	区域一体化水平	市场一体化	X5	市场化指数
		贸易一体化	X6	外贸依存度
		产业一体化	X7	产业结构合理化指数
		交通一体化	X8	交通网密度
	区域发展差距	收入水平差距	X9	居民人均可支配收入的地区差距
		消费水平差距	X10	居民人均消费支出的地区差距
		劳动薪酬差距	X11	职工平均工资的地区差距
		物流运输差距	X12	人均货物周转量的地区差距
	区域公共服务保障程度	民生福祉	X13	城镇登记失业率
			X14	人均基本养老保险累计结余
			X15	每万人拥有的执业（助理）医师数
			X16	每万人拥有公共交通车辆
		绿色生态	X17	人均公园绿地面积
		教育创新	X18	单位 GDP 电耗
			X19	人均教育经费
			X20	R&D 经费占 GDP 比重

注：地区差距数据由（全国平均数据 – 省份数据）/全国平均数据计算而来。

第二，核心解释变量为现代服务业（*service*）。2023 年 7 月 14 日国家统计局发布的《现代服务业统计分类》将现代服务业范围确定为：01 信息传输、软件和信息技术服务业，02 科学研究和技术服务业，03 金融业，04 现代物流服务业，05 现代商贸服务业，06 现代生活服务业，07 现代公共服务业，08 融合发展服务业八个大类。根据这个分类并参考苏永伟和刘泽鑫（2022）的方法，采用取房地产业，交通运输、仓储和邮政业，金融业，批发和零售业，住宿和餐饮业，信息传输、软件和信息技术服务业的增加值，并采用前面所述熵值法的赋值方法，构建综合指标并进行权重赋值，然后将加权平均后的值用来衡量现代服务业。

第三，控制变量。为了精准计量现代服务业在区域协调发展中所发挥的作用，本研究参考苏永伟和刘泽鑫（2022）、赵英霞和陈佳馨（2018）等的方法，选取了以下五个控制变量：①税负水平（*tax*）。现代服务业的可持续发展需要提高企业的边际利润，而税负水平较高的地区会提高现代服务业的经营成本，阻碍现代服务业的发展，过高的税负水平也会导致经济发展的失衡。②贸易发展水平（*trade*）。较高的发展水平往往代表着物流系统的高效运作与信息的快速流动，这使得现代服务业可以快速响应市场需求，降低运营成本。与此同时，贸易水平的提升还可以提升区域竞争力，提升地区经济表现。③外商直接投资（*FDI*）。外商直接投资除了为服务业发展提供必要的资金支持外，还能够增加就业机会，提升人力资本水平，促进区域整体经济格局的改善。④单位地区生产总值能耗（*energy*）。能耗作为经营成本，是现代服务业在发展过程中必须考虑的问题，也是区域可持续发展的要求。⑤规模以上工业企业每百元营业收入的成本（*cost*）。随着现代服务业的发展，高新技术应用得以普及，企业的经营成本在这一过程中得以不断降低，并通过不断增加的利润来促进现代服务业的进一步发展。

第四，机制变量。本研究已详细阐述了现代服务业促进区域协调发展的相关机制。根据机制分析，选取两个机制变量：①全要素生产率（*TFP*）。现代服务业在发展中通过知识溢出与技术外部性，提升了全要素生产率，缩小区域间的差距，实现区域间的协调发展。②公共服务水平（*public*）。现代服务业对能耗降低的要求可以提高社会对可持续问题的关注，提高政府对公共健康和环境质量的关注，并直接或间接通过公共服务来实现可持续发展目标，因此节约的资源得以实现更优配置，推动地区经济高质量发展。

总体变量说明如表 5.8 所示。

表 5.8　　变量说明表

变量类型	变量名称	变量符号	计算方法
被解释变量	地区协作程度	*reg*	采用熵值法计算权重并加权平均
解释变量	现代服务业	*service*	采用熵值法计算权重并加权平均
机制变量	全要素生产率	*TFP*	采用 Malmquist 指数方法计算
	公共服务水平	*public*	政府工作报告中基本民生性、公共事业性、公共性安全、公共基础性服务词频加 1 取对数
控制变量	税负水平	*taxe*	税收收入/地区生产总值
	贸易发展水平	*trade*	地区货物周转量加 1 取对数
	外商直接投资	*FDI*	地区外商直接投资总额加 1 取对数
	单位地区生产总值能耗	*energy*	生产能耗/地区生产总值
	规模以上工业企业每百元营业收入的成本	*cost*	规模以上工业企业每百元营业收入/100

（三）主要变量的描述性统计

表 5.9 为剔除极端值并进行上下 1% 的水平缩尾处理后的样本描述性统计。由该表可知，样本总体差异不大，可用于实证检验。其中，地区协作程度（*reg*）的最小值为 0.340，最大值为 0.936，最小值与最大值间相差 0.596，可见区域间协调发展水平有待提高。地区协作程度（*reg*）、现代服务业（*service*）的标准差分别为 0.128 和 0.037，说明地区协作程度、现代服务业在不同条件下有较为明显的差异，这为研究现代服务业促进区域协调发展提供了条件。

表 5.9　样本描述性统计

变量	样本量	均值	中位数	标准差	最小值	最大值
reg	480	0.597	0.595	0.128	0.340	0.936
service	480	0.033	0.020	0.037	0.001	0.208
taxe	480	0.079	0.073	0.028	0.044	0.185
trade	480	14.46	14.76	1.651	9.776	16.77
FDI	480	0.815	0.650	0.631	0	3.781
energy	480	7.990	7.949	1.008	5.631	10.240
cost	480	82.520	83.880	4.029	69.800	88.020

（四）模型构建

本研究构建如下基准回归模型，用以检验现代服务业对地区协作程度的影响：

$$reg_{it} = \alpha_0 + \alpha_1 service_{it} + \alpha_2 control_{it} + \omega_i + \delta_i + \varepsilon_{it} \tag{5.2}$$

其中，i 和 t 分别表示省份和年份；reg_{it} 表示 i 省份在 t 年的地区协作程度；$service_{it}$ 表示 i 省份在 t 年的现代服务业水平；$control_{it}$ 为控制变量；ω_i 为省份固定效应；δ_i 为时间固定效应；ε_{it} 为随机扰动项；α_0 为常数项；α_1 和 α_2 均为模型估计参数。

同时，还构建以下模型，用于机制检验：

$$pre_{it} = \beta_0 + \beta_1 service_{it} + \beta_2 M_{it} + \beta_3 service_{it} \times M_{it} + \beta_4 X_{it} + \omega_i + \delta_i + \varepsilon_{it} \quad (5.3)$$

其中，M_{it}为机制变量，在不同的机制中分别表示 i 省份在 t 年的全要素生产率（*service*）、公共服务水平（*public*）。$service_{it} \times M_{it}$则是 i 省份在 t 年的现代服务业与机制变量交乘项。本研究的机制检验结果主要看系数 β_3 的符号及显著性，若显著为正，则说明现代服务业可以通过促进机制变量所代表的经济因素的发展来提升区域协调发展水平，反之则会抑制区域协调发展。其余说明与式（5.2）一致。

二、实证分析

（一）基准回归

基准回归结果如表5.10所示。根据基准回归结果可知，在逐步加入控制变量的过程中，现代服务业（*service*）的系数始终为正且保持显著，说明现代服务业对地区协作程度具有显著的正向促进作用，并且这一结果具有稳健性，验证了假说五。列（5）为所有控制变量均加入回归后的结果。从中可以看出，现代服务业的发展促进了当地经济的发展，税收因此得以增加，从而进一步推动地区协作程度。同样，现代服务业的发展也带动了区域贸易的迅速发展，促进了区域间资源、信息的不断流动，提高了区域间协作程度。外商直接投资的进入同样为现代服务业提供了有力的资金支持，并在带来就业机会的同时，推动了技术的进步，这不仅提升了区域经济表现，还可以推动区域协调发展的进程。在现代服务业发展的过程中，为降低经营成本，不断进行创新，减少能源消耗，用可持续的方式发展经济，缩小区域间经济发展质量的差距，推动整体区域经济协调和可持续发展。现代服务业的快速发展也意味着产品与服务的不断创新与更迭，单位产品投入的生产成本也会随之升高，这是探索经济高质量发展的必由之路。企业为降低成本，会选择进行协作与集聚，这将促进我国区域经济协作，有助于增加地区协作。

表 5.10　基准回归结果

变量	(1)	(2)	(3)	(4)	(5)
	pre	pre	pre	pre	pre
service	0.742*** (2.78)	0.396** (2.25)	0.391** (2.43)	0.341** (2.41)	0.376** (2.32)
taxe	2.366*** (7.28)	1.417*** (3.72)	1.308*** (3.26)	1.352*** (4.78)	1.268*** (4.69)
trade		0.086*** (4.83)	0.075*** (3.47)	0.036** (2.12)	0.034* (2.04)
FDI			0.020 (1.18)	0.018 (1.69)	0.018** (2.23)
energy				-0.053*** (-5.34)	-0.047*** (-5.03)
cost					0.005** (2.50)
时间	固定	固定	固定	固定	固定
省份	固定	固定	固定	固定	固定
_cons	0.385*** (13.40)	-0.212 (-1.69)	-0.407*** (-2.76)	-0.016 (-0.12)	-0.439** (-2.22)
样本量	480	480	480	480	480
R^2	0.335	0.577	0.600	0.700	0.725

注：括号内为标准误，***、**、*分别表示在1%、5%、10%的水平上显著。

（二）稳健性检验

为确保基准回归结果的可靠性和稳健性，本研究选取更换回归方法、改变样本量以及工具变量法等方式进行稳健性检验。

1. 更换回归方法

异方差和自相关等问题会带来估计偏误，为解决这一问题，本研究选取GLS方法再次进行回归，结果如表5.11中的列（1）所示。现代服务业（*service*）的系数仍在1%的水平上保持正向显著，表明前面的基准回归结果具有稳健性。

表 5.11 稳健性检验回归结果

变量	(1)	(2)	(3)
	reg	*reg*	*reg*
service	0.869 *** (6.879)	0.860 *** (4.367)	0.816 *** (3.294)
控制变量	控制	控制	控制
时间	固定	固定	固定
省份	固定	固定	固定
_cons	0.435 *** (5.076)	−0.191 (−1.463)	0.006 *** (2.790)
样本量	480	432	450
R^2	0.572	0.802	0.787

注：括号内为标准误，***、**、* 分别表示在 1%、5%、10% 的水平上显著。

2. 改变样本量

由于新疆、甘肃、青海地处内陆，地区现代服务业发展与其他地方相比具有较大差异，因此剔除这三个省份的数据进行再次回归，结果如表 5.11 中的列（2）所示。在剔除这三个省份的数据后，回归结果仍与基准回归结果一致。

3. 工具变量法

为避免遗漏变量、测量误差或反向因果导致的内生性问题，引入解释变量的滞后一阶作为工具变量参与回归。为确保工具变量的有效性，本研究进行了不可识别检验，其 P 值为 0.0006，小于 0.1，表明不存在不可识别问题；在弱工具变量检验中，其值为 16.38%，大于 10%，表明工具变量为强工具变量，满足相关性条件。结果如表 5.11 中的列（3）所示，可见在内生性问题得以解决后，现代服务业的发展仍可以促进地区协作程度。

（三）机制检验

1. 全要素生产率（*TFP*）

基于之前的分析，在这一部分，将进一步分析现代服务业能否通过提升全要素生产率来促进地区协作程度。机制检验结果如表 5.12 中的列（1）所示。从结果可知，交乘项（*service* × *TFP*）显著为正，且在5%的水平上显著，说明现代服务业的发展可以通过提高各省份的全要素生产率，促进地区协作程度，验证了假说六。现代服务业须不断通过技术改进、流程创新等降低投入成本、提高产出水平，提高企业的生产、服务效率，这种效率的提升可以体现在全要素生产率上（宋林、王嘉丽和李东倡，2024），因此随着现代服务业的发展，全要素生产率也得以提升。区域内产出效率的提升还具有正外部性，当临近区域生产效率通过技术改进、智能化管理等方式提升时，相关技术、知识的外溢也可以影响到附近区域，进一步推动整体全要素生产率的提升，缩小区域间发展差距，实现地区协作程度的提升（汤长安等，2021）。

表 5.12　　机制检验结果

变量	(1)	变量	(2)
	reg		*reg*
service	-0.436 * (-2.04)	*service*	-0.565 *** (0.118)
TFP	0.004 (0.47)	*public*	0.001 (0.002)
service × *TFP*	0.213 ** (2.16)	*service* × *public*	0.026 *** (0.006)
控制变量	控制	控制变量	控制
时间	控制	时间	控制
省份	控制	省份	控制
_cons	-0.369 * (-1.892)	_cons	0.079 (0.065)
样本量	480	样本量	480
R^2	0.896	R^2	0.905

注：括号内为标准误，***、**、* 分别表示在 1%、5%、10% 的水平上显著。

2. 公共服务水平（*public*）

在机制分析中，本研究已论述了现代服务业可以在地区政策支持及公共服务共享的举措下，通过提升公共服务水平来推进地区协作，本部分将针对这一论证进行实证，结果见表 5.12 中的列（2）。交乘项（*service* × *public*）在实证回归中显著为正且在 1% 的水平上显著，实证结果进一步证明了这一论证，即验证了假说七。信息化、智能化的发展推动着现代服务业向数字化转变，同时现代服务业的快速发展促使企业在提高服务质量、响应消费需求的速度等方面逐渐提高，这些转变直接影响着居民生活（姜长云，2023）。公共服务在适应社会公众快速转变的需求过程中也不断进行提升与转变，使公共服务水平得以逐步提升。由于公共服务水平的提升，劳动力、企业被吸引到区域内，有利于发展区域经济（欧定余、侯思瑶，2024），而区域经济的发展又可以为公共服务的提升提供资金支持，从而形成良性循环，通过溢出效应辐射到周边区域，推动整体经济的发展，促进地区协作发展。

（四）异质性检验

地区的环境规制也为以低能耗为特征的现代服务业的发展创造了机会，合理的环境规制通过强调可持续发展，促进了现代服务业的发展。同样，现代服务业的发展与地区营商环境密不可分，良好的营商环境能够鼓励现代服务业的成长与创新，进而吸引更多的服务业聚集发展，延伸地区产业链。地区上市公司的数量反映了地区企业的经营状况与资产积累，其数量的增加也是当地良好的政策环境、发展机遇的体现，这是现代服务业在地区发展中不可或缺的条件。因此，本研究从环境规制、营商环境、地区上市公司的年末存量三个方面进行异质性分析，探讨在不同情形下，现代服务业的发展对地区协作发展的不同影响。

1. 环境规制（*rule*）

合理的环境规制可以引导现代服务业朝着可持续方向发展，推动绿色技术和服务模式的出现，并在降低运营成本的同时，为企业创造竞争优势，形成经济与环境发展的良性循环。本研究选取工业污染治理完成投资额与工业增加值的比重作为地区环境规制的代理变量，比重越高，意味着地区环境规制越严格；同时，将地区环境规制强度分为低、中、高三组，观察不同环境规制严格程度下，现代服务业对区域协调发展的影响程度。分组回归结果如表 5. 13 所示。其中，低、中、高组别的回归系数分别为 0. 422、1. 028 和 1. 782，且显著性有所提升，可见环境规制越严格，现代服务业的发展越能促进地区协作进程。严格的环境规制可以促使企业通过合规和可持续发展策略，提升地区经济，缩小发展差距，推动地区协作进程。

表 5.13　环境规制分组检验结果

变量	低	中	高
	pre	*pre*	*pre*
service	0.422 ** (2.225)	1.028 *** (4.532)	1.782 *** (6.214)
控制变量	控制	控制	控制
时间	控制	控制	控制
省份	控制	控制	控制
_cons	0.125 (0.579)	-0.737 ** (-2.617)	-0.333 (-1.555)
样本量	160	160	160
R^2	0.792	0.816	0.806

注：括号内为标准误，***、**、* 分别表示在 1%、5%、10% 的水平上显著。

2. 营商环境（*business*）

良好的营商环境可以为现代服务业的发展创造条件，通过吸引投资、政策支持等方式，助力现代服务业的成长与创新。良好的营商环境还能为企业的发展带来高素质的人才，提高企业的创新效率，加速现代服务业的扩张。为衡量地区营商环境，本研究从政府干预程度、企业税收负担两方面进行衡量，并通过主成分分析法计算权重，得到地区营商环境的综合指标。在回归中，营商环境被分为低、中、高三组，观察现代服务业在不同环境中如何作用于地区协作。由表 5.14 可知，在营商环境较低和较高的环境中，现代服务业的发展可以较好地促成地区协作，这是因为在营商环境较低的环境中，现代服务业通过知识和技术的溢出效应，推动地区经济的创新发展，提供新的发展方向和动力；而在营商环境较好的环境中，现代服务业基于规范的发展环境，可以不断提升服务质量与水平，为地区发展提供税收与资金支持（郭晓林等，2024），因此在经营环境较低与较高的地区，现代服务业都能提高地区协作程度。而在地区营商环境处于中等水平的地区，其系数虽然不显著，但仍为正，说明此时营商环境虽不是影响现代服务业提高地区协作程度的主要因素，但其促进作用仍存在，当营商环境得到提升时，现代服务业的发展还是可以提高地区协作程度。

表 5.14　　营商环境分组检验结果

变量	低	中	高
	pre	*pre*	*pre*
service	1.647 ** (2.692)	0.784 (1.135)	0.275 *** (3.669)
控制变量	控制	控制	控制
时间	控制	控制	控制
省份	控制	控制	控制
_cons	-0.344 (-1.628)	0.182 (0.970)	0.725 *** (5.681)
样本量	160	162	158
R^2	0.809	0.741	0.467

注：括号内为标准误，***、**、*分别表示在1%、5%、10%的水平上显著。

3. 年末上市公司存量（*cooperate*）

现代服务业与上市公司之间的发展具有协同作用，上市公司数量越多，表明地区经济越发达，现代服务业的发展可以得到更多的支持；同样，现代服务业的发展也可以实现人才与技能的相互促进，推动上市公司的创新发展，推动产业升级，提升区域经济的整体竞争力与吸引力。基于以上分析，本研究通过对地区年末上市公司存量加1取对数的方法构建代理变量，并以变量为依据，通过三分位法，将数据分为三组，依次为存量较低、中等、较高组别。表5.15展示了不同地区年末上市公司存量条件下现代服务业对促进区域协调发展的差异。由分组回归结果可知，在年末上市公司存量较低和中等组别中，现代服务业可以显著促进地区协作发展，且其在存量较低的组别中更为显著，表明现代服务业可以通过溢出效应（李斌、杨冉，2020）带动企业的运营效率，并通过竞争能力的提升推动上市公司的发展，为区域经济的增长提供良好的基础；但在存量较高的地区，由于上市公司的发展所带来的集聚效应，导致现代服务业对促进地区协作程度的作用有所减弱，因此未表现出显著性，但其系数仍然为正，说明总体而言，现代服务业的发展可以提高地区协作程度。

表 5.15 **年末上市公司存量分组检验结果**

变量	较低	中等	较高
	pre	*pre*	*pre*
service	6.479*** (3.254)	0.724* (1.864)	0.151 (0.801)
控制变量	控制	控制	控制
时间	控制	控制	控制
省份	控制	控制	控制
_cons	0.248 (1.076)	-0.583* (-1.840)	-0.200 (-0.643)
样本量	164	158	158
R^2	0.775	0.647	0.849

注：括号内为标准误，***、**、*分别表示在1%、5%、10%的水平上显著。

三、结论与建议

（一）结论

现代服务业促进区域发展的研究结果表明，随着现代服务业的发展，地区协作程度逐渐提高，即现代服务业对提高地区协作程度具有正向促进作用。从进一步的机制分析中可以得知，现代服务业可以通过提高区域全要素生产率、公共服务水平来实现地区协作程度的提高。

异质性分析进一步指出，环境规制越严格，现代服务业的发展越能促进地区协作程度提高。严格的环境规制可以促使企业通过合规和可持续发展策略，提升地区经济，缩小发展差距，促进地区协作。同时，现代服务业不仅可以促进营商环境不断完善，还能够在营商环境更为规范的条件下对推动地区协作发挥正向促进作用。此外，现代服务业的发展同样可以对区域上市公司存量不足、经济发展基础薄弱的地区带来新的经济增长动力，与传统经济模式互补，成为区域新的经济增长点，加强地区协作。

（二）政策建议

根据上述结论，本研究就如何通过现代服务业促进地区协作程度提出以下建议：

第一，不断加强对现代服务业发展的政策引导，对现代服务业给予税收优惠、融资支持和投资引导等，为现代服务业相关企业的发展提供便利，降低运营门槛，吸引更多企业进入市场。在充分挖掘地方特色的基础上，鼓励地区现代服务业多样化发展，满足不同消费者的需求；并通过与邻近地区的协作，提高服务质量，培育新兴产业，为区域发展注入动力；通过区域间的交流与协作，加强区域间的经济联系，促进地区间协作。

第二，在推进现代服务业发展的过程中，优化市场营商环境、加强市场监管、打击不当竞争、建立健全消费者权益保护机制、提高服务质量和消费者满意度等不仅能促进现代服务业的健康发展，还能促进现代服务业的可持续发展。通过建立多元化的人才培养体系，为现代服务业培养高素质人才，加快现代服务业的技术研发，推动数字化与数智化进程，构建新的营商环境，为区域发展打造良好的环境，并通过吸引投资等方式发展地方经济，缩小区域差距。

第三，加大对交通、通信、能源等基础设施的投资，增强区域内外的互联互通，降低服务业的运营成本。通过推动信息技术和通信网络的发展，加强区域间的联结与信息沟通，特别是在偏远地区，确保其可以接入现代数字服务，方便区域间的知识、技术溢出，形成发展与创新的良性循环，促进地区间协作不断加深。

第三节　现代服务业引导的城乡融合性发展机制检验

一、变量与模型构建

（一）数据来源

考虑到新冠疫情这一不可抗力对经济发展、产业升级所造成的影响，导致对于城乡融合和现代服务业的研究结果出现偏差，因此本研究的样本区间设定为2005～2020年，共涉及全国30个省（不含西藏和港澳台）。本研究的原始数据来自相关年度的《中国统计年鉴》《中国城市统计年鉴》《中国第三产业统计年鉴》，以及Wind数据库、各城市政府工作报告等。此外，采用年度均值替换法对部分缺失数据进行补齐。同时，为了减少异常值的影响，对连续变量进行了1%和99%水平的缩尾处理。

（二）变量选取

1. 被解释变量

被解释变量城乡融合（*urban*）是指，将城镇与农村、一二三产业、城乡居民作为一个整体进行统筹谋划，推动城乡经济、社会、空间、生态及人口等全面融合，实现城乡一体化发展。本研究从经济、社会、空间、生态、人口五个层面共10个指标进行测度。

（1）经济融合。作为城乡融合的基础，其对促进资源共享和优化配置、推进城乡经济协同发展具有至关重要的作用。因此，采用城乡人均收入比和二元对比系数来衡量经济融合。

（2））社会融合。城乡基本公共服务普惠共享是城乡社会融合的主要载体，是新时代城乡融合发展的重要特征。因此，将城乡人均医疗保健对比系数和城乡失业保险覆盖率作为社会融合的代理变量。

（3）空间融合。主要指城乡间建立完善、便捷的交通网络。完善的交通体系有助于实现城乡间的快速连接，有效降低城乡间的流动成本和空间成本。因此，采用交通网密度和城乡人均私人汽车拥有量来衡量空间融合。

（4）生态融合。实现生态融合不仅可以提升城乡生态环境质量，还可扩大城乡生态治理的正外部性。因此，选择城乡生态环保和城乡节能减排来衡量生态融合。

（5）人口融合。其核心在于将城乡居民的需求与发展放在关键位置，充分体现人的价值。因此，选择人口城镇化水平和非农与农业从业比重来表征人口融合。

在对数据进行逆向化与标准化处理后，运用熵值法得到各指标权重，计算城乡融合发展水平，结果见表5.16。

表 5.16 城乡融合发展评价指标体系

一级指标	二级指标	三级指标	指标属性
经济融合	城乡人均收入比	城镇居民人均可支配收入/农村居民人均可支配收入	负
	二元系数对比	(第一产业产值/一产业从业人数)/(二三产业产值/二三产业从业人数)	正
社会融合	城乡人均医疗保健对比系数	城镇人均医疗保健支出/农村人均医疗保健支出	负
	城乡失业保险覆盖率	参加失业保险人数/总人口	正
空间融合	交通网密度	公路与铁路运营总里程/土地总面积	正
	城乡人均私人汽车拥有量	城乡居民私人汽车拥有量/总人口	正
生态融合	城乡生态环保	森林覆盖率	正
	城乡节能减排	能源消费总量/GDP	负
人口融合	人口城镇化水平	年末城镇人口比重	正
	非农与农业从业比重	二三产业从业人员/第一产业从业人员	正

2. 解释变量

核心解释变量为现代服务业（*service*）。参考苏永伟和刘泽鑫（2022）的研究，采用现代服务业增加值来衡量。以《国民经济行业分类》为依据，选取房地产业，交通运输、仓储和邮政业，金融业，批发和零售业，住宿和餐饮业，信息传输、软件和信息技术服务业的增加值来衡量现代服务业的增加值。

3. 控制变量

（1）金融发展水平（*fin*），采用全国各省份绿色金融指数来衡量，金融发展水平的提高可让农村地区享受到更多金融服务，使低收入人群得到更多的信贷，增加创业就业机会。

（2）贸易开放程度（*open*），以地区进出口总额与地区生产总值的比值来衡量。对外贸易可促进出口和进口，创造更多的就业岗位，解决部分劳动力就业问题，从而带动居民尤其是对农村家庭收入提升。

（3）人力资本水平（*edu*），采用普通高等学校在校生人数与总人口之比来衡量。当居民受到更好的教育时，能带来知识溢出和产出效应，提高劳动生产率。

（4）产业结构升级（*uis*），用第三产业产值与地区生产总值的比值来衡量，产业结构升级能培育城乡融合互动的产业体系，逐步弱化二元经济结构。

（5）基础设施水平（*lnf*），用人均道路面积来衡量。完善的基础设施有助于促进农村与城镇的互联互通，提高城乡资源配置效率，促进城乡一体化。

4. 机制变量

现代服务业对要素有效流动的促进作用能推动统筹土地利用与规划产业布局，这表明其是促进城乡融合的关键。现代服务业具有促进要素流转的加速机制，能通过生产空间分散、信息共享、降低交易成本等来加快要素流动；现代服务业的发展通常伴随着知识密集型、技术密集型行业的产生，因此会产生大量的人才需求，尤其是信息技术、金融、医疗、教育等领域，这种就业机会的增加吸引了人才向服务业集聚地区流动，进而形成创新生态系统，包括大学、研究机构、创新型企业等。要素和经济活动向城市等高位势地区和行业集聚产生的虹吸效应会妨碍城乡融合。现代服务业具有加剧要素和经济集聚的作用，其通过集聚机制产生的虹吸效应会扩大城乡之间的差距，不利于城乡融合发展。因此，选择要素流动（*factor*）、空间溢出（*spatial*）以及集聚（*gather*）作为调节变量，具体说明见表 5. 17。

表 5. 17　变量说明表

变量类型	变量名称	变量符号	变量说明
被解释变量	城乡融合	*urban*	城乡融合发展评价指标体系，采用熵值法计算得出
解释变量	现代服务业	*service*	选取房地产业，交通运输、仓储和邮政业，金融业，批发和零售业，住宿和餐饮业，信息传输、软件和信息技术服务业的增加值来衡量
控制变量	金融发展水平	*fin*	全国各省份绿色金融指数
	贸易开放程度	*open*	地区进出口总额与地区生产总值的比值
	人力资本水平	*edu*	普通高等学校在校生人数与总人口之比
	产业结构升级	*uis*	第三产业产值与地区生产总值的比值
	基础设施水平	*lnf*	人均道路面积
机制变量	要素流动	*factor*	本年度固定资产投资占全国固定资产投资比重的环比增长率
	空间溢出	*spatial*	产业链发展水平评价指标体系，采用熵值法计算得出
	集聚	*gather*	地区非农业产值的对数

（三）主要变量的描述性统计

主要变量的描述性统计如表5.18所示。城乡融合水平的均值为3.454，最大值和最小值分别为5.457和1.258，这说明城乡融合水平在不同地区具有较大的差异。此外，现代服务业水平的均值为8.052，最大值和最小值分别为13.018和4.680，同样说明现代服务业在不同地区的发展水平差异巨大。可见，探讨现代服务业对于城乡融合影响具有必要性和迫切性。

表5.18 主要变量描述性统计结果

变量	样本量	均值	最大值	最小值	标准差
urban	480	3.454	5.457	1.258	0.842
service	480	8.052	13.018	4.680	1.048
fin	480	17.985	20.911	16.004	0.755
open	480	1.202	5.244	0.527	0.669
edu	480	35.203	143.559	4.291	22.511
uis	480	0.288	1.721	0.007	0.355
lnf	480	2.950	8.131	1.279	1.160
factor	480	0.108	1.573	0.000	0.215
spatial	480	0.144	0.494	0.038	0.084
gather	480	0.941	1.240	0.313	0.189

表5.19展示了各个省份2005～2020年现代服务业发展水平。2005～2020年，现代服务业发展较快的省份分别是广东、江苏、浙江、山东、北京。均位于东部沿海地区，处于珠三角、长三角、京津冀或者经济较为发达地区。相比之下，现代服务业发展较慢的省份分别是新疆、甘肃、海南、宁夏、青海，均处于经济落后地区，传统一二产业占比较大，产业转型较慢，人力资本水平较低，导致现代服务业发展较慢。

表5.19 2005～2020年我国各省份现代服务业发展水平

省份	2005年	2008年	2011年	2014年	2017年	2020年	均值	排名
广东	5814.17	10307.13	16244.17	22953.2	33770.13	43356.35	21617.87	1
江苏	2640.66	4381.69	7791.75	12081.69	16911.67	22662.61	10845.18	2
浙江	2420.99	4418.97	6990.72	8700.33	10571.07	16201.37	8050.94	3

续表

省份	2005 年	2008 年	2011 年	2014 年	2017 年	2020 年	均值	排名
山东	2787.54	5052.26	6100.16	8729.57	11397.76	14590.74	8017.08	4
北京	2233.70	4047.00	5530.30	8078.50	11267.60	15576.50	7585.41	5
上海	2461.36	3873.39	5227.00	7580.00	10821.33	15162.54	7390.09	6
湖北	1502.06	2951.30	4775.51	7731.45	11514.78	13385.70	6986.33	7
四川	1721.38	2740.26	4171.04	6769.08	11118.90	13953.64	6566.63	8
湖南	1540.03	2817.50	4718.59	7097.95	10405.48	13206.76	6540.07	9
辽宁	3647.48	3950.22	6198.65	6378.72	8570.42	10908.28	6278.24	10
河南	1566.15	2446.27	3920.51	6179.65	9154.83	11870.17	5727.83	11
河北	3081.14	3830.87	4857.26	6002.69	6484.21	8689.16	5436.56	12
福建	1818.47	3114.77	4622.44	4673.11	6798.17	8837.44	5053.38	13
重庆	917.67	1565.51	2984.09	4600.99	6613.98	7625.63	4059.79	14
江西	976.89	1543.65	2464.93	4041.55	6402.25	9592.09	4003.82	15
陕西	947.35	1664.12	2780.42	4139.72	5504.68	6859.66	3610.74	16
云南	925.10	1555.83	2645.81	4054.62	5643.28	4508.49	3602.79	17
广西	940.10	1535.29	2656.12	3907.89	5528.31	7107.30	3564.42	18
吉林	787.13	1549.07	2540.50	3968.55	4690.65	5545.57	3173.17	19
安徽	822.10	1205.30	1829.50	2871.6	4259.30	8680.26	2950.66	20
山西	692.13	1137.81	2000.17	2931.84	4195.70	3815.96	2506.10	21
内蒙古	729.88	1291.81	2401.44	3236.28	2635.70	3655.97	2473.24	22
天津	587.53	991.71	1847.75	2861.53	3994.43	4587.92	2447.19	23
黑龙江	922.63	1229.38	2031.34	2986.35	3573.73	3719.50	2387.69	24
贵州	463.20	906.85	1572.08	2399.90	3509.40	4710.53	2197.83	25
新疆	503.05	777.51	1236.75	2101.90	3038.08	3290.64	1806.30	26
甘肃	468.34	694.93	1109.08	1635.63	2284.24	2803.68	1462.23	27
海南	520.88	373.69	684.85	1066.06	1552.78	1864.50	1005.51	28
宁夏	169.50	321.52	600.51	811.19	888.68	1073.88	620.75	29
青海	107.87	181.13	302.96	538.66	720.17	804.84	441.39	30

表 5.20 展示了 2005 ~2020 年各省份城乡融合发展水平及排名。在采用熵值法计算城乡融合水平后，广东、山东、浙江、江苏分列前四。这与现代服务业发展水平的情况基本一致——排名靠前的省份均来自东部沿海地区，这是因为东部沿海地区新型城镇化发展较快，产业较为丰富，且有足够的资金发展乡村经济，极大地加强了城乡间各项要素流动，促进了城乡融合的发展；相比之

下，甘肃、青海、海南、宁夏排名靠后，这些地区由于人口密度较低、与传统经济发达地区距离较远，导致城乡融合水平较低。

表 5.20　2005～2020 年我国各省份城乡融合发展水平

省份	2005 年	2008 年	2011 年	2014 年	2017 年	2020 年	均值	排名
广东	3.704	4.075	4.496	4.853	5.189	5.457	4.636	1
山东	3.257	3.748	4.395	4.84	5.189	5.458	4.506	2
浙江	3.246	3.672	4.207	4.6	4.901	5.129	4.311	3
江苏	3.018	3.55	4.174	4.636	5.012	5.241	4.298	4
河北	3.103	3.498	4.085	4.489	4.873	5.096	4.209	5
河南	2.876	3.281	3.905	4.526	4.789	5.098	4.074	6
四川	2.88	3.224	3.777	4.192	4.56	4.811	3.919	7
北京	3.18	3.515	3.877	3.999	4.054	4.112	3.813	8
辽宁	2.874	3.137	3.637	3.968	4.275	4.505	3.743	9
云南	2.784	3.018	3.469	3.834	4.155	4.384	3.609	10
湖南	2.586	2.91	3.4	3.831	4.23	4.534	3.586	11
湖北	2.547	2.853	3.34	3.783	4.211	4.505	3.544	12
福建	2.645	2.979	3.396	3.767	4.074	4.312	3.539	13
安徽	2.478	2.816	3.335	3.761	4.236	4.548	3.531	14
山西	2.572	2.954	3.417	3.748	4.057	4.297	3.513	15
陕西	2.423	2.748	3.307	3.711	4.025	4.289	3.43	16
广西	2.517	2.74	3.186	3.589	3.971	4.327	3.383	17
黑龙江	2.622	2.851	3.293	3.564	3.82	4.034	3.367	18
江西	2.443	2.687	3.133	3.515	3.91	4.209	3.317	19
内蒙古	2.282	2.696	3.223	3.558	3.865	4.096	3.299	20
吉林	2.439	2.675	3.103	3.453	3.713	3.905	3.22	21
上海	2.452	2.71	3.038	3.283	3.597	3.781	3.164	22
贵州	2.244	2.449	2.882	3.341	3.778	4.074	3.124	23
重庆	2.26	2.49	2.859	3.317	3.683	3.952	3.097	24
天津	2.203	2.544	3.017	3.337	3.38	3.503	3.016	25
新疆	2.004	2.294	2.83	3.301	3.568	3.81	2.972	26
甘肃	1.808	2.019	2.542	2.984	3.373	3.617	2.737	27
青海	1.259	1.426	1.803	2.152	2.439	2.646	2.737	28
海南	2.108	2.227	2.432	2.638	2.867	3.04	2.544	29
宁夏	1.421	1.609	2.061	2.43	2.71	2.928	2.197	30

（四）模型设定

为了检验现代服务业对城乡融合的影响，本研究构建了以下基本计量模型：

$$urban_{it} = \alpha_0 + \alpha_1 service_{it} + \alpha_2 X_{it} + \omega_i + \delta_i + \varepsilon_{it} \tag{5.4}$$

其中，i 表示省份；t 表示年份；$urban_{it}$表示 i 省份在 t 年的城乡融合水平；$service_{it}$表示 i 省份在 t 年的现代服务业水平；X_{it}表示省级层面的控制变量；δ_i 表示时间固定效应；ε_{it}表示随机扰动项；α_0 表示常数项；α_1 和 α_2 均为模型估计参数。α_1 是本研究主要关心的参数，若 α_1 显著为正，说明现代服务业对城乡融合提升具有显著的促进作用。

二、实证分析

（一）基准回归

基于之前的理论分析和 2005 ~ 2020 年我国 30 个省份的面板数据，为了验证假说，本研究利用双固定模型检验现代服务业对城乡融合发展的影响效应。表 5.21 展示了现代服务业对城乡融合总体影响的估计结果。列（1）中现代服务业（*service*）的估计系数在 1% 的水平上显著为正，说明现代服务业发展显著促进了城乡融合水平的提升，验证了假说八。在逐步加入控制变量进行回归后，列（2）、列（4）、列（5）、列（6）中的现代服务业（*service*）估计系数均在 1% 的水平上显著为正。列（6）的估计结果显示，在控制了其他影响因素后，现代服务业（*service*）每提高 1%，城乡融合水平上升约 0.573%。从控制变量的估计结果看，金融发展水平（*fin*）、产业结构升级（*uis*）、基础设施水平（*lnf*）对于城乡融合水平的影响更为显著。另外，贸易开放程度（*open*）、人力资本水平（*edu*）每提高 1%，居民收入水平分别提高 0.059% 和 0.001%。这是因为，在人工智能时代，城市边际逐渐模糊，无论城市或农村，金融发展水平在社会生活中扮演着越来越重要的作用；同时，随着人工智能的发展，第三产业在城乡发展中扮演者越来越重要的作用；此外，基础设施水平（包含城乡间的道路等交通设施）有助于促进城乡间的人口流动，从而对城乡融合发挥重要作用。

表 5.21 基准回归结果

变量	被解释变量：*urban*					
	(1)	(2)	(3)	(4)	(5)	(6)
service	0.811 *** (0.011)	0.619 *** (0.026)	0.609 *** (0.027)	0.557 *** (0.031)	0.554 *** (0.554)	0.573 *** (0.028)
fin		0.385 *** (0.044)	0.369 *** (0.046)	0.344 *** (0.046)	0.375 *** (0.047)	0.282 *** (0.046)
open			0.061 (0.046)	0.104 ** (0.047)	0.144 ** (0.049)	0.059 (0.05)
edu				0.006 *** (0.001)	0.005 ** (0.001)	0.001 (0.001)
uis					0.235 *** (0.099)	0.170 ** (0.094)
lnf						0.216 *** (0.028)
省份固定效应	是	是	是	是	是	是
年份固定效应	是	是	是	是	是	是
常数项	3.076 *** (0.130)	8.474 *** (0.635)	8.174 *** (0.673)	7.571 *** (0.685)	8.191 *** (0.730)	6.908 *** (0.707)
样本量	480	480	480	480	480	480
R^2	0.849	0.870	0.871	0.875	0.876	0.890

注：括号内为标准误，***、**、* 分别表示在 1%、5%、10% 的水平上显著。

（二）稳健性检验

在社会科学领域，稳健性问题始终是实证分析中不可忽视的关键挑战，尤其是变量测量误差以及遗漏变量等因素引发的问题，对研究结果的准确性和可靠性造成极大困扰。鉴于此，为了确保上述估计结果的可靠性，本研究采用系统 GMM 估计、替换被解释变量的衡量指标，以及缩短年限的方式，进一步进行稳健性检验，具体结果如表 5.22 所示。

表 5.22　稳健性检验结果

变量	(1)	(2)	(3)
L. urban	0.127** (0.083)		
service	0.114** (0.040)	0.181*** (0.029)	-8.783*** (0.566)
fin	0.025** (0.017)	0.058 (0.062)	0.386*** (0.050)
open	0.031* (0.028)	0.495*** (0.066)	0.179** (0.056)
edu	0.002 (0.003)	0.018*** (0.003)	0.008*** (0.001)
uis	0.047 (0.050)	0.203* (0.139)	0.281* (0.109)
lnf	0.010* (0.106)	0.083** (0.025)	0.146*** (0.031)
城市固定效应	是	是	是
年份固定效应	是	是	是
AR（1）	0.005		
AR（2）	0.001		
常数项	0.012** (0.287)	9.529*** (0.083)	3.407*** (0.911)
样本量	450	210	480
R^2		0.754	0.867

注：括号内为标准误，***、**、*分别表示在1%、5%、10%的水平上显著。

1. 系统 GMM 估计

为进一步解决由变量测量误差以及遗漏变量等引起的内生性问题，本研究将被解释变量城乡融合（*urban*）滞后一期作为解释变量，加入基准模型中进行系统 GMM 估计。这种做法的优势在于，一方面，城乡融合变量滞后一期能够在一定程度上反映前期状态对当期结果的延续性影响，通过捕捉这种动态关联，能有效弥补遗漏变量所带来的信息缺失；另一方面，系统 GMM 估计凭借其对内生性变量的巧妙处理，能够充分利用样本中的各种信息，极大地减轻测量误差所引发的估计偏差，为准确揭示变量之间的真实关系筑牢根基，确保整个研究过程在方法论层面的科学性与严谨性。表 5.22 列（1）展示了系统 GMM 估计结果。结果显示，现代服务业（*service*）在 5% 的水平上正向显著，与基准回归结果一致，验证了基准回归结果的稳健性。

2. 缩短年限

2014 年 3 月，中共中央、国务院印发《国家新型城镇化规划（2014—2020 年）》，提出常住人口城镇化率达到 60% 左右、努力实现 1 亿左右农业转移人口和其他常住人口在城镇落户等目标。基于此，本研究缩短样本的时间窗口，仅对 2014 ~ 2021 年的样本进行估计。在对样本量进行缩减后，回归结果如表 5.22 列（2）所示。在列（2）中，现代服务业（*service*）的回归系数显著为正且在 1% 的水平上正向显著，可见在缩短年限后，回归结果仍与基准回归核心变量系数的符号及显著性水平保持一致，未出现大幅波动。这些关键指标依然保持相对稳定，有力地说明基准回归结果具有良好的稳健性。

3. 替换被解释变量城乡融合

为避免解释变量的不同度量方法对估计结果可能造成的影响，本研究选用城乡收入差距的泰尔指数作为被解释变量进行稳健性检验。在这一过程中，关注模型中核心变量系数的表现，考察其符号是否符合理论预期、大小是否处于合理区间以及显著性水平有无显著改变。若使用新的被解释变量后，核心指标维持相对稳定的态势，并未出现大幅波动，便能够强有力地佐证原模型具备较好的稳健性。根据表 5.22 列（3）替换解释变量后的回归结果可知，现代服务业（*service*）有助于缩小城乡收入差距，促进城乡融合水平的提升。

将以上方法得出的结论和表 5.21 进行对比可以发现，现代服务业对于城乡融合均在 1% 的水平上显著，各个控制变量与现有结论基本相符，并且稳健标准误差等指标并未发生明显变化。因此，基准回归结果是稳健的。

（三）机制检验

1. 要素流转（*factor*）

为检验要素流转在现代服务业促进城乡融合水平提高过程中的作用，采用乘积项的方法进行检验，即在基准计量模型式（5.4）的基础上加上要素流转及其与现代服务业的乘积项。具体计量模型为：

$$urban_{it} = \beta_0 + \beta_1 service_{it} + \beta_2 service_{it} \times factor_{it} + \beta_3 factor_{it} + \beta_4 X_{it} + \omega_i + \delta_i + \varepsilon_{it} \quad (5.5)$$

其中，*factor* 表示要素流转；β_2 表示现代服务业与城乡融合变量乘积项的估计系数。若 β_2 显著为正，说明要素流转的变化显著地影响现代服务业对城乡融合水平的促进作用；若 β_2 显著为负，说明集聚在现代服务业对城乡融合水平的影响过程中表现出显著的抑制作用。

从表 5.23 列（2）可以看出，要素流转的影响系数在 1% 的水平上显著为正，说明要素流转显著促进了城乡融合。这表明，随着要素流转的加快，经济活动效率提升，使城乡融合水平不断升高。列（3）的结果显示，乘积项（*service* × *factor*）的系数显著为负，并通过 5% 显著性水平检验，表明要素流转减弱了现代服务业的提升效应。这说明，要素流动减弱了现代服务业对于城乡融合的促进作用，验证了假说九。

表 5.23　　要素流转的影响估计结果

变量	（1）	（2）	（3）
	被解释变量：*urban*		
service	0.573*** (0.028)	0.548*** (0.028)	0.552*** (0.028)
factor		0.560*** (0.097)	3.095*** (1.144)
service × *factor*			−0.249** (0.111)
调节变量	是	是	是
控制变量	是	是	是
年份固定	是	是	是
城市固定	是	是	是
常数项	6.908*** (0.707)	5.947*** (0.703)	5.399*** (0.742)
样本值	480	480	480
R^2	0.890	0.896	0.899

注：括号内为标准误，***、**、* 分别表示在 1%、5%、10% 的水平上显著。

现代服务业具有促进要素流转的加速机制，能通过生产空间分散、信息共享、降低交易成本等来加快要素流动。网络信息服务业克服空间对信息的约束，能加快信息流通，为资源信息匹配提供了更多的选择和可能，可实现不同市场、不同区域的信息同步与共享。现代物流、现代通信、现代办公系统等为实现生产环节空间分散布局提供基础条件，现代产业通过延伸产业链得以向农村地区扩散转移，农村土地要素价值快速提高。各种网络平台帮助实现了城乡共享优质的会计、金融、法律和教育培训等服务，降低了要素交易成本，提升了要素交易效率。由此，通过生产服务业搭建的各种平台，城市要素、产业、信息等不断向农村地区施加影响，而农村要素（土地和低技术劳动力）通过不断快速匹配新产业、新信息而提高价值。

2. 空间溢出（*spatial*）

为检验空间溢出在现代服务业促进城乡融合水平提高过程中的作用，采用乘积项的方法进行检验，即在基准计量模型式（5.4）的基础上加上空间溢出及其与现代服务业的乘积项。具体计量模型为：

$$\begin{aligned} urban_{it} = & \beta_0 + \beta_1 service_{it} + \beta_2 service_{it} \times spatial_{it} \\ & + \beta_3 factor_{it} + \beta_4 X_{it} + \omega_i + \delta_i + \varepsilon_{it} \end{aligned} \tag{5.6}$$

其中，*spatial* 表示空间溢出；β_2 表示现代服务业与城乡融合变量乘积项的估计系数。若 β_2 显著为正，说明空间溢出的变化显著地影响现代服务业对城乡融合水平的促进作用；若 β_2 显著为负，说明空间溢出在现代服务业对城乡融合水平的影响过程中表现出显著的抑制作用，验证了假设十。

从表 5.24 列（2）可以看出，空间溢出的影响系数在 1% 的水平上显著为正，说明空间溢出显著促进了城乡融合。这表明，随着空间溢出的加快，经济活动效率提升，使得城乡融合水平不断升高。列（3）的结果显示，乘积项（*service* × *spatial*）的系数显著为正，并通过 10% 显著性水平检验，表明要素流转增强了现代服务业的提升效应。这说明，要素流动增强了现代服务业对于城乡融合的促进作用。究其原因，在人工智能、互联网信息技术、大数据等技术的推动下，产业分工不断深化（吕延方、项云和王冬，2024），经济服务化不断推进，加速了现代服务业与制造业分工协作，空间约束被不断突破，要素流向在空间上更加多维化。企业要素配置地理半径大幅扩大，生产成本降低，要素边际收益随之提升。

表 5.24　空间溢出的影响估计结果

变量	(1)	(2)	(3)
	被解释变量：*urban*		
service	0.573 *** (0.028)	0.494 *** (0.027)	0.455 *** (0.034)
spatial		2.179 *** (0.228)	0.049 *** (1.225)
service × *spatial*			0.243 * (0.131)
调节变量	是	是	是
控制变量	是	是	是
年份固定	是	是	是
城市固定	是	是	是
常数项	6.908 *** (0.707)	4.672 *** (0.686)	4.816 *** (0.688)
样本值	480	480	480
R^2	0.890	0.909	0.910

注：括号内为标准误，***、**、*分别表示在1%、5%、10%的水平上显著。

3. 集聚（*gather*）

为检验集聚在现代服务业促进城乡融合水平提高过程中的作用，采用乘积项的方法进行检验，即在基准计量模型式（5.4）的基础上加上集聚及其与现代服务业的乘积项。具体计量模型为：

$$urban_{it} = \beta_0 + \beta_1 service_{it} + \beta_2 service_{it} \times gather_{it} + \beta_3 factor_{it} + \beta_4 X_{it} + \omega_i + \delta_i + \varepsilon_{it} \tag{5.7}$$

其中，*gather* 表示集聚；β_2 表示现代服务业与城乡融合变量乘积项的估计系数。若 β_2 显著为正，说明集聚的变化显著地影响现代服务业对城乡融合水平的促进作用；若 β_2 显著为负，说明集聚在现代服务业对城乡融合水平的影响过程中表现出显著的抑制作用。

从表5.25列（2）可以看出，集聚的影响系数在1%的水平上显著为正，说明集聚显著促进了城乡融合。这表明，随着集聚的加快，经济活动效率提升，使得城乡融合水平不断升高。列（3）的结果显示，乘积项（*service* × *gather*）的系数显著为负，并通过1%显著性水平检验，表明要素流转增强了现代服务业的提升效应。这说明，要素流动提升了现代服务业对于城乡融合的促进作用，验证了假说十一。现代服务业为要素流动和产业转移提供了更为便捷的平台（张青、茹少峰，2021）。如果城乡之间公共设施、营商环境等差异性大，农村地区优质要素和更有竞争力的产业将谋求区位优势，向产业集聚区转移，这一集聚效应不仅带动了服务业本身的发展，也拉动了相关产业的布局。城市因此成为创新服务和高附加值产业的聚集地，并向农村地区积极扩散，最终形成具有竞争力的产业布局。

表5.25 集聚的影响估计结果

变量	(1)	(2)	(3)
	被解释变量：*urban*		
service	0.573*** (0.028)	0.549*** (0.029)	0.276*** (0.063)
gather		0.604*** (0.134)	6.318*** (0.507)
service × *gather*			0.243*** (0.131)
调节变量	是	是	是
控制变量	是	是	是
年份固定	是	是	是
城市固定	是	是	是
常数项	6.908*** (0.707)	6.795*** (0.693)	0.880*** (0.062)
样本值	480	480	480
R^2	0.890	0.895	0.927

注：括号内为标准误，***、**、*分别表示在1%、5%、10%的水平上显著。

（四）异质性检验

1. 分地区异质性检验

由于我国各地区的资源禀赋、现代服务业发展状况和城乡融合水平等客观条件件存在较大的差异，导致城乡融合水平的发展可能存在异质性影响。从地区划分角度讨论现代服务业对城乡融合水平的异质性影响，可以加深对现代服务业影响城乡融合水平的认识和理解。

为科学反映我国不同区域的社会经济发展状况，根据《中共中央　国务院关于促进中部地区崛起的若干意见》《国务院关于西部大开发若干政策措施的通知》以及党的二十大精神，现将我国的经济区域划分为东部、中部、西部和东北四大地区。考虑到东北地区独特的地理环境和经济发展模式，以及东北地区以重工业发展为主，同中部地区的现代服务业水平有较大差异，因此将东北地区进行单独划分。其中，东部包括北京、天津、河北、上海、江苏、浙江、福建、山东、广东和海南。中部包括山西、安徽、江西、河南、湖北和湖南。西部包括内蒙古、广西、重庆、四川、贵州、云南、西藏、陕西、甘肃、青海、宁夏和新疆。东北包括辽宁、吉林和黑龙江。

从表 5. 26 展示的回归结果看，东部、中部、西部和东北地区现代服务业对于城乡融合均具有显著的正向影响（在 1% 的水平上显著）。其中，东部和中部地区现代服务业对于城乡融合的影响较大，现代服务业每增加 1%，城乡融合水平分别增加 0. 818% 和 0. 830%。这是由于东部地区凭借沿海区域优势等便利条件，城乡融合发展呈现起步早、速度快、质量高的特点。特别是长三角、珠三角、京津冀三大城市群，已经成为拉动我国城乡融合发展的重要引擎。中部六省在我国经济版图中具有东西交融、引南连北的重要战略地位，是我国重要的经济腹地。特别是实施中部崛起战略以来，中部地区积极融入全国发展大局，以武汉、长沙等大型城市为核心，城乡融合水平达到前所未有的水平，在推动中部地区城乡融合能力的提升方面发挥了显著作用。西部地区和东北地区在现代服务业发展的过程中受到区域发展转型“路径依赖”等因素影响，新旧动能转换面临成本较高、阻力较大等问题。同时，这两个地区对各类资金、资源等要素等的集聚力、吸引力不足，导致城乡融合水平发展相对较慢。

表 5.26　　分地区回归结果

变量	(1) 东部	(2) 中部	(3) 西部	(4) 东北
	被解释变量：*urban*			
service	0.818 *** (0.076)	0.830 *** (0.067)	0.265 * (0.349)	0.354 ** (0.067)
fin	0.308 *** (0.089)	0.128 * (0.082)	0.386 *** (0.057)	0.784 *** (0.165)
open	-0.521 *** (0.071)	0.208 ** (0.105)	0.807 *** (0.110)	0.122 (0.066)
edu	0.029 *** (0.006)	0.003 (0.003)	0.006 ** (0.002)	0.016 *** (0.004)
uis	0.000 (0.109)	1.075 ** (0.514)	1.016 *** (0.288)	1.345 *** (0.359)
lnf	0.111 ** (0.039)	0.073 (0.067)	1.016 *** (0.045)	0.094 ** (0.031)
年份固定	是	是	是	是
城市固定	是	是	是	是
常数项	9.050 *** (1.260)	5.874 *** (1.155)	7.429 *** (0.830)	14.107 *** (2.668)
样本值	160	96	176	48
R^2	0.901	0.978	0.933	0.970

注：括号内为标准误，*** 、** 、* 分别表示在 1%、5%、10% 的水平上显著。

2. 分经济发展水平分析

经济发展水平可能会对城乡融合水平的发展产生一定影响。经济发展水平较高的地区通常拥有要素流动水平较快、资源利用效率较高。经济发展水平不同的地区在人才吸引力、产业集聚能力和资源优化配置能力等方面都存在较大差异，从而导致现代服务业水平提升和促进城乡融合具有较为明显的异质性。

本研究以人均 GDP 前 15 名和后 15 名为基准，将 30 个省份分为高经济发展水平地区和低经济发展水平地区，以考察经济发展水平对现代服务业与城乡融合关系的影响。从表 5.27 的回归结果看，经济发展水平的作用较为明显，城乡融合的系数在经济发展水平较高的地区显著为正，而在经济发展水平较低的地区则并不显著，其主要的区别在于第三产业的带动作用。这是由于经济发展水平较高的地区会吸引人才、资本、技术等各种要素不断集中，带动区域内人口集聚、资本集聚和技术集聚，并通过资本乘数效应以及物流、信息流的加速效应，进一步增强产业集群效应，促进各类产业特别是第三产业的发展。

表 5.27　　不同经济发展水平回归结果

变量	(1) 经济发展水平较高的地区	(2) 经济发展水平较低的地区
	被解释变量：*urban*	
service	0.433 *** (0.051)	0.185 * (0.033)
fin	0.224 *** (0.067)	0.334 ** (0.056)
open	0.305 *** (0.055)	0.240 ** (0.079)
edu	0.009 *** (0.002)	0.002 (0.002)
uis	0.097 * (0.083)	0.801 (0.372)
lnf	0.0873 ** (0.030)	0.281 * (0.039)
年份固定	是	是
城市固定	是	是
常数项	4.345 *** (0.956)	5.736 *** (0.860)
样本值	240	240
R^2	0.882	0.873

注：括号内为标准误，***、**、* 分别表示在 1%、5%、10% 的水平上显著。

三、结论与建议

（一）结论

我国亟须构建优质高效、结构优化、竞争力强的现代服务产业新体系，与此同时，大力推进城乡融合更是现阶段发展的关键任务，二者紧密交织，相互影响。基于此背景，本节利用我国2005～2020年30个省份的面板数据，探究了现代服务业对于城乡融合的影响。经验证据支持理论分析的结论，即城乡融合水平的提升显著促进了现代服务业的发展。这一结论在经过一系列稳健性检验后仍然成立。

现代服务业可以通过空间溢出、产业集聚显著推动城乡融合的发展。但这种影响对于要素流转并不适用，要素流转削弱了现代服务业发展对于城乡融合的促进作用。异质性分析发现，在经济发展水平较高的地区，现代服务业对城乡融合发展的促进作用更为明显，而在经济发展水平较低的地区，其促进作用则有所削弱。综上所述，本研究全面剖析了现代服务业与城乡融合之间复杂而多元的关系，为后续制定相关政策、优化产业布局以及区域协调发展提供了坚实的理论基石与实证支撑。

（二）政策建议

第一，需要强化空间协同效应。编制“现代服务业—城乡融合”空间规划图谱，在东部沿海地区构建长三角、珠三角、京津冀三大服务业辐射极，通过高铁经济带向中西部梯度延伸。同时，建立跨行政区的数字服务平台联盟，重点发展远程医疗、在线教育、云端会展等新型服务形态，突破地理空间限制。

第二，需要构建要素流转治理机制。开发城乡要素流动监测预警系统，设置资本、人才流动的动态阈值。在人才要素方面，推行“候鸟专家”制度，建立服务人才县域工作积分落户制度；在资本要素方面，设立现代服务业乡村振兴专项基金；在技术要素方面，创建农业服务技术转移中心，从而调动要素充分流转，完善要素治理机制。

第三，实施地区差异化战略。东部地区实施“提质增效”战略，重点发展生产性服务业，建设全球供应链管理中心，试点跨境数据流动试验区，培育数字贸易新业态；中部地区实施“双向赋能”战略，构建“县域服务综合体”，整合电商物流、农技推广、文化创意等功能，打造郑州、武汉等“新型消费枢纽城市”，发展体验式服务业；西部地区与东北地区实施“筑基培育”战略，创新“生态服务价值转化”机制，发展林下经济服务、碳汇交易服务，建设“边境特色服务走廊”，发展跨境旅游、文化贸易等服务。根据不同地区优势及特色，打造不同区域现代服务业发展策略。

第六章
现代服务业促进区域发展案例

现代服务业融合了产业发展和区域发展的路径，推动了城市产业发展和区域产业升级，在国内国际发展新常态以及营造国内国际双循环的大环境下，现代服务业深刻影响了城市群发展。首先，在过去30多年里，我国的城市化进程遵循“人跟着产业走”的发展路径，形成了与此相对应的“房地产＋园区＋港口”或“高速公路＋宽马路”的城市化发展模式。展望未来，要提升我国城市化竞争力，现有发展模式转型势在必行。如今，全新的发展逻辑正逐渐成为我国城市化的关键指引，即“产业资本跟着人才走，人才跟着城市的公共服务和生态环境走”，新的发展逻辑要求新的城市发展模式，即“公共/服务业＋TOD/街区＋机场/高铁＋轨道”。这种模式要求城市发展资源的再整合和城市产业的高效配置，以推动我国城市化朝着更具竞争力的方向发展。其次，从城市群一体化的发展轨迹来看，城市群在我国城市化进程中占据核心地位。作为城市化的主体形态，它汇聚了国家经济的关键要素，是我国参与全球化竞争与合作的前沿阵地。然而，与发达国家和地区相比，我国城市群仍存在一些差距，主要体现在以下几个方面：一是大城市功能过度聚集、各类资源高度集中，承担了过多的经济、社会与公共服务等，未同周边中小城市形成分工合理、协同推进发展、功能深度互补的区域一体化产业体系。这会导致大城市发展在资源、生态等方面面临巨大压力，而中小城市则发展动力不足，从而无法实现趋同发展，区域整体发展失衡。二是城市群在经济、人口集聚等方面快速发展，城市间的联系愈发紧密，对交通的需求与日俱增，但城际交通网络未能与之同步发展，限制了城际各要素的流通，增加了区域内交易成本，削弱了城市群的整体竞争力。三是在区域协同机制上，陈旧的“一亩三分地”的思维定式依然存在。这种狭隘的思维模式会使区域内各主体形成思维定式，缺乏创新驱动力，不利于形成发展合力，“以邻为壑”的困境有待突破。因此，国家提出了京津冀协同发展战略，该战略以产业一体化作为关键突破口，根据各城市的资源禀赋和产业基础，推动产业协同布局与分工合作，促进产业升级与协同发展。同时，将城市群一体化作为空间载体，从区域整体规划出发，统筹城市建设、土地利用、生态保护等多个方面，实现经济、社会、环境、交通、产业“五位一体”协同发展，构建优势互补、互利共赢的区域发展新格局。其中，如何构建城市群的公共服务一体化是城市群一体化的关键所在。在此基础上，不同的城市群具有怎样不同的现代服务业发展路径？这些优先或者协作完成的现代服务业如何促进区域一体化发展？针对这些问题，本研究选取我国代表性的城市群作为案例，具体分析现代服务业如何促进城市群一体化发展。

第一节　现代服务业促进京津冀地区一体化案例分析

一、京津冀地区现代服务业发展概况

（一）京津冀地区总体发展格局与发展现状

根据2015年出台的《京津冀协同发展规划纲要》及后续政策文件，京津冀地区呈现“一核”“双城”“三轴”“四区”的区域格局。其中，“一核”指的是北京位于京津冀城市群协同发展战略的核心地位；“双城”分别指的是北京与天津；“三轴”指的是京津产业带、京保石产业带、京唐秦产业带及相应的城镇聚集轴；“四区”是指中部核心功能区、东部滨海发展区、南部功能拓展区和西北部生态涵养区，不同方位承载不同的功能。通过各自不同的区域定位，京津冀地区正在形成一体有序的区域互补机制，其中北京继续发挥核心功能，在科研创新上发挥引领作用，天津和河北则负责成果转化以及非首都功能的疏解，积极实现向首都靠拢的产业升级和配套设施的改善（具体定位见表6.1）。

表 6.1　京津冀地区的区域定位

地区	区域定位	具体内容
北京市	“四个中心”	全国政治中心、文化中心、国际交往中心、科技创新中心
天津市	“一基地三区”	全国先进制造研发基地、北方国际航运核心区、金融创新运营示范区、改革开放先行区
河北省	“三区一基地”	全国现代商贸物流重要基地、产业转型升级试验区、新型城镇化与城乡统筹示范区、京津冀生态环境支撑区

资料来源：《京津冀协同发展规划纲要》。

三地通过区域间的交通和知识流动，加强联系。在“三轴”发展中强调加快建设“京津冀大数据走廊”，为京津冀协同发展提供更好的数据支撑和网络集聚联系。在“四区”差异化发展格局下，生产性服务业集中在东部滨海发展区，科技成果产业化和高新技术产业发展功能集中在南部功能拓展区，不同的现代服务业类型差异化分布在不同区域内，可以充分发挥当地的比较优势，避免过于集中导致的区域差距拉大。

京津冀网络化综合运输通道基本形成“四横、四纵、一环”的交通格局。在交通基础设施互联互通和仓储物流工作上，京津冀客运一体化程度较高，基本形成了以北京为核心的一小时交通圈和两小时交通圈。其中，一小时交通圈的外延不断扩展，京雄津保“一小时交通圈”已经形成，区域陆路交通网络布局紧密，公路、铁路相互交织，形成了层次分明的交通运输脉络；同时，区域各类交通设施综合运输能力不断增强。现代交通运输为京津冀一体化发展提供了重要支撑，公路与铁路已成为京津冀城市群内城际运输主力，公路凭借着灵活快捷的优势，能够实现“门到门”的便捷服务；铁路通过大运量、低成本的优势，承担了绝大部分的城际货物运输与旅客运输任务；同时，轨道基础设施的建设使得客运能力得到显著提升，极大便利了人物交流和知识互换。随着北京仓储物流外迁，天津逐渐成为京津冀地区的主要物流中心。在航空枢纽领域，京津冀机场群完成了“双核、两翼、多节点”的机场布局，北京与河北共同建设与管理的大兴国际机场临空经济区建设也全面启动。在港口群领域，天津与河北的港口充分挖掘自身资源潜力，协同分工，持续优化。在这一过程中，津冀港口间的合作持续深化。天津港以集装箱干线运输为核心业务方向，调整优化大宗散货运输结构，淘汰落后产能，优化运输流程，提升交通运输水平，积极发展汽车滚装运输和邮轮运输等功能，完善相关基础设施建设，加快建设国际枢纽港。河北港口巩固能源、原材料等大宗散货运输功能，优化运输组织与管理模式，拓展临港产业、现代物流等功能，通过加强与临港工业的深度融合，延伸产业链，促进产业集聚发展。在发展过程中，津冀港口各部门之间保持高效沟通与协作，实现了信息共享、资源互补，共同构建起了高效互动的发展格局。京津冀综合交通服务的协同化升级通过构建智能化信息平台、多层次轨道交通服务体系以及智慧港口网络，有效促进了区域物流效率提升和绿色低碳转型，降低了跨区域协作的制度性成本。

回顾京津冀地区产业发展轨迹，三次产业结构在2014～2022年经历了显著变迁。2014年，三次产业占比为5.7：41.1：53.2，到2022年，这一比例转变为4.8：29.6：65.6。可以明显看出，第三产业比重相较于2014年大幅提升了12.4个百分点，彰显出产业结构持续优化升级的趋势。对比2013年，北京、天津、河北的第三产业发展均取得了长足进步。北京的第三产业比重提升了4.3个百分点，到2022年达到83.8%；天津的提升幅度为7.2个百分点，占比达61.3%；河北则提高了8.4个百分点，占比为49.4%。2021年，北京的法人单位从业人员分布中，第三产业的占比高达84.4%，较2013年增长了6.2个百分点。进一步深入剖析，信息服务业和商务服务业的合计占比为25.5%，同样较2013年提高了6.2个百分点。同年，天津与河北的第三产业就业人员占比分别为60.5%和46.6%，较2013年分别提高了10.9个百分点和15.1个百分点。这些数据表明，京津冀通过产业协同与创新驱动，加速了服务业的集聚效应与就业吸纳能力。这一系列数据变化直观地反映出京津冀地区在产业结构调整过程中，第三产业发展迅速，逐渐成为经济增长的重要驱动力。目前，京津冀地区的优势现代服务业产业主要包括：租赁和商务服务业、科学研究和技术服务业、信息传输、软件和信息技术服务业。从服务业类型来看，天津以金融业为主，北京以综合服务为主，河北则以为制造业提供支持的服务和衔接京津的服务为主；从产出来看，北京占据龙头地位，天津发展迅速，而河北整体发展较慢。①

① 资料来源：历年《北京统计年鉴》《天津统计年鉴》《河北统计年鉴》《国民经济和社会发展统计公报》。

（二）北京、天津、河北的发展规划与现代服务业发展现状

1. 北京市发展规划与现代服务业发展现状

北京市以“一核两翼三圈三轴，两区两带五新双枢纽”为核心构建现代服务业空间格局。“一核”指首都功能核心区，聚焦科技、金融等高端服务业；“两翼”为北京城市副中心与雄安新区，推动京津冀协同发展；“两区”即国家服务业扩大开放综合示范区（2020 年设立）和中国（北京）自由贸易试验区（2020 年成立），叠加政策红利，促进服务贸易创新。根据北京市统计局公布的数据，2022 年北京市服务业实现增加值 3.5 万亿元，占 GDP 的比重达 83.8%，其中数字经济核心产业营收达 2.3 万亿元，占比达 42%，金融科技竞争力指数连续三年位居全国首位（毕马威，2022）。北京 CBD 作为核心承载区，聚集全市 60% 以上的跨国公司地区总部，成为国际商务服务高地。

2. 天津市发展规划与现代服务业发展现状

天津市紧扣“一基地三区”功能定位，重点发展现代服务业。根据天津港集团和中国（天津）自贸试验区管委会公布的信息，作为北方国际航运核心区，天津港 2023 年集装箱吞吐量突破 2100 万标箱，居全球第 10 位。依托中国（天津）自由贸易试验区（2015 年设立）和东疆保税港区租赁创新示范区，金融租赁业务规模达 1.3 万亿元，占全国 80%。根据天津市统计局公布的数据，2022 年服务业增加值 1.4 万亿元，占 GDP 的比重达 62%，其中滨海新区国家会展中心年展会收入超 50 亿元，成为商贸服务新增长极。

3. 河北省发展规划与现代服务业发展现状

河北省以“三区协同”战略推动现代服务业升级，即雄安新区、京津冀协同创新共同体及沿海经济带。根据河北省科学技术厅公布的数据，中国（河北）自由贸易试验区（2019 年设立）覆盖雄安、正定等四片区，2022 年石家庄高新区科技服务业营收达 800 亿元，科技型中小企业超 3 万家。在现代物流领域，曹妃甸港货物吞吐量达 5 亿吨，冀中南公铁联运枢纽初具规模。根据河北省统计局公布的数据，2022 年河北省服务业增加值 1.9 万亿元，占 GDP 的比重达 52.1%，其中雄安新区数字文旅项目投资超 300 亿元，驱动区域服务经济转型。

二、京津冀现代服务业发展的特点

（一）现代服务业集聚效应增强

京津冀地区经济格局中，现代服务业正逐步崛起，成为推动区域经济增长的全新动力。在优化提升传统工业企业的过程中，现代服务业的产业基础得以持续稳固，高新技术服务业的聚集效应在京津冀地区愈加凸显。截至 2018 年，京津冀地区高新技术服务业企业法人单位数量占全国的比重已达 16.8%。在北京，现代服务业的地位已经牢固确立，是支柱产业的关键增长点，也是经济发展的关键增长点。2018 年北京市现代服务业增加值高达 18601.3 亿元，在地区生产总值（GDP）中的占比更是高达 61.3%。在传统服务业占比下降的同时，高端发展趋势明显。2018 年北京市科技信息服务业企业法人单位占全市二三产的 23.4%。与 2013 年相比，由科研与技术服务业共同构成的科技信息服务业，以及信息传输、软件与信息技术服务业，占比均提升了 4.5 个百分点；而法人单位中批发和零售业所占比重较 2013 年减少了 2.7 个百分点，为 27.7%。在天津，技术含量高的服务业的发展呈良好态势，稳步增长。全市第二、三产业中科技信息服务业企业法人单位所占比重为 14.8%，较 2013 年提高了 4.9 个百分点。河北省的高技术服务业相对于北京、天津而言，虽然所占比重比较低，但是增长速度最快。2013 ~ 2018 年，河北省科技信息服务业企业法人单位数实现了 550.7% 的大幅增长。①

（二）创新合作更加密切，数字经济成为增长新引擎

京津冀三地签署了《关于协同创新共同推进京津冀协同创新共同体建设合作协议（2018—2020 年）》《京津冀协同创新发展战略研究和基础性研究合作框架协议》等一系列合作协议，在政策互动、资源共享、市场开放等方面进行了积极探索并取得了显著成效，在协同创新的基础上，提出了协同创新的合作协议，并进一步引申出“协作创新”这一概念。在专利申请方面，相关

① 资料来源：历年《中国高技术产业统计年鉴》《北京统计年鉴》《天津统计年鉴》《河北统计年鉴》。

数据清晰展现了京津冀地区的格局特点。从国内三种专利申请授权量来看，北京在京津冀地区首屈一指，同时在全国也位列前茅。根据2020年发布的《河北蓝皮书：京津冀协同发展报告（2020）》，2018年北京市的专利申请授权占比高达53.6%，凸显出其在区域专利申请授权领域的强劲实力与领先地位。纵观2014～2018年这一阶段，京津冀联合授权专利呈现出积极的合作态势，累计总数达到4278件。再细分一下，北京和天津的专利联合授权量为1798件，在所有专利联合授权量中所占比例为42.0%；而京津冀三地联合授权专利拥有量的占比更是在2013年高达47.1%。这组数据直观地表明，北京在京津冀区域专利合作进程中扮演着不可或缺的关键角色，是推动区域专利事业协同发展的核心力量。从技术行情维度来看，其发展态势同样引人注目，主要表现在以下两个方面：一是京津冀技术交流合作在2014～2018年愈加紧密，北京输出到天津和河北的技术合同成交额实现跨越式增长，成交额从2014年的83.2亿元一路攀升至2018年的227.4亿元，以年均28.6%的增长率强势上扬。对比而言，北京流向外省（区、市）平均年技术合同成交额增长率为15.0%。可见，北京向天津和河北地区平均年出口技术合同成交额的增长速率约为流向外省（区、市）的1.9倍。不仅如此，在流向外省（区、市）技术合同交易额中，北京对天津和河北输出的技术合同成交额所占比例也从4.8%稳步提高到7.5%，整整上升了2.7个百分点。这一系列数据深刻揭示出，北京与津冀地区在技术领域的合作不仅规模不断扩大，其在对外技术输出格局中的重要性也日益凸显。二是北京对津冀市场渗透的影响力越来越大。2014年，天津和河北的技术合同成交额中，有19.9%来自北京。经过五年的发展，到2018年，这一比例成功提高到了22.6%，增加了2.7个百分点。这清晰地表明，北京对天津、河北区域技术市场的辐射带动效应正以其技术优势和创新活力逐年递增，有力地促进了京津冀区域技术市场的协同发展与繁荣。

三、京津冀地区协同发展的事实分析

（一）收入差距的降低

在京津冀地区，河北的居民人均可支配收入最低与收入最高的北京之间的绝对差距仍然存在，但从落实京津冀协同发展战略的角度来看，这一差距的缩小对于促进优质协同发展意义重大。特别是在经济增长和居民收入提升方面，京津冀地区的经济总量持续增长，北京和河北的经济总量均超过了 4 万亿元。2021 年京津冀三地 GDP 总量已达 9.6 万亿元，与 2013 年相比增长了 1.7 倍。具体来看，2013 年以来，北京 GDP 达40269.6 亿元，年均增长6.3%；天津实现 GDP 15695.1 亿元，年均增长5.0%；河北 GDP 为40391.3 亿元，同样以年均6.3%的速度增长。同时，居民收入稳中有升，城乡差距有所缩小。2021 年，京津冀三地全体居民人均可支配收入分别达到 75002 元、47449 元和 29383 元，年均名义增速分别比 2013 年提高7.9%、7.6%和8.6%。统计数据显示，京津冀地区基尼系数逐年下降，其中河北从 2018 年的0.45 下降到2022 年的0.42，表明收入分配公平性在逐步提高。从城乡收入差距看，河北农村居民人均可支配收入持续增长，城乡收入比在 2022 年缩小到 2.132∶1，收入差距逐步缩小的趋势在城乡之间已经有所显现。①

（二）产业转移和产业布局改善

在经济结构调整方面，北京作为国家中心城市，面临着环境保护和资源限制的双重压力。根据北京市生态环境局统计，2022 年全市共有 909 家重点碳排放单位（年二氧化碳排放量 5000 吨及以上）、388 家一般报告单位（单位年综合能耗 2000 吨标煤及以上）。其中，属于一般报告单位的企业虽未达到重点碳排放单位标准，但在严格执行政策、对企业进行改造的情况下，其年度综合能耗总量仍呈逐渐下降趋势。这些污染企业主要集中在重工业、化工业和制造业。例如，曾是北京最大的钢铁生产企业的首钢集团在环保政策加强的情况下，从北京迁出了部分生产线；涉及化学品生产研发的企业可能存在一定的污染排放问题；以生产化肥、化工产品为主的企业一直存在环境污染问题；涉及纺织业的企业可能产生废水、废气。

为了减轻污染并改善生活质量，政府积极推动产业转移。随着北京及天津的工资水平逐年上升，企业逐渐将部分劳动密集型产业转移至河北等成本相对较低的地区。具体而言，许多传统制造业企业，尤其是在钢铁、化工等

① 资料来源：历年《北京统计年鉴》《天津统计年鉴》《河北统计年鉴》。

重污染行业，选择向河北迁移。河北通过一系列政策吸引这些企业，以推动产业结构优化。同时，天津市政府也出台了一系列政策，包括为企业提供税收优惠、租金补贴等，鼓励北京非首都功能疏解和一些产业向天津转移，如制造业、物流业等，吸引外来投资。此外，部分高新技术企业在推动产业转移后，开始在河北建立研发和生产基地，形成了“北京研发、河北生产”的模式。

随着京津冀协同发展，区域内涌现出一批专业化的产业集群，如生物医药、信息技术和新材料等，推动产业链进一步完善，并产出了一批具有代表性的企业。例如，百度作为中国最大的搜索引擎，百度在人工智能（AI）领域持续投入，推出了多款 AI 产品，如百度智能云和自动驾驶技术 Apollo。近年来，百度逐渐从传统广告业务转型，强调科技赋能和生态建设。京东在电商领域迅速扩张，创新了物流模式，建立了无人仓库和无人机配送等。2021 年，京东推出“京东云”，进一步拓展了云计算及大数据服务。在生物医药领域，华大基因专注于基因组学研究，推出了多款基因检测服务，推动了个性化医疗和精准医学的发展。作为国内顶尖医院，北京协和医院的医疗研究及临床实践不断推进，参加多项国家科研课题特别是在新药研发及精准医疗方面取得重要进展。此外，中国航天工业已成为国家重点扶持的战略产业，航空航天领域的研发和生产能力不断提高，尤其是无人机、航空发动机的技术日益成熟。各地区之间促进技术共享和创新，通过建立科技合作平台，促进产业整体升级。

同时，高铁和快速公路等交通设施的建设便利了产业间的协同运作，提升了区域内物流效率。例如，北京至河北的高铁线进一步缩短了两地的通勤时间，促进了人才和资源的流动。在产业转移和布局方面，京津冀地区通过政策引导、基础设施建设和市场合作等多方面的努力，取得了显著成效。这一举措既促进了区域内经济发展水平的提升，同时也为实现可持续发展打下了良好的基础。未来，随着协同发展战略的进一步落实，产业布局将得到持续优化，为区域经济的高质量发展提供动力。

（三）环境质量改善

京津冀地区由于工业化进程较快，治理难度较大，长期受到大气、水体、土壤污染等问题的困扰。为应对这些环境问题，该地区联合推出了绿色发展政策，积极推广风能、太阳能等可再生能源。众多企业纷纷响应这一号召，如中国大唐集团有限公司，作为国内能源行业的领军企业，在可再生能源领域展现了强大的实力。该公司在京津冀地区推动了风能和太阳能等可再生能源项目，并致力于相关研究与技术合作。同样，作为国内重点发展的能源企业，中国华电集团公司也积极布局可再生能源，在京津冀地区建设了若干风能和太阳能发电项目，并积极促进可再生能源的开发与应用。北京中电龙泉寺风电场是位于北京市门头沟区的大型风能发电项目，由中电投新能源有限公司负责开发和建设。该项目为京津冀地区提供清洁能源，助力有效利用可持续的风能资源。

此外，京津冀地区建立了全面的空气质量监测系统，能够提前发布预警信息，并及时采取措施应对空气污染。根据生态环境部公布的数据，截至2023年，北京、天津、河北三地在改善空气质量方面取得了优异的成绩。一是PM2.5年均浓度明显下降。2023年，北京下降到32微克/立方米，天津下降到41微克/立方米，河北下降到38.6微克/立方米。相较于2013年，北京的降幅达64.2%，天津的降幅为57.3%，河北的降幅达64.3%，均实现了约60%的下降。值得一提的是，北京的PM2.5年均浓度连续3年稳定达标。二是重度污染天数明显下降。2023年，北京重度污染天数比2013年减少了50天，天津减少了37天，河北减少了69天，污染程度明显下降。以北京为例，与2013年相比，其PM2.5日峰值浓度下降了58%。同时，2023年北京的优良天数比2013年增加了95天，天津增加了87天，河北增加了121天。在北京，PM2.5优良天数所占比例高达90%，最长连续优良天数由2013年的13天激增至192天，由不足半月延长至超过半年。

京津冀三地在水环境治理方面所取得的成绩同样令人称道。劣V类水体断面已全面消除，国家地表水考核断面水质优良比例均达到“十四五”国家目标要求。北京密云水库、怀柔雁栖湖入选美丽河湖优秀案例，“碧水碧岸、鱼翔浅底”的自然美景逐渐成为市民日常生活的一部分。

第二节　现代服务业促进粤港澳大湾区协同发展案例分析

一、粤港澳大湾区现代服务业发展概况

（一）粤港澳大湾区总体发展格局与发展现状

粤港澳大湾区不仅是我国开放程度最高、经济活力最强的区域之一，而且在国家发展大局中具有重要的战略地位，其区域格局可以概括为“一二三四”格局，即一个国家、两种制度、三个关税区以及四个核心城市。具体而言，“一个国家”是指中国；“两种制度”是指一国两制，即在中国内地实行社会主义制度，在香港、澳门特别行政区实行资本主义制度；“三个关税区”是指广州、香港与澳门，作为独立关税区域实行与其他地区不同的关税税率和贸易法规；“四个核心城市”指的是香港、澳门、广州、深圳。粤港澳大湾区依据区域内各城市之间不同的功能定位（见表 6.2），发挥各自的优势，全面做优做强。其中，香港在国际金融、贸易等方面提高与增强其中心地位；澳门则积极建设旅游产业以及文化交流产业；广州进行综合性的发展，在教育、交通、贸易等方面发挥引领性作用；深圳作为创新型城市，努力通过各项政策措施提高其作为创新创意之都的世界影响力与国际地位。各城市坚持极点带动、轴带支撑、辐射周边，利用资源禀赋等优势条件，通过交通网络及知识流动推动各类要素在大湾区内高效流通与优化配置，推动粤港澳大湾区协同发展。

表 6.2　粤港澳大湾区的区域定位

城市	城市职能
香港	国际金融、航运、贸易中心；国际航空枢纽；全球离岸人民币业务枢纽，强化国际资产管理中心功能；亚太区国际法律及解决争议服务中心、国际大都会
澳门	世界旅游休闲中心；中国与葡语国家商贸合作服务平台；以中华文化为主、多元文化共存的合作交流基地

续表

城市	城市职能
广州	国家中心城市和综合性门户城市对外枢纽；国际商贸中心，提升科技教育文化中心功能，建设国际大都市
深圳	经济特区，全国性经济中心城市，国家创新型城市，现代化国际化城市，具有世界影响力的创新创意之都

资料来源：《粤港澳大湾区发展规划纲要》。

在区域交通基础设施层面，粤港澳大湾区努力实现内部各项基础设施互联互通，对外畅达交通，对内完善联通，形成布局合理、集约高效的基础设施网络。在港口群方面，广州、深圳增强其一体化运输效能，提升港口基础设施水平，优化港口设施布局，与香港实现优势互补与协同发展；香港进一步巩固其作为国际航运中心的地位，同时完善其船只导航体系、商业机制辅助以及法律争议服务，依托港口群的现代化建设，旨在维持各港口在国际上的竞争优势，并在积极对接粤港澳产业链中形成协调发展。在航空枢纽方面，实施跑道建设与机场改扩建，扩大航空网络，保持各自的发展优势，基于各城市独特的职能与定位，促进粤港澳大湾区内各城市机场间的不同功能的良性协作与机场职能的差异化发展。在客货运输方面，加快推进联运服务，同时促进新型科创技术在交通运输领域的应用。在对外交通运输方面，完善粤港澳周围各省份的交通运输网络，以支持轴带支撑以及辐射周边的战略发展。同样，在能源、水资源以及信息等方面也不断完善相关服务与功能。粤港澳地区力求构建“小时达”，高效率完成城市间不同交通方式的转变，促进人员、物资、信息等要素在各区域之间的便捷流动，以此协同并支持粤港澳地区现代服务业发展。具体而言，粤港澳大湾区正在推进“一小时”城市圈的规划布局，其核心在于加强内陆地区与澳门、香港，以及珠江口东西两侧城市的连接，再依据“一小时”城市圈的发展规划，形成一个高效和高质量的城际交通网络。“一小时”城市圈旨在确保大湾区核心城市之间的交通往来能在大约一小时内完成，进一步推动区域间的无缝对接与协同发展。以商务核心区为核心，“一小时”城市圈逐步向外圈辐射，并在此过程中积极推动新口岸项目的规划与实施，意在进一步强化港澳两地与内地之间的交通互联互通，促进“一小时”城市圈之间不同交通运输方式的高效对接与转换。

从现代产业发展态势来看，目前粤港澳大湾区呈现出“三、二、一”的产业发展格局。根据国家统计局公布的数据，2023 年三次产业结构为 1.4∶34.1∶64.5；分城市来看，香港、澳门的第三产业高度繁荣与发展，其在 GDP 中所占比重分别为 93.6% 与 92.3%，广州、深圳的第三产业占 GDP 比重分别为 73.3% 与 62.3%，可见第三产业已经成为支撑粤港澳大湾区经济增长的主要力量。到 2023 年，粤港澳大湾区的第三产业企业占比约为 55.8%，比 2013 年（46.1%）提高了 9.7 个百分点。与全球其他三大湾区相比，目前粤港澳大湾区的优势服务业展现出了强劲的竞争力和独特的发展态势。在这些服务业领域，金融科技服务业凭借其创新的技术和前瞻性的金融理念，成为推动粤港澳大湾区经济发展的重要引擎；物流与供应链服务业则依托粤港澳大湾区便捷的交通网络和完善的物流体系，为全球贸易和供应链的高效运作提供了有力支持；同时，专业服务业（如法律、会计、咨询等）也展现出高度的专业性和国际化水平，为粤港澳大湾区的企业和个人提供了优质的服务和保障。根据 2022 年《粤港澳大湾区蓝皮书》，这些优势服务业占粤港澳大湾区 GDP 的比高达 64.5%，这一比例不仅远超全国平均水平，而且与全球其他三大湾区相比也毫不逊色。具体来说，这一占比超出了全国平均水平 9.9 个百分点，凸显了粤港澳大湾区在服务业领域的领先地位和巨大潜力。这一成绩的取得离不开政府的政策支持、企业的创新发展以及人才的不断涌入。未来，随着粤港澳大湾区经济的持续发展和产业结构的不断优化，相信这些优势服务业将会迎来更加广阔的发展空间和更加美好的发展前景。分区域来看，粤港澳大湾区内部各地区优势产业结构互不相同，香港的优势产业以金融服务、专业服务等为主，处于国际领先水平；澳门的优势主导产业为博彩业，同时融合会展、中医药等多种现代服务业多元发展；广州与深圳则在战略性新兴产业（如数字经济产业、信息技术产业）方面快速发展。粤港澳大湾区内部产业协同分工主要通过产业空间的向外延伸，引领人口向周边城市带流动，由此塑造粤港澳大湾区内部各具特色、差异化的发展定位。不同城市的产业分工推动了粤港澳大湾区创新发展，在专利发明、新兴产业发展等方面保持良好发展态势。《粤港澳大湾区协同创新发展报告（2022）》显示，2017～2021 年粤港澳大湾区共计公开了 176.9 万件发明专利，年均增长率在全球四大湾区位列第一，PCT 专利以及同族专利皆位于四大湾区前列。广州、佛山、香港与澳门等不同城市之间加强了专利合作，这一举措进一步促进了不同创新主体间在不同服务业领域的协同互动与创新联系。在新兴产业方面，珠江东岸地区集中于电子信息领域的创新，香港与深圳的合作着重于数据信息领域的创新，澳门与珠海的专利合作主要包含生物学、机械设备等，可见粤港澳大湾区内部产业分工推动了粤港澳大湾区全面协同发展。

（二）广东、香港、澳门的发展规划与现代服务业发展现状

1. 广东省发展规划与现代服务业发展现状

广东省充分利用“双区”作为改革开放的试验场和展示窗口的定位，借助“双区”建设契机，切实推进“一核一带一区”这一具有前瞻性和战略性的区域发展布局，对传统产业进行全面且深入的转型升级，提高传统产业链附加值，强化并扩大战略性支柱产业的规模与实力，推动支柱产业向高端化、绿色化、智能化方向发展，同时积极培育和发展战略性新兴产业，为经济发展提供新的增长点，并加速推进现代服务业的发展，带领全省协同发展，推动建设更具国际竞争力的现代化产业体系。2017～2022 年，广东省的第三产业产值不断增长。2022 年，广东省第一产业产值为 5340.36 亿元，占 GDP 的比重为 4.1%；第二产业产值为 42843.51 亿元，占 GDP 的比重为 40.6%；第三产业产值为 70934.71 亿元，占 GDP 的比重为 55.3%（见图 6.1）。从纵向来看，第三产业产值不断增长，从 2017 年的 49500.68 亿元增长到 2022 年的 70934.71 亿元（见表 6.3），占 GDP 的比重也始终保持在 50% 以上，总体发展势态良好，尤其是金融业、高新技术产业等稳健运行。

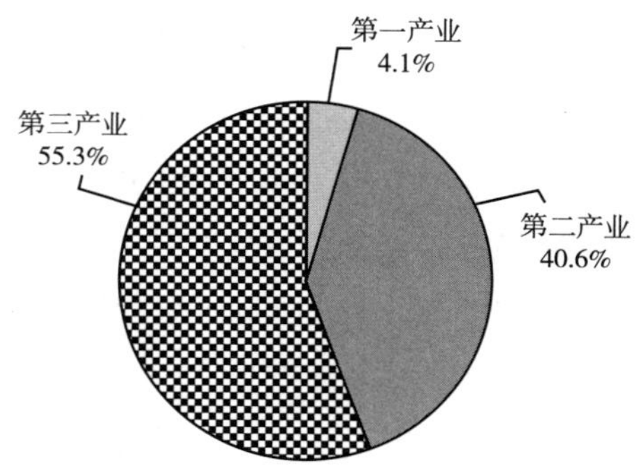

图 6.1　2022 年广东省 GDP（最终核算）构成

资料来源：《2023 年广东统计年鉴》。

表 6.3　2017～2022 年广东省第三产业总产值

年份	第三产业总产值（亿元）
2017	49500.68
2018	54710.37
2019	60268.10
2020	62550.84
2021	69179.04
2022	70934.71

资料来源：历年《广东统计年鉴》。

2022 年，广东省现代服务业展现出强劲发展势头，在服务业中的增加值占比攀升至65.2%，较上一年度提升了0.3 个百分点。与此同时，全省规模以上服务业企业的营业收入总和达到了 44706.58 亿元，同比增长 2.1%。2023 年，全省范围内规模以上服务业企业的营业收入同比增长 8.1%。[①] 从整体上看，广东省现代服务业发展态势良好。广东正着力推动生产性服务业与生活性服务业的全面发展，实现服务品质的提升和产品种类的多样化，为现代服务业提供多轮驱动，同时大力发展金融、信息技术、咨询等现代服务业，壮大广东省自身经济发展，发挥广州等国家创新型城市的引领作用，培育新兴产业（如人工智能、生态科学、物联网等）发展壮大。此外，广东加强与香港、澳门现代服务业的深度合作，在金融服务业、专业化服务等主要现代服务业领域做到不同城市间比较优势互补，全面协同发展。与此同时，广东积极推动行政审批改革，取消和下放了一批省级行政审批事项，降低了现代服务业的市场准入门槛。

具体而言，2022 年广州市的 GDP 达到了 28839 亿元。其中，第一产业（农业、林业、牧业和渔业等传统领域）的产值达318.31 亿元，第二产业的产值达7909.29 亿元，而第三产业（服务业）的产值高达20611.4 亿元；一二三产业占 GDP 的比重为 1.1∶27.4∶71.5，其中第三产业占比最高，有效拉动了广州市的发展。[②] 由图 6.2 可以看出，第三产业对于广州市的经济发展起着核心作用，在大多数年份拉动经济增长 5 个百分点以上，远高于第一产业与第二

①② 资料来源：历年《广东统计年鉴》。

产业对于经济的拉动。从现代服务业层面看，根据《广州市服务业发展“十四五”规划》，2020年广州市现代服务业产值达到4000亿元，产业产值年均增长7.6%；全市现代服务业增加值为11801.22亿元，占据了服务业增加值的半壁江山，达到65.1%，这一比重更是彰显了现代服务业在广州市服务业中的主导地位。在金融服务业这一关键行业中，其增加值已突破两千亿元大关，实现了年均8.0%的增长，这一增速还超出了同期广州市现代服务业平均增速0.4个百分点；金融服务业占据全市现代服务业增加值的18.7%。随着数字经济的蓬勃发展和数字化转型的加速推进，该行业的营业收入实现了同比增长5.3%的佳绩，科学研究和技术服务业作为广州市创新驱动发展的重要支撑，同比增幅高达6.6%。2023年全市规模以上服务业企业营业收入同比增长11.0%，增速升至年内最高，现代服务业整体发展保持良好状态。

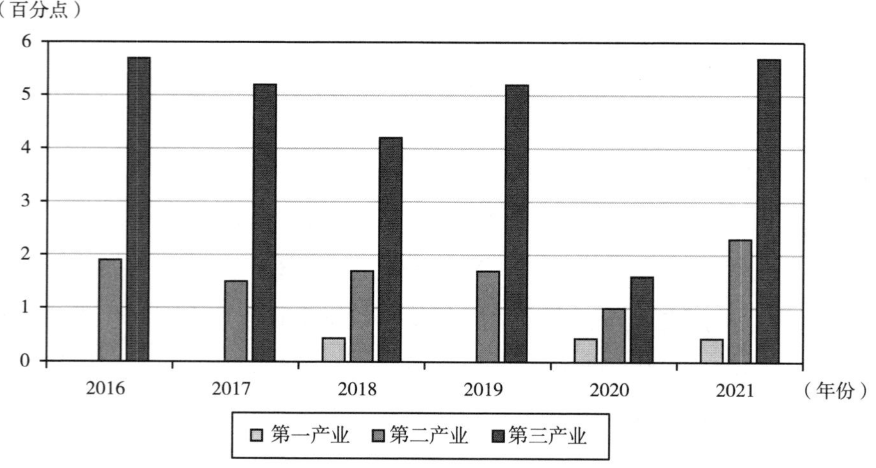

图6.2　2016~2021年广州市第一、第二、第三产业对GDP的拉动

资料来源：历年《广州统计年鉴》。

据《深圳都市圈发展规划》，深圳都市圈总体呈现出“一主两副一极四轴”的发展格局，实现中心城市引领、经济轴带支撑、协同联动。其中，深圳作为主中心，着重强调发展现代服务业，形成具有国际竞争优势的现代产业体系。就深圳市第三产业而言，2022年深圳市第三产业规模为20142.32亿元，占GDP的比重为62%。近年来，深圳市第三产业的GDP占比始终高于一二产业（见图6.3），全市规模以上服务业企业盈利收入为21372亿元，第三产业的从业人员占比保持在60%以上，显示出第三产业在推动深圳经济发展中的重要地位。在现代服务业方面，依据《深圳市“十四五”服务业发展规划》，2020年深圳市现代服务业实现增加值13084.4亿元，占服务业整体增加值的比例高达76.1%，体现了现代服务业在深圳市服务业中的主导地位。具体而言，2022年，深圳市金融服务业增加值5137.98亿元，增长8.2%；规模以上服务业企业中，金融服务业营业收入增长9.0%，物流业增加值3302.23亿元，较上一年增长4.0%。金融、物流、文化等现代服务业正处于加速发展的态势，占GDP的比重大约为30%，推动了城市经济实现更高质量与可持续发展。

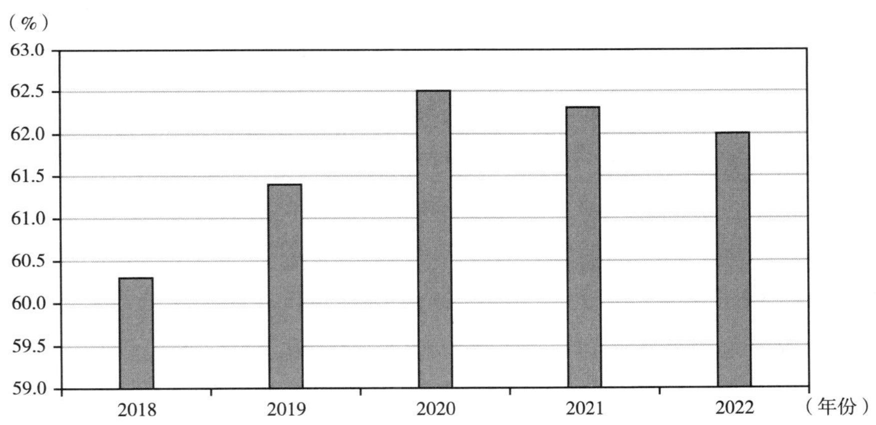

图6.3 2018~2022年深圳市第三产业占GDP的比重

资料来源：历年《深圳统计年鉴》。

2. 香港发展规划与现代服务业发展现状

根据《香港2030+：跨越2030年的规划远景与策略》，香港的发展呈现出鲜明的地域特色，南部地区侧重于国际金融服务领域，北部地区则全力推动世界一流的创新科技产业发展。

从整体发展规划来看，香港主要围绕一个都会商业核心圈、两个策略增长区，以及三条发展轴展开。具体而言，“一个都会商业核心圈”包括多个关键区域，主要有历史悠久的中环等传统商业核心地带、被视作第二商业核心区域的九龙东，以及位于东大屿都会区的第三个商业核心区域。这三个商业核心圈集中发展自身的优势产业，不断壮大不同类型的现代服务业。传统的商业核心区专注发展高附加值的金融服务业及前沿的工商业支援服务；东大屿都会作为市区核心的延伸，通过综合规划，提供土地来支持商业机构，让金融服务业、文创产业有了更多的发展空间，致力于香港服务业全面繁荣发展，进一步强化了香港作为国际金融中心与枢纽的全球地位。“两大策略增长区”以东大屿都会区和新界北部为核心进行布局，有效利用未开发的土地，发展现代化产业。“三条发展轴线”具体指的是西部经济走廊、东部知识与科技创新走廊以及北部经济发展带。其中，西部经济走廊聚焦香港的传统产业，致力于促进商业繁荣与物流行业的发展，同时紧抓与粤港澳大湾区、珠三角等地区的合作机遇，推动整个地区进一步发展；东部知识与科技走廊多为知识型产业，为香港地区的高质量创新发展提供不竭的生产力；北部经济带聚焦新型科技产业，侧重于仓储、科学研究、现代物流等辅助性功能的发展，并着力培育新兴产业，让东西部走廊产生更多的协同效应。

就具体发展数据而言，如表 6.4 所示，香港的第三产业在整体经济中占据主导地位，其占 GDP 的比重一直保持在 90% 以上，且从 2017 年至 2021 年这一比重持续增加。其中，金融服务业的发展尤为亮眼，2018 年香港金融服务业增加值占 GDP 的比重攀升至 19.9%，较上年增长 0.9 个百分点，此后继续增长，2019 年金融服务业进一步巩固其支柱产业地位，其产值增加值占 GDP 的比重达到 21.2%，贸易物流业以及专业服务业等现代服务业增加值占 GDP 的比重分别为 19.8% 与 11.9%，信息科技服务业占 GDP 的比重为 16.4%。金融、物流、专业等现代服务业不断高端化、高增值化，四大支柱产业在经济贡献、就业吸纳等方面都发挥着重要作用，并不断向数字化、高增值的方向发展。

表 6.4　　2017～2021 年香港各产业占比　　单位：%

年份	第一产业	第二产业	第三产业
2017	0.07	7.5	92.4
2018	0.07	6.8	93.2
2019	0.08	6.5	93.4
2020	0.10	6.4	93.4
2021	0.08	6.3	93.6

资料来源：香港特别行政区政府统计处。

3. 澳门发展规划与现代服务业发展现状

澳门推行实施“1 +4”经济适度多元化发展策略，其中“1”表示优化与强化综合旅游休闲业的精品化程度，“4”是指重点培育四大产业，即中医药健康产业、现代金融服务业、高新技术产业以及会展商贸与文化体育产业的繁荣发展。具体而言，澳门地区发展格局可概括为“一中心一平台一基地”。其中，“一中心”是指建设世界旅游休闲中心。明确综合旅游休闲业的主要任务包括推进“旅游 +”融合发展、开发和优化旅游产品、加强政企合作、扩展客源及开拓多元市场、深化与粤港澳大湾区和横琴粤港澳深度合作区（深合区）的合作、推动博彩业依法健康发展等，同时加强数字创意在旅游休闲领域的应用。“一平台”是指中国与葡语国家商贸合作服务平台。加快建立起国际金融枢纽，致力于构建葡语国家的人民币清算中心，以此承载并推进中国与葡语国家在金融领域的服务交流与合作，并深入探索具有独特性的金融服务路径，发展绿色金融、中葡金融；培育具有影响力的会展商贸品牌，推动商务服务、流通服务等生产性服务业向更专业化方向迈进；对于健康服务、家庭服务等生活性服务业，努力提升其精细程度与品质水平。同时，大健康产业平台也在稳步推进，研发的药物已进入内地医疗机构运用。目前，不同的新兴产业协同发展，对经济增长产生了较好的叠加效应。“一基地”是指以中华文化为主流、多元文化共存的交流合作基地。

从第三产业的发展情况来看，澳门经济发展主要由第三产业拉动，从澳门 GDP 结构的变化（见图 6. 4）可以看出，第三产业占据举足轻重的地位，其平均占比高达 90% 以上，成为澳门经济发展的坚实支柱和主要动力源泉。在现代服务业方面，2018 年专业服务业就业人员达到 1. 87 万人，占总就业人口的 4. 34% ；2018 年文化产业收入达到 6103. 77 元，相较于前一年实现了显著的增长，增加了 2207. 54 元，这一增长显示了文化产业在澳门经济中的活力与潜力；2022 年，金融服务业增加值为 164. 11 亿元，年增长 8. 1% ，GDP 占比为 17. 2% ；运输仓储及通信业的 GDP 占比为 3. 2% ；其他现代服务业也有效拉动了澳门地区经济增长。

4. 粤港澳大湾区现代服务业发展规划

服务业的蓬勃发展对于粤港澳大湾区实现从规模优势向综合实力飞跃的战略转变具有至关重要的作用，进一步提高粤港澳大湾区发展水平必须重点加强

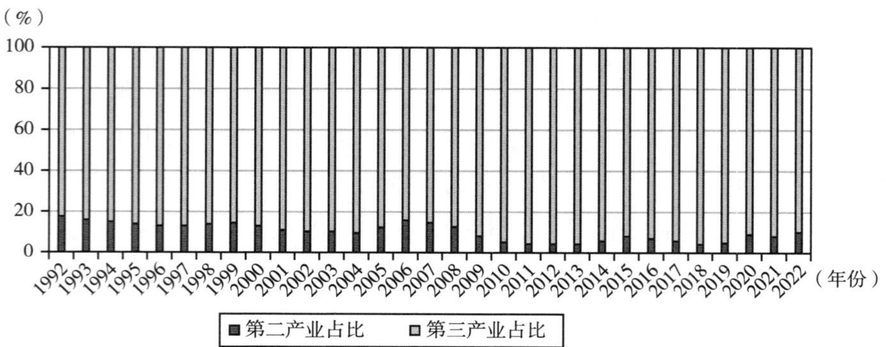

图 6.4　1992～2022 年澳门 GDP 产业结构变化

资料来源：经济观察报。

现代服务业发展。

首先，要增强现代服务业发展意识。在《粤港澳大湾区发展规划纲要》的总体指导下，不断精进、优化并构建“1 + n + x”的政策体系，增强各部门以及各企业对于现代服务业发展的意识，促进有关部门围绕科技创新、基础设施、商务、金融、民航等出台相关文件，增强粤港澳大湾区金融、科技服务、专业服务等创新意识，贸易自由化与拓展国际市场等开放意识，区域产业协同意识，物流供应链等绿色发展意识，专业化与品牌建设等服务意识，通过意识观念方面的提升促进粤港澳大湾区现代服务业各项举措的实施，继续发挥自身优势，加强创新驱动发展，深化粤港澳大湾区区域合作，推动现代服务业高质量发展。

其次，要推动重点区域快速发展。粤港澳大湾区现代服务业的合作区（如前海深港现代服务业合作区、横琴粤澳深度合作区）要深化与香港在金融、物流、科技服务等领域的合作，探索制度创新，吸引各类现代服务业集聚，完善各类体制机制，推动服务贸易自由化进程，深化对外开放程度，使营商环境提升到世界一流水平。

最后，在产业规划方面，主要从金融服务业、专业服务业、科技服务业、物流服务业以及文化和旅游业五方面进行布局。在金融服务业方面，强化并提升香港作为世界级国际金融中心的领先地位，加强广州、深圳等城市的金融服务功能，打通基础金融服务，有序推进金融市场互融互通，如持续支持两地移动支付方式互联互通，提高两地居民支付体验，依托深港合作、大湾区开放平台，探索人民币个人资本项下开放试点，包括“跨境理财通2.0”以及便利香港居民购房等，为粤港澳大湾区实体经济提供不同类型的金融服务。在专业服务业方面，推动粤港澳三地携手共建专业服务机构平台，加速会计审计、法律及争议调解服务、管理咨询顾问、建筑设计与相关工程等领域的专业服务发展，提升粤港澳大湾区专业服务质量与国际水平接轨。支持香港的专业服务机构向内地拓展，内地机构向香港专业服务学习，共同为粤港澳大湾区提供高质量专业服务。在科技服务业方面，加大对科技创新的投入，培育和引进一批科技服务机构，为企业提供技术研发、知识产权保护等服务，壮大新兴产业，增强粤港澳大湾区内部科技资源的共享与协同创新能力，以促进科技成果的有效转化与应用，促进科技服务业与制造业的紧密结合，为粤港澳大湾区的产业升级和经济可持续发展注入强劲动力。在物流服务业方面，促进粤港澳三地物流领域的合作与进步，依托粤港澳大湾区的港口、机场等基础设施建设，优化物流网络布局，积极促进第三方物流与冷链物流的蓬勃发展，着力提升供应链管理的整体效能，强化物流信息化体系的建设，驱动物流企业向智能化转型，致力于构建具有国际影响力的物流枢纽，提升粤港澳大湾区在全球物流供应体系中的竞争力。在文化和旅游业方面，加强粤港澳文化创意产业的深度合作，逐步且有序地推动市场开放进程，共同塑造具有国际广泛认知度的文化旅游品牌与项目，如主题公园、文化创意产业园等，吸引国内外游客，增强粤港澳大湾区文化影响力与旅游吸引力。

粤港澳大湾区在现代服务业发展方面具有得天独厚的优势。通过不断创新和合作，粤港澳大湾区的现代服务业将继续保持快速发展，为粤港澳大湾区区域经济的蓬勃发展以及国家发展实力的进步贡献更多的力量。

二、粤港澳大湾区现代服务业发展的特点

（一）创新协同驱动服务业创新

第一，粤港澳大湾区各城市在产学研合作方面各有特色和优势。例如，河套深港科技创新合作区深圳园区吸引了众多项目签约入驻；深圳光明科学城作

为大湾区综合性国家科学中心先行启动区的重要组成部分，有多个科技创新载体陆续落地并投入使用。以河套合作区为代表的一些区域，积极推动科研创新发展。河套深圳园区实质推进和已落地高端科研项目逾150个。深圳和香港在合作层面，如香港科学园深圳分园的设立，两地共同推进园区协同发展，研究提供跨境服务及便利科研人员进出的措施等。在“澳门研发＋横琴转化”方面也渐入常态，截至2023年10月，珠海澳大科技研究院累计获得超过150项政府科技资助项目，开展联合研发、委托研究等商业项目超过100项，项目总金额超2亿元，并积极携手知名企业共建联合实验室，推进科研成果转化。在大湾区内的核心引擎城市，香港拥有16个国家重点实验室和6个国家工程技术研究中心，高校科研水平高，同时香港作为国际金融中心，为产学研合作提供强大的金融支持；澳门积极推动中医药产业的国际化发展，通过产学研合作，致力于将中医药科研成果转化为具有国际竞争力的产品；广州在拥有众多高水平高校和科研机构之余，还建有多个科技成果转化基地，如广州（国际）科技成果转化天河基地；深圳通过“源头创新—技术攻关—成果转化—产业集群”的全链条联动机制，实现了基础研究与产业应用的深度结合；作为大湾区的重要节点城市之一，珠海凭借自身较强的制造业基础，承接深圳等地的科技成果转化，同时通过与澳门的合作，共同推进中医药、高新技术等领域的产学研合作。

第二，粤港澳大湾区服务业的数字化是区域经济发展中的关键亮点，正重塑着服务业的生态与格局。在这个过程中，多种前沿技术深度融合与应用。例如，5G网络如同高速信息通道，赋予了服务业新的活力。对于跨境电商等贸易相关的服务领域，高速稳定的5G网络保障了线上交易的顺畅进行，极大地提升了消费者的购物体验。在旅游服务方面，5G支持的虚拟现实（VR）和增强现实（AR）技术，为游客带来沉浸式的旅游体验。此外，人工智能更是成为服务业数字化的核心驱动力之一。在教育服务领域，智能辅导系统利用人工智能算法，根据学生的学习进度和表现，为其量身定制学习计划和辅导内容。在酒店服务业，智能客服机器人可以24小时不间断地为客人提供服务，从预订咨询到入住期间的问题解答，都能快速准确回应。同时，工业互联网的应用也不容小觑。它延伸至服务业，让服务与制造深度融合。例如，在售后服务环节，通过工业互联网可以实现对产品使用数据的实时监测。对于粤港澳大湾区的家电企业，能够远程了解产品的运行状况，及时为用户提供维修保养建议，甚至可以提前预测可能出现的故障，主动上门服务，这种服务模式的创新大大提高了用户满意度和忠诚度。

第三，粤港澳大湾区探索建立数字人民币国际示范区，堪称里程碑式的创新。这一实践聚焦于支付方式的革新，有力推动粤港澳大湾区跨境数字人民币合作创新，从支付的便捷性、安全性等多维度优化跨境数字人民币业务，为内地和港澳居民构建起更为高效、流畅的跨境支付通道，提供前所未有的便捷跨境金融服务，重塑跨境支付格局。数字人民币试点推进，各级政府在政策上大力支持粤港澳大湾区开展数字人民币应用试点工作。深圳、广州等城市被列为数字人民币试点地区，为数字支付的发展提供了政策保障。数字人民币在粤港澳大湾区的应用场景不断拓展，除了日常消费支付外，还在公共交通、政务服务、医疗教育等领域得到应用。例如，在深圳部分公交线路，乘客可以使用数字人民币支付车费；在广州的一些医院，患者可以使用数字人民币缴纳医疗费用。此外，第三方支付平台积极开展跨境支付合作，为粤港澳大湾区的企业和居民提供跨境支付服务，如 WeChat Pay HK、Airwallex（空中云汇）、PingPong、银联云闪付等。这些支付平台与境外的金融机构合作，实现了跨境汇款、跨境电商支付等功能，方便了企业和居民的跨境交易。

（二）区域内服务业互补与深度融合

在粤港澳大湾区，互补性的现代服务业主要有现代信息技术服务业、物流服务业、专业服务业、旅游服务业、教育服务业等。信息传输、软件和信息技术服务业蓬勃发展，在数据处理、软件开发和信息技术咨询等方面不断创新，助力三地企业提升效率和竞争力。科学研究和技术服务业推动着科技创新与技术进步，为产业升级注入源源不断的动力。物流服务业依托优越的地理优势和先进的交通基础设施，涵盖港口物流、运输、仓储等环节，高效连接国内外市场。专业服务业包含法律、财会、咨询与调查、广告、人力资源等，以专业的知识和技能为企业提供全方位的支持。在旅游业方面，凭借三地丰富的旅游资源，吸引着大量国内外游客，涵盖旅游观光、酒店、餐饮等相关服务，成为区域经济的重要增长点。文化创意产业也崭露头角，在创意设计、影视制作、艺术表演、文化展览等领域展现出独特的魅力。医疗保健服务业提供高质量的医疗服务，涵盖医院、诊所、健康管理等。教育服务业涵盖各类学校教育和培训，为区域培养高素质人才。这些现代服务业相互促进、协同发展，共同推动着粤港澳大湾区的经济繁荣和社会进步。

具体而言，香港作为国际金融中心，在银行、证券、保险等领域拥有强大的实力和广泛的影响力，能为区域经济发展提供坚实的资金支持。香港的金融创新能力可以为广州和澳门的服务业提供多样化的金融产品和服务。比如：在广州，对于蓬勃发展的物流服务业，香港推出了基于物流大数据的供应链金融产品。通过分析物流企业的运输数据、货物存储信息等，为广州的物流企业提供精准的应收账款融资和仓单质押融资服务，让企业在货物运输和仓储环节能够快速获得资金支持，优化运营流程。针对广州的科技服务领域，香港利用金融科技手段创造了创新型股权众筹产品。又如，在澳门，针对繁荣的旅游服务业，香港设计了旅游消费金融服务包。游客在澳门游玩时，可便捷地获得香港金融机构与澳门旅游企业联合推出的消费信贷服务，用于支付酒店、住宿、娱乐表演门票、餐饮等费用。此外，对于澳门的博彩相关服务业，香港开发了风险管理类金融衍生产品。鉴于博彩行业收入受多种因素影响，相关服务业企业可以通过这些金融衍生产品对冲经营风险，保障企业在复杂市场环境下的稳定运营。同时，广州的文化创意产业能够为香港的金融服务增添文化元素和创意价值。例如，在金融产品的设计和推广方面，可以融入广州的文化创意理念，使金融产品更具吸引力和创新性。同时，广州的文化创意企业可以为香港的金融机构提供品牌策划、广告宣传等服务，提升金融机构的品牌形象和市场竞争力。广州的物流服务可以为澳门的旅游娱乐产业提供物资供应保障。澳门的旅游娱乐产业对食品、饮料、酒店用品等物资的需求量较大，广州作为重要的物流枢纽，可以快速、便捷地将这些物资运输到澳门，满足澳门旅游娱乐产业的需求。广州、香港和澳门可以通过加强物流合作，推动区域物流协同发展。此外，澳门的旅游和娱乐服务为香港和广州的居民提供了多样化的休闲娱乐选择。澳门作为国际知名的旅游目的地，每年吸引大量的国际游客。这些国际游客在澳门旅游后，可能会前往香港和广州等地继续旅游，从而带动香港和广州的旅游产业发展。同时，澳门的旅游娱乐产业也为香港和广州的服务业提供了学习和借鉴的机会，有助于提升两地的旅游服务水平和管理。粤港澳大湾区内实现互联互通，在有助于自身发展的同时，也有助于更好地为内地提供服务，从而推动多层次服务市场的实现。

（三）高度的国际化

香港作为全球重要的国际金融中心之一，拥有众多国际知名金融机构。这些机构在全球金融市场具有广泛的业务网络和影响力，不仅服务于本地客户，还面向全球投资者开展各类金融业务，包括跨境贷款、国际投资、外汇交易等。香港证券交易所（港交所）是亚洲重要的证券交易市场，吸引了大量国际企业前来上市融资。许多内地大型企业以及东南亚、欧美等地区的企业选择在港交所上市，通过香港的资本市场与全球投资者对接。香港的金融监管体系遵循国际标准，如巴塞尔协议等国际金融监管要求。这种与国际接轨的监管体系为国际金融机构在香港开展业务提供了熟悉、透明且稳定的监管环境，增强了国际投资者对香港金融市场的信心。

香港凭借优越的地理位置、高效的物流运作以及自由的贸易政策，与世界上几乎所有国家和地区建立了贸易联系。香港、澳门、广州和深圳在跨境物流和跨境通关方面协同合作，形成了有效对接国际的强大合力。其中，香港和澳门凭借其自由港优势和国际化的贸易规则经验，在跨境物流中担当着重要的国际中转和贸易枢纽角色。香港拥有世界级的港口和国际机场，其先进的物流设施和高效的运营管理系统能确保货物快速、精准地转运。澳门则在葡语系国家贸易往来中独具特色，其与国际市场长期建立的联系成为拓展跨境物流渠道的宝贵资源。广州和深圳作为内地重要的经济中心和物流枢纽，拥有庞大的制造业基础和完善的物流网络。在跨境通关方面，四地积极推进一体化建设，通过统一信息平台共享物流和通关数据，采用智能化通关技术，如电子标签、自动识别系统等，大大提高了通关效率。同时，利用政策协同，实施“一地两检”“合作查验、一次放行”等创新模式，减少货物在口岸的停留时间，使跨境物流更加顺畅地对接国际市场，增强了粤港澳大湾区在国际物流领域的竞争力。

除了物流与贸易合作，粤港澳大湾区在科技与服务业国际化方面也取得了显著进展。深圳和广州等城市的新兴信息技术企业积极开展国际合作。例如，位于深圳的华为公司在全球范围内建立了众多研发中心，与世界各地的科研机构和企业合作开展5G技术、云计算等领域的研究与开发，其产品和服务销售到全球多个国家和地区，推动了全球通信技术的发展。企业积极拓展海外市场，将中国的互联网技术和商业模式输出到东南亚、非洲等地区，同时引进国际先进的互联网技术和理念，提升自身的国际化水平。例如：Temu 是电商巨头拼多多旗下的跨境业务平台，在一年时间内在数十个国家上线，业务发展迅速。该公司与广州的产业结合紧密，依托珠三角强大的制造业能力，帮助广州企业加速出海步伐。广州英虎网络股份有限公司是以跨境电商营销服务为主的互联网类公司，是谷歌大中华区核心合作伙伴，提供国际域名、全球企业邮箱、全球网站空间、全球服务器及云服务器、跨境 B2C 电子商城系统、跨境 B2B 网站平台和小语种网站开发等服务，为跨境电商企业提供外贸出口营销全面解决方案。在会计领域，广东的一些大型会计师事务所积极与国际四大会计师事务所合作，遵循国际会计准则开展审计、税务咨询等业务。这不仅为本地企业的国际化发展提供了符合国际标准的会计服务，也吸引了众多国际企业在本地开展业务时选择这些具有国际视野和服务能力的会计机构。

由此可见，这些企业的全球化布局不仅输出了中国技术与管理模式，还促进了国际资源与本地产业的深度融合。此外，澳门以旅游和文化为双引擎，既推动了经济发展，又增强了中华文化的国际认同。澳门是世界著名的旅游目的地，在国际文化交流方面有着独特价值。其中，澳门的妈祖文化源远流长，是中华文化在海外传播的重要象征。众多的妈祖庙承载着历史记忆和文化内涵，每年吸引大量国际游客前来参观。澳门通过举办国际妈祖文化节等活动，邀请全球各地的文化团体和游客参与，展示妈祖文化的魅力，增进国际社会对中华文化的了解和认同。这种文化交流方式不仅促进了澳门旅游业的发展，也让澳门成为中华文化走向世界的重要窗口，以文化为纽带，加强了与国际社会的友好互动。其独特的中西文化融合的旅游资源，如大三巴牌坊、妈阁庙等历史文化遗迹吸引着来自亚洲、欧洲、美洲等地的游客。澳门的博彩业也吸引了大量国际客源，其赌场运营遵循国际博彩行业的规范和标准，同时也在不断引进国际先进的博彩管理经验和技术，以提升博彩业的国际化水平。

香港、澳门、广州和深圳在金融、物流、科技、文化等领域各具优势，通过协同合作形成了对接国际市场的强大合力。香港的金融与物流枢纽地位、广深的产业与科技实力、澳门的文化与旅游特色，共同推动粤港澳大湾区成为全球重要的经济与文化高地。

三、粤港澳大湾区协同发展的相关条例、制度环境、平台载体

（一）相关条例

国家出台了一系列政策以支持粤港澳大湾区现代服务业发展，涉及金融创新、科技服务、跨境贸易、法律保障等多个方面。例如，中国人民银行联合多个部委出台的《关于金融支持粤港澳大湾区建设的意见》明确提出推动大湾区跨境金融创新、支持港澳金融机构在内地设立分支机构，发展人民币跨境结算和绿色金融产品，提升金融服务开放水平；《中共中央 国务院关于支持深圳建设中国特色社会主义先行示范区的意见》提出推动深港澳合作，支持深圳在科技、医疗和金融服务等领域先行先试；《深圳市关于加快推动服务贸易创新发展的若干措施》提出放宽港澳服务提供者的准入条件，支持专业服务的执业资质互认，推动跨境法律、建筑、医疗等服务发展；《粤港澳大湾区发展规划纲要》支持跨境电商、供应链管理等现代物流服务，促进区内物流信息和基础设施的互联互通。

深圳市出台了《深圳经济特区前海深港现代服务业合作区条例》，旨在推动前海合作区成为深港两地现代服务业合作的核心区域。该条例特别关注金融创新、跨境金融和科技服务，为前海合作区内的现代服务业提供了多项法律支持，促进深港间更深层次的经济融合。广州市则发布了《广州市南沙新区（自贸片区）条例》，聚焦南沙自贸区金融、物流和信息科技等服务业的发展，并明确了区内优化营商环境和推动服务创新的具体措施，以提升南沙作为现代服务业发展高地的吸引力。此外，广东省出台的《中国（广东）自由贸易试验区条例》适用于广州南沙、深圳前海和珠海横琴三大自贸片区，涵盖跨境金融、商贸物流、科技创新等多个领域。

这些意见条例不仅加速了粤港澳大湾区现代服务业的制度创新与开放，推动了港澳与内地资源共享、优势互补，还助力构建更为国际化、多元化的服务业生态体系，为粤港澳大湾区经济高质量发展奠定了基础。

（二）制度环境

粤港澳大湾区在支持现代服务业发展的制度环境方面，基于多个政策文件

构建了开放、创新、互联互通的制度体系，推动了现代服务业高质量发展。首先，在跨境金融服务方面，《粤港澳大湾区“跨境理财通”业务试点实施细则》明确了个人跨境投资的业务范围和操作流程，规范了资金流动与风险管理，促进了跨境金融业务的稳定发展。其次，根据《广东省全面深化商事制度改革三年行动计划》，在商事服务领域简化了企业跨境登记流程，实现了在线办理与跨境审核的便捷服务，推动了区域营商环境的一体化。此外，《粤港澳大湾区（内地、香港）个人信息跨境流动标准合同实施指引》为数据跨境流动制定了安全管理规范，以支持科技、金融等行业的信息共享与数据创新，保障了信息服务和数据安全。在专业资格互认上，《关于推进粤港澳大湾区职称评价和职业资格认可的实施方案》为港澳专业人士在建筑、工程、医疗等领域跨境执业提供了流程指引，促进了专业服务的区域合作与人才流动。这些管理办法和实施细则通过制度创新，为粤港澳大湾区现代服务业发展提供了制度保障，推动了服务标准的对接和资源的高效配置，为粤港澳大湾区服务业的便利化、法治化和规范化发展奠定了坚实基础。

（三）平台载体

粤港澳大湾区为支持现代服务业发展，搭建了多层次的服务平台和载体，涵盖金融、科技、商贸、法律等关键领域，构建起区域协同发展的服务体系。首先，深圳前海作为深港现代服务业合作的重要平台，以前海深港现代服务业合作区为依托，吸引港资企业，推动金融、法律、科技服务等跨境合作。广州南沙则通过南沙粤港澳合作咨询委员会搭建了多领域合作平台，专注于金融创新、现代物流、商贸等领域，促进与港澳的资源对接。此外，珠海横琴通过粤澳合作中医药科技产业园等载体推动医疗健康产业合作，并设立粤澳合作产业园，重点发展跨境金融、商贸服务，吸引澳门企业和专业人士进驻。在科技创新方面，粤港澳大湾区国际科技创新中心和港深创新及科技园作为区域科技枢纽，支持科技服务、数据分析等高附加值产业，为科技型现代服务业提供发展空间。在法律和商事服务领域，粤港澳大湾区法律服务会商机制提供跨境法律支持与商事争议解决服务，保障跨境服务业的法律需求。这些平台载体推动了粤港澳大湾区现代服务业的资源整合、协同创新和市场开拓，为粤港澳大湾区打造国际一流的现代服务业中心提供了坚实基础。

四、粤港澳大湾区协同发展的事实分析

（一）GDP 总量和人均可支配收入增长

根据国务院和广东省统计局公布的数据，在 GDP 总量方面，2022 年粤港澳大湾区总 GDP 约为 13 万亿元人民币，占全国 GDP 的 11% 左右，超过英国、韩国等经济体。在 GDP 增速方面，粤港澳大湾区中内地九市的 GDP 增速较快，以深圳、广州、东莞为代表的城市增速长期保持在 6% ~8%，显著高于全国平均水平。然而，粤港澳大湾区各城市的 GDP 增速表现出明显差异。增速较快的城市主要包括深圳、东莞和珠海，2022 年深圳和东莞的经济增速分别达到 7% 和 8%，珠海约为 6%。增速稳定的城市则是广州和佛山，在 6% 左右。相较之下，香港和澳门的经济增速相对较低，尤其受疫情影响较大，澳门的增速为 1% ~2%；香港受全球经济环境变化影响，金融和贸易增速放缓，但增速仍旧保持在 2% ~3%。

同时，粤港澳大湾区的现代服务业发展显著推动了区域内各城市人均收入的增长。其中，深圳依托前海深港现代服务业合作区，金融、科技和法律服务等领域不断创新发展，而高附加值产业的繁荣吸引了大量高端人才，带动了居民收入增长。根据国家统计局公布的数据，2022 年该市人均收入达到 7.2 万元人民币。广州通过南沙自贸区的创新政策，发展金融、物流和信息科技等现代服务业，优化的营商环境和多元化服务业结构支撑了收入的稳定增长，2022 年该市人均收入稳步提升至约 6 万元人民币。香港凭借其在金融、法律、物流等高端服务业的优势，居民人均可支配收入达到约 32 万元人民币，尽管增速趋缓，但仍在粤港澳大湾区保持领先地位。澳门在横琴自贸区的支持下，通过文化创意和跨境金融等服务业逐步拓宽收入来源，人均收入约为 30 万元人民币，逐渐减少对博彩业的依赖。同时，珠三角地区其他城市（如东莞和佛山）也通过与深圳和广州的产业协同发展现代服务业，增加了高附加值就业机会，带动人均收入稳步增长。现代服务业的发展有效拉动了粤港澳大湾区各城市的收入提升，成为区域收入水平持续上升的核心动力。

（二）创新产出增加

《粤港澳大湾区协同创新发展报告（2022）》显示，2017～2021 年粤港澳大湾区发明专利公开总量达 176.90 万件，年复合增长率达 14.46%，位列全球四大湾区首位，创新态势强劲，其中 2021 年粤港澳大湾区发明专利公开量增长 21.74%，达 44.96 万件，为东京湾区的 3.11 倍，旧金山湾区的 7.07 倍，纽约湾区的 9.66 倍。同时，2017～2021 年，粤港澳大湾区 PCT 专利公开量 13.68 万件，与东京湾区相比差距逐年缩小，同时是纽约湾区和旧金山湾区的 3.19 倍和 3.81 倍；粤港澳大湾区 PCT 专利公开量复合增长率达 9.82%，创新实力提高，区域内企业或机构国际竞争能力增强。

此外，城市间发明专利联合申请不断增加，是不同创新主体间协同互动与创新联系的重要体现。其中，广州与东莞跨城市专利合作率为 6.43‰，与深圳跨城市专利合作率为 4.96‰。广州与东莞的合作主要集中在数据处理系统和方法、电磁测量、电数字和数据处理、电路装置、电缆电线安装等领域，随着东莞产业和科技不断优化与发展，广州与东莞优势互补的创新趋势正在得到加强。广州与深圳的合作主要集中在印刷电路、电子设备制造、电子数字数据处理、光学、测试分析材料、控光器件与装置等多个领域。广州和深圳是粤港澳大湾区高质量发展的重要引擎，两者相辅相成、优势互补，成为粤港澳大湾区产业发展、科技创新的主场。香港与深圳跨城专利合作率达 68.03‰，合作领域主要包括电子数字数据处理、数据处理系统等，展现了产业集聚、要素集中的协同创新趋势。澳门与珠海跨城专利合作率达 18.86‰，合作内容主要包括电数字数据处理、风力发动机、生物学等领域。整体上，粤港澳大湾区不同创新主体间协同创新发展成效显著。

（三）交通基础设施完善与互联互通

粤港澳大湾区在交通基础设施方面协同发展，通过高铁、公路和港口建设，构建了高效的互联网络。

首先，在铁路建设方面，广深港高铁和珠三角城际铁路为区域内各地快速连接奠定了基础。广深港高铁连接了广州、深圳和香港等核心城市，缩短了通勤时间，提升了跨区域交通效率。珠三角城际铁路则形成了近 1000 千米的铁路网络，促进了珠三角城市群深度融合。这些铁路项目为“1 小时生活圈”的实现提供了交通支持，未来计划继续扩展以满足区域内日益增长的通勤需求。

其次，在公路和跨境桥梁建设方面，粤港澳大湾区依托港珠澳大桥和广深沿江高速等重点项目，大幅提升了区域通达性。港珠澳大桥是全球最长的跨海大桥，连接了香港、珠海和澳门，将三地的通行时间缩短至 1 小时以内。根据港珠澳大桥边检站公布的数据，2022 年，港珠澳大桥的日均车流量达到约 5 万车次，大大方便了粤港澳三地的人员和货物流动。同时，广深沿江高速为广州、东莞和深圳提供了一条高效的沿江通道，降低了物流成本，特别是对制造业重镇东莞的运输效率提升明显。此外，电子通关系统和跨境通行证制度的推出进一步提高了粤港澳三地的交通便利化水平。2022 年，港珠澳大桥的跨境通行证数量比前一年增加了 30%，跨境交通需求不断增长。

最后，港口群和航运枢纽建设使粤港澳大湾区成为国际重要的航运中心。深圳港、广州港和香港港口的货物吞吐量在全球居领先地位，集装箱吞吐量占全国总量的 30% 以上。这些港口在功能上分工协同，深圳港和广州港主要承担珠三角制造业的外贸运输需求，而香港港则以国际转运和高附加值货物运输为主。通过资源优化和功能互补，粤港澳大湾区港口群的协同发展不仅提升了区域内物流效率，还增强了粤港澳大湾区在国际航运中的竞争力。

第七章 现代服务业引导实现区域高质量协调发展的新路径

第一节 引导强化现代服务业区位扰动力的协调作用

在我国加快实施产业转型升级的过程中，现代服务业不仅为经济发展带来新的增长点，还为全面建设社会主义现代化经济体系提供了新的动力。产业转型升级不仅是产业间结构的调整，由第二产业主导转向第三产业主导；还是产业内的升级，由低附加值产业向高附加值产业移动，具体表现为制造业服务化演变，进而推动经济结构趋向于合理化。但我国目前的区域经济布局存在过度集聚与分散的状况，一些大城市（如北京、上海、广州等）吸引了大量的人口和资本，导致人口密度过高，城市规模膨胀、市场竞争激烈、资源利用不均衡、过度耗竭等问题；而相对发展较慢的中西部地区产业过度分散，出现人口老龄化和人口外流的现象，而基础设施和资源分散配置导致效率降低，难以发展经济，加剧了地区之间的贫富差距。产业过度集聚和分散的现状导致地区之间发展不平衡，给促进整体经济增长、经济转型升级、构建新发展布局带来了一系列阻碍，亟须充分发挥现代服务业的区位扰动力的协调作用。现代服务业作为扰动力可以通过优化产业布局和产业结构等促进区域协调，创造更加平衡和协调的地区发展格局，提高经济发展的可持续性；而现代服务业的灵活性、数字化特征和地区需求巩固了其在调节产业过度集聚和分散方面的作用。现代服务业为区域协调发展提供动力，区域协调发展为现代服务业的发展奠定基础，两者相互作用、协调发展。为了确保现代服务业和区域经济系统协调发展，强化现代服务业区位扰动力的协调作用，需要采取针对性政策，在保障现代服务业快速发展的同时，充分发挥现代服务业作为扰动力对区域经济的协调作用，以实现现代服务业和区域经济系统的良性互动和协调发展。

一、以数智化引领优化产业布局

产业数智化是产业数字化发展的高级阶段，体现了社会和经济向新范式的转变，对现代服务业通过促进产业多元化、与制造业协调发展的空间溢出效应来重构传统产业组织模式具有强化作用。产业的数智化转型能有效提升区域内不同类型现代服务业的发展水平，通过产业多元化减少地区依赖单一领域所导致的价值链断裂风险。现代服务业的数智化转型基于政府和企业对信息技术投资的增加，以数字化基础设施水平的提升激励企业采用现代化生产工具，从而提高资源利用效率，在减少时间和资源的浪费的同时提高服务质量。此外，数智化能调整区域内的产业结构，优化现代服务业内部结构，提高现代服务业的效率，推进电子信息等技术和现代服务业加速融合，发展“互联网 + 金融、信息技术、健康保健、文化创意、教育”等新兴业态。借助信息技术搭建第二、第三产业协调发展共享平台，建立新型产业发展模式。依托平台，可加速工业和服务业尤其是制造业和现代服务业之间的要素流动，通过协调制造业和现代生产性服务业的发展，利用空间溢出效应，发挥它们的优势以实现人才共享和资源共享，突破传统产业组织结构的空间限制，合理配置过度聚集地区的资源，减少在单一领域内造成的资源浪费现象。

通常情况下，制造业更容易在较低成本地区发展，而现代生产性服务业更倾向于在城市和发达地区发展，因此政府可以通过市场引导，挖掘内需潜力，通过满足不同地区消费者多样化、个性化的需求，促进现代生产性服务业和区域经济各产业深度融合、联合发展。二者相互关联，通过供应链和协同效应连接，其协调发展的空间溢出效应可在不同地区推动产业链的协同发展，吸引更多产业链环节企业在不同地区建立业务，实现产业均衡，减少过度集聚和过度分散的地区发展不平衡问题。在发达地区引入多样化产业尤其是现代生产性服务业，可以减轻过度集聚地区的经济压力，如引入新的绿色技术和服务创新产业，大力发展金融业、科学研究和技术服务业以及生态保护与环境治理服务业等，在分散就业压力的同时创造新的可持续经济增长点。同时，通过扩张发达地区的优势行业，创新生产性服务业的价值链，推动制造业从低附加值向高附加值跃进。产业多元化可以让过度分散地区增加经济发展的机遇，降低传统产业升级和技术创新的成本，以提高其生产效率和产业链附加值。

二、以科技为支撑，促进区域人才一体化高质量发展

为引导强化现代服务业作为扰动力改善区域经济布局，建设人才集聚和创新高地，进行战略布局至关重要。以科技为支撑，聚人才之力，推动现代服务业在不同地区创新发展，促进构建区域经济新发展格局。

保障对现代服务业的科技支持，鼓励现代服务业的创新和科技应用，延伸服务产业链，提升附加值，以增强其竞争力，带动部分地区的经济发展。建立数字化产业园区和创新孵化器，优化产业布局，聚集创新资源，为现代服务业提供合适的空间和资源，促进集成创新和企业发展。另外，这些产业园区和孵化器还有助于产业协同和合作，推动服务业的技术和业务模式创新，全面推进信息化和数据化的改革，提升现代服务业的便捷性和智能性。现代服务业依赖于信息技术和数字化工具，远程工作和分布式团队协作既可以让企业分散员工，减轻过度集聚的压力，又可以为过度分散地区吸引高科技企业和创新者，有助于分散创新和科技资源。在现代服务业中，各种不同领域的企业和机构通常需要协作创新来提供更好的服务，这些园区和孵化器可以将它们聚集在一起，从而发挥企业、人才集聚作用，促进跨行业和跨领域合作。此外，根据人工智能和大数据分析，可以更好地理解市场需求和客户行为，优化业务模式，合理配置资源，更好地满足不同地区的需求，促进业务分散和协同发展。

强化现代服务业作为扰动力的协调作用还依赖于具备专业知识和熟练技能的员工，因此培养和引进高素质的服务业人才以发挥人才集聚效应也十分关键。首先，政府和企业可以提高对于教育和培训的投资，引进和留住高素质人才，提升人才支撑。同时，政府还可以通过给予税收激励、减少行政障碍和降低创业成本来吸收投资和人才，并且制定适当的政策来保障分散地区员工的福利和权益，以吸引人才从过度集聚地区流入分散地区，提高他们的积极性和创

造力。此外，政府可以设立创新基金，资助创新项目，加快金融、文化、商贸、体育等领域和信息技术的融合，并与当地高等院校、职业类院校合作，建立多层次、多渠道的人才培养体系，鼓励当地院校开设相关专业和课程，建立人才激励机制，完善人才优惠政策，培养和吸引高素质、高质量人才到过度分散地区。

三、以政策激励加强资源流动有序性

不同区域之间的地理空间壁垒、政策壁垒往往导致现代服务业企业和产业资源无法向过度分散地区有序流动。依托信息服务平台等，不同地区的现代服务业企业能够加强跨地区合作与联系，从而加速产业资源的流动。本着市场主导、政府引导的原则，政府应发挥“看得见的手”的职责，制定相应的政策以激励现代服务业企业在过度分散地区发展，同时强化产业资源的定向流动。

通过金融和财政渠道，不断加大对创新的投入，促进现代服务业的创新和研发，大力发展其相关产业。政府可以制定灵活的信贷政策和担保机制，提供研发资金、技术支持和知识产权保护，为进入过度分散地区的现代服务业企业提供低息贷款和投资资金等，以鼓励现代服务业在特定地区发展，尤其是在较不发达地区。这些措施包括减税政策、研发资金奖励等，可以降低企业在过度集聚地区的运营成本和在过度分散地区的投资成本，从而吸引企业从过度集聚地区迁移到过度分散地区。同时，政府还可以通过金融支持，建立拥挤产业疏散机制，加强转出地区和承接地区之间的有效交流合作，促进产业有效转移，解决过度集聚地区竞争压力大、过度分散地区资源配置效率低等问题。

促进不同区域之间的合作与协调，发挥产业网络的外部性，共同推动现代服务业和区域系统经济的协调发展。地方行政保护、市场封锁行为盛行，仅以地方利益最大化为目标会对整体区域协调造成一定的负面影响，阻碍生产要素在各地区之间的自由流动，无法对资源进行优化配置；同时也可能导致地区之间竞争过于激烈，抑制区域的协调发展。政府可以建立多元的区域合作模式，创建区域发展一体化平台，降低不同区域间的合作壁垒，并借助一体化平台发挥区域网络外部性，促进资源要素在不同区域的自由流动和使用。例如，通过区域发展一体化平台，过度集聚地区和分散地区可以更加紧密合作，共享资源和经验，过度集聚地区的产业外部性可以带动分散地区的发展，有助于缓解过度集聚地区的压力。以中心城市和城市群等经济发展优势区域为重点，扩张发达地区的优势行业，打造“中心—外围”经济模式，提高中心城市的承载能力和资源配置能力，强化对区域发展的辐射带动作用，减少资源和产业流动的壁垒，发挥地方优势，形成纵向有序的产业链条，带动过度分散地区的经济发展。

四、以基础设施完善提升现代化产业体系效能

优化基础设施建设是构建现代服务业新体系、高质量融合产业提升现代化产业体系效能的基础。随着经济高速发展，消费者对于数字化服务、共享经济等现代服务业的需求不断增加，现代服务业需要依托全面的基础设施建设，如数字化建设、交通网络优化、环保设施发展等，以满足不同地区消费者的个性化需求，从而引导过度集聚和分散地区更好地适应市场需求，合理配置区域内资源，减少现代服务业发展的障碍，以不同地区现代服务业联合发展来满足各地区消费者的个性化需求。

加强基础设施建设，投资改善基础设施和物流，使现代服务业更加高效和便捷，突破不同地区之间的合作壁垒。信息技术、人工智能和大数据等技术正在快速改变现代服务业的方式，而这些技术需要适当的基础设施和资源支持。加强基础设施建设可以减轻现代服务业创新和研发的阻力，从而促进过度集聚地区和分散地区之间的协调发展，这种联合发展可以为过度分散地区的消费者提供多元化的服务。例如，交通基础设施的加强可以改善各地区之间的连接性，有助于提高区域内货物、资源和人员的流动效率，从而分散经济活动，由过度集聚地区转向分散地区，同时还可以提高物流效率，降低运输成本，减少现代服务业的生产和交付时间，使现代服务业更高效地运营，提高消费者的购物体验，提升其幸福感，并在增强消费者消费安全感的同时通过不同地区服务业产业的交互，减少过度分散地区的资源利用不充分问题；投资教育、医疗和社会福利设施的改善可以提升过度分散地区居民的生活质量，吸引人们在这些地区居住和工作；投资绿色能源和环保设施能分散能源生产，减少过度聚集区域的环境压力并促进分散地区的经济活动。

五、以国际化合作推进区域整合与全球化转轨

利用开放的国际化合作，实现资源整合和服务共享，降低跨境服务贸易壁垒。跨境经济合作带来创新和技术转移，不同地区发挥其地方优势，促进现代服务业协同发展，而各地区服务业的协同发展又会给过度集聚和分散地区带来创新和技术转移，形成良性循环的发展模式。

加强市场营销与国际合作，吸引国内外客户和合作伙伴，推动现代服务业在全球范围内发展。通过市场营销积极推广现代服务业，可以帮助服务提供商向潜在客户展示其独特的竞争力，不同地区可以提高其品牌知名度和吸引力，吸引更多企业进入和投资，推动过度集聚地区的企业和资源向过度分散地区转移。通过有效的市场营销策略，现代服务业可以更好地满足客户的需求，提供高质量服务。同时客户需求也会促进区域之间的交流和良性竞争，从而促进现代服务业和区域协调发展。通过国际合作，各地区可以吸引跨国企业投资并建立跨国企业网络，更好地参与全球价值链。不同国家、不同地区之间的经济合作和共享资源可以促进创新和技术转移，减轻过度集聚地区的国际竞争压力，帮助过度分散地区吸引外资，扩大市场份额和国际影响力。

综上所述，现代服务业发展水平是衡量现代经济发达程度的重要标志，区域协调发展是大国产业发展的重要标准。区域协调发展以经济资源合理配置为主要目标，现代服务业可以作为扰动力对区域发展起到协调作用。为了引导和强化这种协调作用，本节从产业数智化、科技支撑、政策激励、基础设施优化和国际化合作五个方面探讨引导和强化现代服务业区域扰动力的协调作用的对策。这些对策有助于缓解过度集聚和过度分散的现象，推动区域均衡发展，提高整体经济的韧性。第一，通过实现产业数智化，为各地区创造更多元化的经济增长点，降低对特定行业的过度依赖，推动经济结构升级。利用制造业和现代生产性服务业协调发展的空间溢出效应，可以进一步拉近各地区之间的经济联系，形成更加紧密的产业网络。在人才培养方面的措施为区域提供了丰富的人才资源，为企业的发展注入了新活力。第二，对现代服务业的科技支持不仅有助于提高行业的竞争力，还推动了科技创新的步伐，为区域经济的可持续发展奠定了基础。科技的发展有助于促进线上平台的构建，减少地区之间的壁

垒，发挥人才集聚效应。第三，以政策激励引导现代服务业企业和产业资源的有序流动，如利用金融对创新的支持，为企业提供了更为灵活的资金运作空间，激发其创新活力；通过政策支持，发挥产业网络外部性，强化各产业之间的互动关系。第四，强化基础设施建设，特别是数字化基础设施的投资，为现代服务业提供更为便捷的环境，促进区域内外的业务流动。第五，加强国际营销和合作，使各地区融入全球经济体系，促进创新和产业转移，共同应对全球性挑战，实现多赢。总体而言，以上五个方面的对策不仅关注单一行业的发展，更注重整个区域经济的均衡发展。这些措施将推动现代服务业作为扰动力的区域协调作用，为区域经济发展创造更加繁荣和可持续的未来。

第二节　构建基于公民共享发展的区域协调治理体系

区域治理体系是社会稳定与经济发展的基石，对提高人民生活水平、促进产业发展以及保障国家安全具有不可替代的作用。目前我国的区域协调治理体系存在地方政府之间协同不足、目标规划不一致、资源分配不均，区域市场不统一、重复建设、地方保护等问题。公众参与是指，在国家政策方案的执行和管理方面，政府提供更多施政回馈的渠道以响应民意，并使普通公民和代表其利益的各种社会组织能以更直接的方式参与公共事务（Williams，1982）。根据公众参与阶梯理论，可将公众参与分为四个层次，即虚假参与、表面参与、高层次的表面参与和深度参与（Arnstein，1969）。随着经济发展和全球化程度的加深，在治理理论的基础上发展出“治理的本意是服务”的善治理论，确立了政府治理的出发点是让公众享有更充分的公共物品、享有更高满意度的公共管理，从而实现社会公众福利的最大化（陈广胜，2007）。

公众参与能有效促进区域治理的民主化、科学化和社会化，以准确反映社会问题和民生需求为基础，建立更加开放、透明且人民满意的区域协调治理体系，实现人民群众的利益最大化和社会发展的可持续性。现代服务业可以通过促进优化资源配置、优化区域产业结构、加强信息沟通与协调、提升公共服务水平以及推动创新和创业等来推动公众积极参与公共基础建设，从而形成全社会的区域治理共建共享机制。

一、以优化资源配置提高社会生产效率

服务业通过信息传递与分析、资源配置匹配、为公众创造新需求、提升效率和降低成本以及创新和转型引导等方式，促进公众参与资源的优化配置，从而促进区域协调治理体系不断完善。

服务业作为信息中介，可以收集、整合和传递大量的市场信息和数据给企业和公民个人，这些信息包括市场需求、价格水平、竞争状况。通过及时准确地传递这些信息，服务业可以帮助企业和公民个人更好地了解资源供求情况，使其更好地参与相关事务并优化决策，同时还可以通过建立跨地区的资源共享平台，实现资源的高效配置和利用。例如，信息技术服务业可以通过建立协同工作平台和统一的管理系统，促使不同部门和机构之间实现数据共享、业务协同和决策一体化，这有利于实现信息的流通和汇聚，提高效率。又如，在城市规划和基础设施建设中，由于有信息技术的支持，不同部门可以实现协同工作，从而保障城市的协调发展。

现代服务业可以提供更加便捷、高效的公共服务，如电子政务、在线医疗、高水平教育、咨询等，让各地区居民享受到更加优质的服务，这有助于改善不同地区公共服务水平不均衡的问题。例如，金融知识的普及对公众获取金融服务至关重要。公众可以通过接受相关培训和教育，提高自身金融素养，更好地参与金融活动，并能更明智地进行金融决策，同时还可以通过参与金融知识普及活动、线上讨论等方式，帮助他人提高金融素养水平，这种互动和分享有助于推动金融知识在社会中的传播和普及，扩大金融素养的覆盖范围，有利于金融资源的有效配置，促进区域协调治理体系的完善。与此同时，公众可以通过积极参与社区服务和社会实践活动，为教育机构和科研机构提供实践场景和问题反馈，帮助其更好地理解社会需求和公共议题，使教育和科研服务业更加贴近社会实际，提供更具针对性的教育和科研成果，为区域治理和可持续发展提供更实用、更有效的支持，为区域协调治理体系的完善做出贡献。

服务业通过引进新技术、提高劳动生产率和提供专业化的服务，可以提高生产效率和降低生产成本；通过鼓励创新和转型，提供相关的技术支持、专业

知识和市场经验，促使企业在资源配置上进行调整和优化。例如，在金融服务业，公众可以通过参与投资和理财活动，将个人闲置资金投入金融市场，为企业提供融资支持，从而促进生产和投资的扩大；在健康医疗服务业，公众可以通过参与医疗需求调查和评估，向相关部门反馈自身的医疗需求和意见，使医疗机构和决策者更好地调整资源配置和服务策略；在文化创意服务业，公众可以作为文化交流的推动者，促进不同区域之间的文化互动和共享，加强区域之间的文化认同感和交流互动，促进文化创意服务业的跨区域合作和发展。

二、以区域产业结构优化拓宽公众参与渠道

现代服务业通过需求拉动效应、中介作用、创新引领以及招商引资等传导机制，优化区域产业结构，促进区域经济的协调发展和可持续增长。作为一个重要的中介环节，服务业与其他产业紧密相连，通过为其他产业提供专业咨询、营销策划、物流配送、金融支持等服务，能够增强各产业之间的协同作用和资源共享以及产业结构的优化升级。服务业的发展往往伴随着技术创新和商业模式创新，通过引入新技术、新产品和新管理方式，公众可以积极学习和应用新技术，从而推动服务业的数字化和智能化发展，引领其他产业的创新和转型，并由此催生新兴业态，进一步推动产业结构的优化和升级。一些地区通过服务业发展当地特色，吸引外来投资，从而优化产业结构。例如，许多地区通过发展文化创意服务业来实现乡村振兴。当地居民参与文化和旅游服务业的建设，增加文化遗产的经济价值和社会影响力，为区域构建独特的文化形象，有助于提升区域的知名度和吸引力，带来新的经济增长点，推动旅游和文化产业的发展，增强区域的软实力和核心竞争力。

传统的公众参与渠道包括公民投票、社区会议、社交媒体、公共听证会、咨询小组、问卷调查、公共论坛、志愿者活动、热线和信箱、公共展览和展示等多种类型。虽然形式多样化，但存在参与门槛高、反应迟缓等问题，如当公众参与渠道程序过多时，会导致公众无法及时获取相关信息，无法提升公众参与率。

现代服务业具有信息化、智能化的特点，能够根据市场需求和资源供给的变化，为不同企业和个人提供各种定制化的服务。服务业可以通过各种方式积

极收集公众的反馈和需求，扩大公众参与面。例如，利用互联网和移动通信技术，可以与公众进行实时互动，及时获取公众的反馈和需求，加快解决问题的速度；通过多种渠道收集公众的反馈和需求，包括在线调查、社交媒体互动、客户服务热线等，增加公众的覆盖面，使信息更全面，有助于解决参与门槛高的问题；通过现代化的数据分析工具，对收集到的大量数据进行分析，深入挖掘公众的需求和行为模式，为服务改进提供更有力的支持；公众可以通过手机App、网站等渠道随时随地提出反馈意见，企业也可以立即作出回应，从而提高公众对服务质量的满意度。

服务业可以通过建立联络网络和协作机制，将相关的企业、组织和个人联系在一起，可以通过参与行业协会、商会等组织活动，分享自己的经验和见解，促进信息共享和经验交流；通过参与在线教育、远程培训等方式，不断提升自身的专业技能和知识水平，从而更好地参与行业内的协作和交流；在行业论坛、研讨会等活动中，可以提出建设性意见，促进协作机制的改进和优化，确保其更好地满足各方的需求。通过公众的积极参与，协作机制可以更加贴近实际需求，更好地发挥作用。公众还可以通过参与区域经济合作和产业布局的讨论与决策过程，为区域间的协同发展提供有益建议和支持。

三、以现代数字化技术变革提升信息透明度

服务业加强信息沟通协调，可以通过平台建设与数字化转型、数据共享与智能化分析、建立联络网络和协作机制以及提供专业咨询和顾问服务等手段实现，这些机制可以促进信息的传递和协调，推动服务业发展和区域经济协调运行。

现代服务业可以建立政务公开系统、在线服务平台、电子商务平台等，提高信息透明度，让公众了解政府工作；还可以提供便捷的投诉举报通道，让公众可以通过平台进行监督，及时发现信息不透明、服务质量低下等问题，从而促进服务业的规范化；现代服务业可以帮助公众更好地了解产品和服务的信息，提高消费者的知情权和选择能力。服务业可以加强平台建设，通过建立在线服务平台、电子商务平台、智能城市平台等，促进区域间的经贸合作、政务交流和城市管理等，进而促进服务提供方和需求方之间的信息交流和协调。在

这一过程中，可以通过服务业将相关信息进行公开，有利于公众更好地参与信息交流，而公众的参与可以使信息交流更全面、多元，还可以通过平台进行监督，促进需求方更好地了解和解决问题，从而促进区域协调发展。数字化转型为公众提供了更高效、便捷和精准的信息沟通平台，帮助他们更好地参与和推动区域发展。

服务业可以促进数据共享和智能化分析，整合各类数据资源，包括市场数据、用户行为数据等。通过数据分析和挖掘，服务业可以提供更准确、实时的信息，在决策和优化方面提供更好的支持。而公众可以通过主动参与、提供个人数据等方式，为服务业提供更多的数据资源；通过共享交通流量数据、环境监测数据、人口统计数据等，实现交通拥堵的疏导、环境治理的协同以及人口流动的预测与管理。同时，公众还可以通过参与调查问卷、反馈意见等方式，为服务业提供有价值的用户反馈数据，增加数据的透明化程度，帮助服务业进行更好的决策和优化，提高区域协调治理过程中的决策效率和正确性。

四、以公共服务水平提升增强公民主人翁意识

现代服务业可提高公共服务水平，通过提高效率、吸引人才和资本、增进居民幸福感等途径实现区域协调。提供高质量的公共服务可以增强公众对社会事务的参与感。当公众享受到优质的教育、医疗、社会保障等公共服务时，其生活水平和幸福感会提升，这将激发其创造力和积极性，更加关注公共事务的发展和改善。具体来说，公众会更积极地参与社区活动、政治决策和公共事务讨论，表达自己的意见和建议，推动社会进步。例如，第一，健康和医疗服务业通过提供健康管理和预防策略，帮助区域内居民提高健康意识和健康水平；通过开展健康教育、健康咨询和健康评估，促进居民掌握健康知识，采取积极的生活方式，预防和降低慢性疾病的发生和传播，提高整体健康水平。第二，文化创意服务业可以促进社会创新和社区发展，通过开展文化教育、社区参与项目和社会创新实践等活动，推动社会公益事业和社区发展；文化创意服务还可以通过提供非营利性的社会服务，促进社区居民参与文化活动，增强社区凝聚力和社区发展的可持续性。

此外，公共服务水平的提升可以增加公众对社会发展的责任感。如果公众

获得良好的教育和培训机会，具备更多的知识和技能，便能够更好地为社会作贡献。通过提供高质量的公共服务，可以吸引企业和人才向那些提供更好公共服务的地区迁移或投资。而居住在这些地区的公众更加重视社会责任，积极参与志愿者活动、社会公益项目等，为社会发展作出积极贡献。科研服务业也可通过科研项目的组织和资金支持，吸引高水平的科研人才加入区域发展，而公众可以参与教育和科研机构的研究项目，提供实证数据和信息，协助开展相关研究工作，也可以参与公共讨论和社会研究活动，就社会重大问题进行探讨，担负起区域发展的责任。

公共服务水平的提升还可以通过促进公众参与决策过程来增强主人翁意识。当公众参与公共事务的决策过程时，将更加关注社会问题，思考解决方案并为决策提供意见和建议。通过公众参与的方式，公众可以更好地了解社会发展的需求和挑战，感受到自己对社会发展的影响力，从而更加积极地参与社会建设。

五、以创新创业推动培育创新精神

现代服务业在推动创新和创业方面扮演着重要角色。通过提供支持性服务、建设创新创业平台、优化环境和政策、提供资本支持以及促进知识共享与网络合作等传导机制，现代服务业可以为创新和创业者提供全方位的支持，推动创新和创业发展。

现代服务业可以为创新和创业提供有力的支持和指导，促进区域协调发展。例如，金融服务业为区域内的公民提供资金支持和其他金融服务，促进他们创新创业，扩大生产和拓展市场，推动区域协调治理体系的完善；教育和科研服务业有助于知识的传播和信息的交流，通过培养具备创新思维和创业精神的人才，为区域经济提供源源不断的创新力量，增强公民综合素质，为创新创业打下基础，推动区域产业发展。现代服务业还可以建立创新创业平台，提供孵化器、加速器、科技园区等创新创业生态系统，为有创新意识和创业精神的人才提供支持和资源。为创新项目和创业企业提供资源整合、技术支持、投融资服务等一揽子解决方案，通过构建创新创业生态系统，促进创新者和创业者之间的互动与合作，加速创新成果商业化和新兴企业发展。

现代服务业可以推动相关政策和环境优化，为创新和创业提供良好的土壤。现代服务业可以提供资本支持，促进创新和创业者之间的合作和交流，比如组织创新竞赛和创业活动，提供创新资源和网络支持，为创新和创业者提供融资支持和创业环境；同时，还可以为创新和创业者提供法律咨询和知识产权保护服务，为创新和创业提供稳定和可靠的法律环境。金融服务业为企业提供融资渠道和投资机会，支持企业成长和资本的流动，而资本市场的健康发展有助于提高区域经济的竞争力和吸引力。

公共基础的发展通常呈螺旋式上升，区域协调治理体系中许多问题还有待解决，现代服务业能为其提供良好的解决方案，其中公众参与也至关重要。为了实现现代服务业与公众参与更有效地结合，可以通过优化资源配置提高社会生产效率，以区域产业结构优化拓宽公众参与渠道，以现代数字化技术变革提升信息透明度，以公共服务水平提升增强公民主人翁意识，以创新创业推动培育创新精神，由此促进区域协调治理体系的完善。

第三节 形成以市场内生化区位为基础的区域关联机制

市场内生化是市场内部自我驱动的发展过程，在市场内生化的过程中，市场参与者的行为和互动对市场供求、价格、产业结构等方面产生影响，进而推动市场中产业链、供应链和价值链的变化。根据该理论，市场中的供求关系和价格机制能够引导经济主体的行为，实现有效的资源配置和提升效率，形成商品供求与需求的相互促进、产量销量齐头并进、畅通高效的国内大循环，从而促进区域协调发展。但目前的行政区划阻碍了统一大市场的形成。一方面，行政区划分会加大地区之间的贫富差距。优惠政策更会集中在较发达的地区，容易出现马太效应，导致发展水平较低的地区难以得到更多的资源，从而拉大地区间的差距，造成东西差距与南北差距的出现。另一方面，行政区划导致地方保护主义以及地区间存在以邻为壑式的招商引资政策，使市场分割。国内市场分割下，出口企业被迫选择涌向国外市场（朱希伟等，2005）；对外贸易对国内贸易形成挤出，加剧国内市场分割（范爱军等，2007），不利于促进地区间公共服务以及区域经济的均衡发展，不利于共享发展和共同富裕。

而现代服务业能打破地域限制，通过技术、管理和创新，将价值链各环节紧密关联，从而推动形成统一大市场，促进区域关联机制的形成。一方面，在信息化、网络化、数字化、智能化不断迭代和深化融合的大趋势下，现代服务业在区域内产业集聚化的发展势头仍在强化，每个区域都会在服务业细分领域形成比较优势，通过强强联手，构建起更具市场竞争力的产业体系。另一方面，社会分工越来越细，新兴服务业层出不穷，如互联网医疗、直播带货助农等都可以为区域带来创新红利，为区域劳动者带来致富之源，从而有利于各地区紧密联系，形成统一大市场。

一、现代服务业有助于消除资源流动壁垒

现代服务业有助于破除人力资本的跨区域市场流动障碍，在更大范围内优化人才配置资源，深化区域产业分工，提高落后地区经济效率，缩小区域经济差距。现代服务业有助于促进人力资源的流动，利用其同时性的特点创造大量的就业机会，吸引人们在当地就业。这样现代服务业可以带动周边地区的经济发展，并增加当地人的收入。此外，现代服务业还可以促进不同地区之间的文化交流。

现代服务业有助于打破区域资本市场壁垒、统一资本市场规则与标准，通过降低资本要素成本，扩大社会资本投资渠道，增加投资需求，消除资金流动壁垒。

现代服务业通过建立区域性的服务业合作机制，如区域性服务业协会、论坛或平台等，促进成员之间的信息共享、项目合作和商务交流。通过提供高质量的服务，现代服务业可以提升地区的形象和声誉。例如，医疗服务业可以提供先进的医疗设施和专业的医疗服务，吸引患者前来就医，提高地区的医疗水平和声誉。现代服务业推动城乡服务业融合发展，对于城乡一体化发展有着重要作用。通过在农村地区发展服务业，提供农村居民需要的服务，如健康、教育、物流等，可以促进城乡之间的互动与交流，促进资源要素的优化配置，加深城乡之间的区域关联。

二、现代服务业有助于建立高效的全国供应链网络

现代服务业畅通国内大循环，重在突破供给约束堵点，重在打通生产、分配、流通、消费各个环节。

通过服务业企业提质升级和协同融通发展，若干规模集团化、服务专业化、功能体系化的“链主”型企业打造出了一批引领创新的领军企业、跨界融合的平台型企业，资源、要素、市场的整合能力和共建共享水平得到提升，使龙头企业、大企业共享生产能力和创新能力得到进一步提高。

现代服务业通过提高数字经济的渗透率，实现降本增效和丰富服务供给，助力形成高效的供应链网络。数字经济与生活性服务业融合发展，可以催生网络购物、在线教育、互联网医疗等数字消费新业态、新模式，产生大量高质量的岗位，实现就业岗位扩量提质，促进人才、商品高效流通。

现代服务业通过城市群（如长三角、京津冀、粤港澳大湾区、成渝都市圈等）积极推进区域市场一体化建设。“十四五”规划纲要指出，要发展壮大城市群和都市圈，推动城市群一体化发展。城市群的发展是我国未来发展区域经济和城镇格局的一个重要方向，但城市群通常横跨多个行政区，亟须以打破行政区划壁垒为前提，实现城市群内各省份、各城市间的合作和有序分工。其中，主要包括“硬件”和“软件”两个方面：在“硬件”上，重点加强基础设施的联通，以完善交通网络、流通体系、信息网络和交易平台为抓手，推动基础设施领域的互联互通；在“软件”上，推动各种市场制度规则的统一，涵盖范围包括区域市场基础制度规则、监管规则、竞争规则、交易规则、标准体系等。首先，交通运输设施、物流枢纽网络等传统基础设施的共建共享降低了跨地区交易的成本，促进了区域市场在地理边界上的融合发展；其次，数字市场流通网络、数字市场基础信息库、数字市场交易平台、数字市场标识系统等新型基础设施的一体化实现了跨域社会经济活动的顺利运行；最后，区域一体化促进了政策的协同性和规则一致性，通过消除限制商品资源要素自由流动的制度壁垒，为实现区域市场间的高水平互联互通提供了保障。

现代服务业依据其服务的流动性，可以加快国际分工细化，助力高水平开放格局的形成，从而建立高效的全国供应链网络。现代服务业领域的开放有助

于吸引提供服务的外资企业进入。一方面，通过竞争效应和示范效应促使国内企业优化自身的服务；另一方面，国内的部分企业可以通过将低端价值链服务环节外包给更加专业的服务企业，通过生产专业化推进更大范围的对外开放，形成高效的国内外供应链网络。

三、现代服务业推动消费者需求跨区域流动

现代服务业带动了我国产业结构优化升级，更好地满足了人民群众消费升级的需求，从而促进了统一大市场的形成。

现代服务业推动消费者需求跨区域流动，适应服务业各领域交叉渗透、交互作用、跨界融合的发展趋势，推动科技、信息、文化、旅游、出行、健康、养老、设计、法律等服务相互融合。现代服务业围绕推动生活性服务业补齐短板、提升服务水平，提高人民生活品质，更好满足人民日益增长的美好生活需要。现代服务业立足于激发和满足多样化、个性化的市场需求，鼓励服务业企业跨越传统产业边界、整合产业要素资源，基于细分领域跨界融合，创造更多的服务业新模式、新业态，充分发挥专业优势叠加的放大效应，大力发展“文化＋”“科技＋”“信息＋”“旅游＋”等融合型服务行业，实现服务业的业态创新和功能完善。同时，强化服务业细分行业优势互补，有效整合各细分行业的核心资源，鼓励有优势的服务业企业实施跨地区、跨行业、跨所有制兼并重组，打造跨界融合产业集团和产业联盟，从而促进统一大市场的形成。

四、现代服务业促进产业绿色转型

进入新时代以来，我国坚持推进经济社会发展的全面绿色转型，加快推动形成绿色生产方式和生活方式，服务业绿色发展迈出坚实步伐。现代服务业推动了数字技术在服务业的广泛应用，催生了移动支付、平台经济等多种新模式和新业态，降低了生产、消费和流通等多个环节的能源消耗和碳排放，提升了资源的利用率，有力推动了绿色消费发展。但我国服务业绿色化转型起步较晚，总体绿色发展水平与发达国家相比仍有一定的差距，需要稳步促进服务业绿色转型。

五、现代服务业有助于加速产业融合

服务业与制造业、农业深度融合而催生的新产业、新业态、新模式构成了产业链延链增值和新旧动能转换的重要动力。现代服务业可以充分利用实体经济体量优势和超大规模市场优势，不断夯实服务业融合发展根基，全面增强服务业融合化质效，通过发挥融合集成效应形成竞争优势，从而在新格局、新循环、新赛道中确立面向未来的现代服务业引领优势。

现代服务业可以与制造业、农业融合，优化产业配置，提升产业效益和竞争力。一方面，现代服务业与先进制造业融合，不仅可以改善制造业供给质量、提升生产效率和附加值，还能带动先进制造业生产范式的根本性变革。应当围绕制造业共性服务需求，培育壮大工业设计、信息技术服务、人力资源管理、知识产权服务、创意设计等生产性服务业经营主体。支持服务型制造发展，培育系统解决方案、供应链管理、个性化定制等模式，推动制造业企业向“产品+服务”解决方案提供商转型。推动服务衍生制造发展，鼓励服务业企业发挥技术、渠道、创意等优势，通过委托制造、品牌授权等方式向制造环节拓展。另一方面，现代服务业与现代农业融合，可以将现代生产要素有效引入农业，提高农产品附加值，提升农业质量效益和竞争力，促进农民增收和农业增效。应当立足农业产前、产中、产后全过程，培育发展农业生产性服务业，创新环节托管和全程托管等服务模式，大力提升种业研发、仓储物流、农机作业及维修、农产品营销、金融服务、资源回收利用等服务水平。推动农村一二三产业融合发展，鼓励农业与教育、科技、文化、旅游、健康、体育等产业融合，发展农业研学、乡村文体、乡村旅游、乡村康养等特色产业。

综上所述，“十四五”规划提出要健全区域协调发展体制机制，推进市场一体化发展。促进地区间的区域合作和协同发展，其中的一个重点是打破传统的以行政区划为界限的分割式治理体系，加强省际交界地带的协同发展。总而言之，服务业市场的自我调节机制是一个复杂而多元的系统，市场价格、竞争机制、信息透明度和政府监管等因素相互作用，共同推动市场的发展和稳定运行，不同参与者在自我调节的过程中相互影响，使市场在供需平衡和效率提升中逐步完善。但行政区的划分会对市场内生化造成阻碍，只有利用好服务业的特性，通过各地区共同努力，加强合作，降低壁垒，建立合作机制等，促进服务业的流动和交流。服务业通过提供本地化服务、增加就业机会、加强文化交流和提升地区形象等方式，满足消费者的需求，促进地区经济的发展，提升人们对该地区的认同感，从而实现区域服务业的互利共赢和共同发展，促进统一大市场的形成。

结　　语

本研究通过对现代服务业及区域协调发展内涵的界定，构建了区域协调发展指标体系，并根据这些定义及指标收集相关数据，对我国现代服务业与区域协调发展现状进行了整体及分地区描述性统计，提出了存在的相关问题，并从公共服务与发展共享、要素与资源匹配、结构与市场一体等方面理清了现代服务业协调区域发展的产业协同、地区协作及城乡融合发展三大机制。然而，本研究仍存在以下问题。第一，更为微观的研究受到了数据约束。区域间的协同与要素流动的描述还需要更为微观的数据支撑。受制于经费以及人员投入，在研究各区域间现代服务业引导的经济关联变动中，要素流动（如人口流动、技术变更）的月度数据收集整理极为困难。第二，政策建议研究的具体指向性还存在不足。由于数据难以获取，本研究不能细分不同时期中、不同情境下现代服务业发展引导的区域发展变动关联度，从而不能研究不同时期、不同地区的经济关联演变，所以政策建议也相对宽泛，缺乏具体指向，这是政策研究的不足之处。

在下一步研究中，应继续展开以下研究。第一，探讨在不同时期现代服务业发展水平引导下不同区域协调发展的情况，测度我国区域协调发展进展的区域化差异，研究现代服务业在推动区域协调高质量发展方面的引导效应是否得到充分发挥。第二，获取和处理卫星空间数据，并通过大数据爬取等手段，解决细分区域之间经济关联数据难以获得的问题，为下一步研究现代服务业推动细分区域协调高质量发展提供支持。

参考文献

［1］安虎森．产业空间分布、收入差异和政府的有效调控：三论区域协调发展［J］．广东社会科学，2007（4）：33－41．

［2］安虎森，汤小银．新发展格局下实现区域协调发展的路径探析［J］．南京社会科学，2021（8）：29－37．

［3］安虎森，朱妍．产业集群理论及其进展［J］．南开经济研究，2003（3）：31－36．

［4］白义霞．区域经济非均衡发展理论的演变与创新研究：从增长极理论到产业集群［J］．经济问题探索，2008（4）：22－24．

［5］薄文广，安虎森，李杰．主体功能区建设与区域协调发展：促进亦或冒进［J］．中国人口·资源与环境，2011，21（10）：121－128．

［6］薄文广，王毅爽，何润东．新发展格局下完善我国区际利益协调机制研究［J］．区域经济评论，2021（5）：43－53．

［7］蔡昉．劳动力迁移的两个过程及其制度障碍［J］．社会学研究，2001（4）：44－51．

［8］曹聪丽，陈宪．生产性服务业发展模式、结构调整与城市经济增长：基于动态空间杜宾模型的实证研究［J］．管理评论，2019，31（1）：15－26，61．

［9］陈广胜．为民办实事长效机制的实践与思考：以浙江省为例［J］．中国行政管理，2007（4）：72－74．

［10］陈磊，杜宝贵．科技服务业何以激发区域创新“一池活水”：基于中国内地31个省级区域的fsQCA分析［J］．科技进步与对策，2022，39（18）：31－38．

［11］陈林，张玺文．建设统一大市场：粤港澳大湾区市场一体化的演化历程、经济规律与可借鉴经验［J］．国际经贸探索，2023，39（5）：4－15．

［12］陈明华，刘玉鑫，张晓萌，等．中国城市群民生发展水平测度及趋势

演进：基于城市 DLI 的经验考察［J］．中国软科学，2019（1）：45－61，81.

［13］陈明华，史楠，李倩．新时代中国重大战略区域的高质量发展之路：逻辑、成效与展望［J］．经济与管理评论，2025，41（1）：28－41.

［14］陈如洁，张鹏，杨艳君．科技服务业发展水平对制造业升级影响的区域差异：基于劳动生产率的视角［J］．中国科技论坛，2019（7）：96－106.

［15］陈诗一，刘朝良，冯博．资本配置效率、城市规模分布与福利分析［J］．经济研究，2019，54（2）：133－147.

［16］陈秀山，倪小恒．信息通信技术对服务业布局的影响分析［J］．中国软科学，2006（4）：109－117，129.

［17］陈亚军，刘晓萍．我国城市化进程的回顾与展望［J］．管理世界，1996（6）：166－172.

［18］陈子真，雷振丹．产业协同集聚对区域经济的影响研究［J］．区域经济评论，2018（3）：50－58.

［19］陈紫涵，廖泽芳．“双循环”新发展格局下现代服务业开放对产业转型升级的影响［J］．商业经济研究，2023（1）：114－119.

［20］邓慧慧，薛熠，杨露鑫．公共服务竞争、要素流动与区域经济新格局［J］．财经研究，2021，47（8）：34－48.

［21］丁从明，吉振霖，雷雨，等．方言多样性与市场一体化：基于城市圈的视角［J］．经济研究，2018，53（11）：148－164.

［22］杜蓉，蔡荣．农业生产性服务业对农村居民消费的影响及其空间溢出效应：基于2009—2018年中国地级市面板数据的实证研究［J］．商业研究，2022（4）：120－131.

［23］范爱军，刘云英．外贸增长方式评价指标体系的构建及实际运用：以山东省为例［J］．国际贸易问题，2007（8）：35－40.

［24］范剑勇，谢强强．地区间产业分布的本地市场效应及其对区域协调发展的启示［J］．经济研究，2010，45（4）：107－119，133.

［25］范欣，宋冬林，赵新宇．基础设施建设打破了国内市场分割吗？［J］．经济研究，2017，52（2）：20－34.

［26］方创琳，周成虎，王振波．长江经济带城市群可持续发展战略问题与分级梯度发展重点［J］．地理科学进展，2015，34（11）：1398－1408.

[27] 干春晖，郑若谷，余典范．中国产业结构变迁对经济增长和波动的影响［J］．经济研究，2011，46（5）：4－16，31．

[28] 高杨，杨洋，吴振磊．中国城乡融合和区域协调发展联动的时空分异与形成机理［J］．财经问题研究，2025（1）：114－129．

[29] 高志刚．区域经济差异预警：理论、应用和调控［J］．中国软科学，2002（11）：94－98．

[30] 顾海峰．新型城镇化、保障房制度与最优信贷环境：基于需求引致与供给助推的双重视角［J］．中国软科学，2017（1）：70－81．

[31] 郭凯明，黄静萍．劳动生产率提高、产业融合深化与生产性服务业发展［J］．财贸经济，2020，41（11）：112－125．

[32] 郭凯明，王钰冰，杭静．产业融合效率、投资结构优化与商业服务发展［J］．财贸经济，2022，43（3）：114－127．

[33] 郭立祥，岳书敬，张鑫和．数据开放对制造业与服务业融合的影响研究［J］．科研管理，2024（12）：1－14．

[34] 郭熙保．中国经济为何增长这样快：来自后发优势的视角［J］．发展经济学研究，2013（1）：3－18．

[35] 郭晓林，杨庆，丁浩，等．基于B－READY评价体系搭建本土化税收营商环境评价体系：以前海深港现代服务业合作区为例［J］．税务研究，2024（9）：83－88．

[36] 韩峰，阳立高．生产性服务业集聚如何影响制造业结构升级?：一个集聚经济与熊彼特内生增长理论的综合框架［J］．管理世界，2020，36（2）：72－94，219．

[37] 郝凯．资本配置对城乡协调发展的影响研究［D］．太原：山西财经大学，2023．

[38] 郝希彬．商贸流通业高质量发展对区域经济协调的影响：以京津冀地区为例［J］．商业经济研究，2023（7）：166－169．

[39] 何德旭，姚战琪．中国产业结构调整的效应、优化升级目标和政策措施［J］．中国工业经济，2008（5）：46－56．

[40] 贺灿飞，王文宇，朱晟君．“双循环”新发展格局下中国产业空间布局优化［J］．区域经济评论，2021（4）：54－63．

[41] 贺正楚，李玉洁，吴艳．产业协同集聚、技术创新与制造业产业链韧性［J］．科学学研究，2024，42（3）：515－527．

[42] 洪晗，肖金成．构建东北经济区的思路与对策［J］．中国投资（中英文），2023（Z4）：41－44．

[43] 胡彬，王媛媛．网络基础设施建设、产业协同集聚与城市产业升级：基于“人”和“地”要素的分析［J］．财经研究，2023，49（11）：95－109．

[44] 胡畔．增强服务消费对扩大消费的带动作用［N］．中国经济时报，2023－08－24（002）．

[45] 黄汉权，盛朝迅．现代化产业体系的内涵特征、演进规律和构建途径［J］．中国软科学，2023（10）：1－8．

[46] 黄烨菁．知识密集型服务业视角下外商直接投资“外溢”的作用机制研究［J］．世界经济研究，2019（2）：123－134．

[47] 冀名峰．农业生产性服务业：我国农业现代化历史上的第三次动能［J］．农业经济问题，2018（3）：9－15．

[48] 江艇．因果推断经验研究中的中介效应与调节效应［J］．中国工业经济，2022（5）：100－120．

[49] 姜长云．构建优质高效的服务业新体系［J］．江淮论坛，2023（2）：57－66．

[50] 姜文仙，覃成林．区域协调发展研究的进展与方向［J］．经济与管理研究，2009（10）：90－95．

[51] 蒋团标，罗琳．农业生产性服务业对城乡收入差距的影响及路径研究：基于珠江—西江经济带的中介效应检验［J］．中国农业资源与区划，2022，43（3）：81－89．

[52] 矫萍，田仁秀．数字技术创新赋能现代服务业与先进制造业深度融合的机制研究［J］．广东财经大学学报，2023，38（1）：31－44．

[53] 解希玮．产业协同、服务贸易开放与全球价值链分工［J］．求索，2023（5）：184－195．

[54] 金碚．中国经济70年发展新观察［J］．社会科学战线，2019（6）：1－11．

[55] 康超．农村普惠金融、资源错配与城乡经济融合：兼论数字新基建

的调节效应［J］．中国流通经济，2022，36（12）：102－113.

［56］柯善咨．中国城市与区域经济增长的扩散回流与市场区效应［J］．经济研究，2009，44（8）：85－98.

［57］孔群喜，王紫绮，蔡梦．新时代我国现代服务业提质增效的优势塑造［J］．改革，2018（10）：82－89.

［58］李斌，杨冉．生产性服务业集聚与城市经济绩效［J］．产业经济研究，2020（1）：128－142.

［59］李博，秦欢，孙威．产业转型升级与绿色全要素生产率提升的互动关系：基于中国116个地级资源型城市的实证研究［J］．自然资源学报，2022，37（1）：186－199.

［60］李光辉，刘雨婷，李红．企业信息化水平如何影响其出口行为？［J］．国际经济合作，2022（2）：65－75.

［61］李建成，陈建隆，邓敏．地理约束、合作与劳动力知识分配空间偏好［J］．统计研究，2021，38（11）：115－129.

［62］李建成，程玲，吴明琴．政府协调下的市场整合与企业创新伙伴选择［J］．世界经济，2022，45（4）：187－216.

［63］李丽，张东旭，薛雯卓，等．数字经济驱动服务业高质量发展机理探析［J］．商业经济研究，2022（3）：174－176.

［64］李平，付一夫，张艳芳．生产性服务业能成为中国经济高质量增长新动能吗［J］．中国工业经济，2017，357（12）：5－21.

［65］李清华，何爱平．数字经济对区域经济协调发展的影响效应及作用机制研究［J］．经济问题探索，2022（8）：1－13.

［66］李实，杨一心．面向共同富裕的基本公共服务均等化：行动逻辑与路径选择［J］．中国工业经济，2022（2）：27－41.

［67］李晓嘉．推动数字经济与现代服务业深度融合［J］．人民论坛，2024（2）：24－27.

［68］李颖慧，游星，陈红．我国现代农业与现代服务业融合发展时空特征与影响因素研究［J］．中国农业资源与区划，2023（7）：1－17.

［69］梁向东，贺正楚．城乡居民消费结构与现代服务业发展的关系研究［J］．财经理论与实践，2013，34（6）：97－101.

[70] 梁向东，阙启越．要素配置视角下生产性服务业与城乡融合发展：基于空间杜宾模型的分析 [J]．宏观经济研究，2021 (4)：113 - 127.

[71] 梁向东，阳柳．服务业商业模式创新与城乡均衡发展 [J]．江汉论坛，2019 (10)：47 - 53.

[72] 刘峰，徐洋，余谦．环长株潭城市群交通一体化的时空演化与优化对策 [J]．交通企业管理，2022，37 (2)：8 - 10.

[73] 刘富华，宋然．数字技术对区域经济差距的影响：基于空间溢出的检验 [J]．华东经济管理，2023，37 (9)：1 - 10.

[74] 刘坤．解决"卡脖子"问题，保产业链供应链稳定 [N]．光明日报，2021 - 02 - 02 (010).

[75] 刘乃全，任光辉．区域经济发展中的专业市场与产业集群互动：从影响因子角度的分析 [J]．上海经济研究，2011 (1)：23 - 34.

[76] 刘强，徐生霞．中国区域协调发展及空间演进 [J]．统计与决策，2021，37 (1)：102 - 105.

[77] 刘胜，陈秀英．金融服务业与制造业空间协同分布驱动制造业转型升级了吗 [J]．金融经济学研究，2019，34 (1)：111 - 120.

[78] 刘伟，范欣．以高质量发展实现中国式现代化推进中华民族伟大复兴不可逆转的历史进程 [J]．管理世界，2023，39 (4)：1 - 16.

[79] 刘向耘．以供给侧结构性改革突破产业结构调整困境 [J]．南方金融，2017 (1)：5 - 14.

[80] 刘璇，李长英．产业结构变迁、互联网发展与全要素生产率提升 [J]．经济问题探索，2022 (7)：124 - 138.

[81] 刘奕，夏杰长，李垚．生产性服务业集聚与制造业升级 [J]．中国工业经济，2017 (7)：24 - 42.

[82] 刘志彪．长三角一体化发展示范区建设：对内开放与功能定位 [J]．现代经济探讨，2019 (6)：1 - 5.

[83] 刘志彪．我国区域经济协调发展的基本路径与长效机制 [J]．中国地质大学学报（社会科学版），2013，13 (1)：4 - 10.

[84] 陆铭，陈钊．在集聚中走向平衡：城乡和区域协调发展的"第三条道路" [J]．世界经济，2008 (8)：57 - 61.

[85] 陆铭，向宽虎，李鹏飞，等．分工与协调：区域发展的新格局、新理论与新路径［J］．中国工业经济，2023（8）：5－22.

[86] 路丽，刘慧．中国现代服务业与先进制造业耦合协调的时空演化［J］．技术经济与管理研究，2022（7）：95－100.

[87] 吕炜，王伟同，王杰．共建“一带一路”倡议与服务贸易合作：基于服务贸易网络视角［J］．管理世界，2025，41（1）：1－14，50，15－19.

[88] 吕延方，项云，王冬．数字服务投入、行业竞争程度与劳动力要素错配［J］．经济学动态，2024（5）：19－36.

[89] 罗泯，娄瑶．重庆区域协调发展现状分析及路径选择［J］．中国国情国力，2022（9）：44－46.

[90] 马光荣，程小萌．区域性税收优惠政策、企业异地发展与避税［J］．世界经济，2022，45（12）：129－152.

[91] 马涛，吴然，洪涛．“国际—国内”双重分工视角下中国区域增长差异研究［J］．经济纵横，2022（5）：83－96.

[92] 马微波，钟仁耀．以平衡且充分的区域协调发展视角探讨共同富裕［J］．晨刊，2022（1）：26－28.

[93] 马新啸，汤泰劼，仲崇阳．要素市场整合与中国企业去僵尸化［J］．经济管理，2022，44（10）：22－38.

[94] 宁光杰，崔慧敏，付伟豪．信息技术发展如何影响劳动力跨行业流动?：基于工作任务与技能类型的实证研究［J］．管理世界，2023，39（8）：1－21.

[95] 欧定余，侯思瑶．公共服务产品供给影响市域创新水平的空间效应［J］．经济地理，2024，44（8）：106－115.

[96] 潘俊宇，宣烨，杨小东．信息通信技术提升了生产性服务业企业生产率吗?：来自异质性劳动力结构的经验证据［J］．经济问题探索，2023（9）：170－190.

[97] 潘文卿．中国的区域关联与经济增长的空间溢出效应［J］．经济研究，2012，47（1）：54－65.

[98] 彭刚，杨德林，杨琳．中国市域尺度共同富裕水平格局及其影响因素［J］．经济地理，2023，43（1）：44－54，132.

[99] 乔保荣，穆佳薇，余国新．农业生产性服务业对农业生态效率的空间效应研究［J］．中国农业资源与区划，2023，44（6）：86－96.

［100］卿陶，黄先海．国内市场分割、双重市场激励与企业创新［J］．中国工业经济，2021（12）：88－106.

［101］任保平，王辛欣．商贸流通业地区发展差距评价［J］．社会科学研究，2011（2）：45－50.

［102］邵全，赵爽，刘娜，等．AI 背景下劳动力市场合作联盟研究［J］．运筹与管理，2019，28（5）：175－181.

［103］沈坤荣，马俊．中国经济增长的“俱乐部收敛”特征及其成因研究［J］．经济研究，2002（1）：33－39，94－95.

［104］斯丽娟．数字经济推动区域协调发展：理论逻辑与实践路径［J］．理论与改革，2023（2）：73－85，150－151.

［105］宋林，王嘉丽，李东倡．“两业”融合与先进制造业全要素生产率［J］．西安交通大学学报（社会科学版），2024，44（2）：77－90.

［106］宋培，王欣悦，陈晓英，等．效率模式重塑：中国经济从结构性减速到高质量服务化［J］．西安交通大学学报（社会科学版），2025（1）：1－18.

［107］苏永伟，刘泽鑫．物流效率、技术创新与现代服务业发展的门槛效应研究：来自省级面板数据的分析［J］．宏观经济研究，2022（7）：149－162.

［108］孙久文，张皓．新发展格局下中国区域差距演变与协调发展研究［J］．经济学家，2021，271（7）：63－72.

［109］［日］藤田昌久，［比］雅克－弗朗斯瓦·蒂斯．集聚经济学：城市、产业区位与全球化［M］．石敏俊，等译．上海：格致出版社，上海三联书店，上海人民出版社，2016.

［110］覃成林．促进区域协调发展的战略部署［J］．新型城镇化，2023（3）：24.

［111］覃成林，姜文仙．区域协调发展：内涵、动因与机制体系［J］．开发研究，2011（1）：14－18.

［112］谭昶，吴海涛，黄大湖．产业结构、空间溢出与农村减贫［J］．华中农业大学学报（社会科学版），2019（2）：8－17，163.

［113］汤长安，邱佳炜，张丽家，等．要素流动、产业协同集聚对区域经

济增长影响的空间计量分析：以制造业与生产性服务业为例［J］. 经济地理，2021，41（7）：146－154.

［114］唐建荣，郭士康. 产业集聚、人口规模与环境污染［J］. 统计与决策，2021，37（24）：46－51.

［115］陶一桃. 从“先行先试”到“先行示范”：经济特区的新使命［J］. 特区实践与理论，2019（6）：59－67.

［116］王成韦，赵炳新. 科技服务产业集聚背景下城市格局时空演变特征及趋势研究［J］. 科技进步与对策，2019，36（21）：62－70.

［117］王珺，杨本建. 中心城市辐射带动效应的机制及其实现路径研究［J］. 中山大学学报（社会科学版），2022，62（1）：161－167.

［118］王琴梅. 区域协调发展内涵新解［J］. 甘肃社会科学，2007（6）：46－50.

［119］王曙光. 推动区域城乡协调发展，打造系统动态均衡的新发展格局［J］. 经济研究参考，2022（4）：18－19.

［120］王向，刘银玲. 服务业空间分布研究的文献评述［J］. 经济与管理评论，2017，33（2）：19－25.

［121］王钺. 市场整合、资源有效配置与产业结构调整［J］. 经济经纬，2021，38（6）：3－12.

［122］魏后凯. 促进区域协调发展的战略抉择与政策重构［J］. 技术经济，2023，42（1）：14－24.

［123］魏后凯. 大都市区新型产业分工与冲突管理：基于产业链分工的视角［J］. 中国工业经济，2007（2）：28－34.

［124］魏后凯. 瑞典的区域科学与区域政策［J］. 开发研究，1995（1）：39－41.

［125］温婷. 生产性服务业集聚、空间溢出与区域异质性：基于经济增长和产业结构升级的双视角［J］. 中国流通经济，2020，34（9）：119－127.

［126］文炳洲，牛壮. 数字经济对区域创新效率的影响研究：基于省级面板数据的检验分析［J］. 华东经济管理，2023，37（7）：40－48.

［127］吴楚豪，周颖. 区域分工、经济周期联动性与经济增长极建设：国内价值链分工的视角［J］. 南方经济，2023（5）：64－83.

[128] 夏杰长，倪红福. 中国经济增长的主导产业：服务业还是工业？[J]. 南京大学学报（哲学·人文科学·社会科学版），2016，53（3）：43-52.

[129] 夏杰长，肖宇. 以服务创新推动服务业转型升级 [J]. 北京工业大学学报（社会科学版），2019，19（5）：61-71.

[130] 夏帅，谭黎阳，笪远瑶. 高铁开通对城市三重产业集聚的影响研究：基于中国286个地级及以上城市平衡面板的准自然实验分析 [J]. 云南财经大学学报，2023，39（4）：17-39.

[131] 夏怡然，陆铭. 城市间的"孟母三迁"：公共服务影响劳动力流向的经验研究 [J]. 管理世界，2015（10）：78-90.

[132] 向书坚，姚敏，徐应超. 数智化基础设施发展的服务业结构升级效应：基于"宽带中国"战略的准自然实验分析 [J]. 调研世界，2024（8）：3-16.

[133] 谢泗薪，戴雅兰. 经济新常态下科技服务业与现代产业联动模式创新研究 [J]. 科技进步与对策，2016，33（5）：9-15.

[134] 谢婷婷，潘宇. 金融集聚、产业结构升级与中国经济增长 [J]. 经济经纬，2018，35（4）：86-93.

[135] 徐超，庞雨蒙，刘迪. 地方财政压力与政府支出效率：基于所得税分享改革的准自然实验分析 [J]. 经济研究，2020，55（6）：138-154.

[136] 徐金海，夏杰长. 加快建设以实体经济为支撑的现代化产业体系 [J]. 改革，2023（8）：14-25.

[137] 徐生霞，裴晶晶. 数字经济、战略性新兴产业集聚与区域经济协调发展 [J]. 统计与决策，2023，39（12）：23-28.

[138] 徐现祥，李郇. 市场一体化与区域协调发展 [J]. 经济研究，2005（12）：57-67.

[139] 徐晓飞，李成青. 广东新一轮产业转移背景下商业银行信贷支持策略思考 [J]. 现代金融导刊，2023（4）：51-56.

[140] 徐盈之，吴海明. 环境约束下区域协调发展水平综合效率的实证研究 [J]. 中国工业经济，2010（8）：34-44.

[141] 许宪春，郑正喜，张钟文. 中国平衡发展状况及对策研究：基于"清华大学中国平衡发展指数"的综合分析 [J]. 管理世界，2019，35（5）：15-28.

[142] 阎川，雷婕．财政分权对产业集聚影响的实证分析 [J]．经济评论，2019 (3)：104－122.

[143] 杨仁发．产业集聚与地区工资差距：基于我国269个城市的实证研究 [J]．管理世界，2013 (8)：41－52.

[144] 姚宝珍．博弈视角下区域协调发展的制度困境及其创新路径：以制度互补理论为基础 [J]．城市发展研究，2019，26 (6)：1－7.

[145] 姚晓垠，刘振武．广东省城乡居民消费结构变动与现代服务业发展关系探究：基于VAR模型框架下 [J]．江苏商论，2021，445 (11)：3－7.

[146] 于斌斌．生产性服务业集聚如何促进产业结构升级?：基于集聚外部性与城市规模约束的实证分析 [J]．经济社会体制比较，2019 (2)：30－43.

[147] 余小燕，胡艳，吕萍．服务业集聚是否促进城镇化高质量发展? [J]．上海经济研究，2024 (12)：85－100.

[148] 翟媛媛，蒋洪杰．增强国家自创区辐射带动作用座谈会在郑州市召开 [J]．河南科技，2021，40 (12)：5.

[149] 张荐华，高军．发展农业生产性服务业会缩小城乡居民收入差距吗?：基于空间溢出和门槛特征的实证检验 [J]．西部论坛，2019，29 (1)：45－54.

[150] 张明斗，代洋洋．“两业”融合发展对区域经济韧性的影响研究：基于先进制造业与现代服务业融合视角 [J]．华东经济管理，2023，37 (4)：88－100.

[151] 张青，茹少峰．新型数字基础设施促进现代服务业虚拟集聚的路径研究 [J]．经济问题探索，2021 (7)：123－135.

[152] 张双悦，刘明．区域协调发展：战略定位、面临的挑战及路径选择 [J]．经济问题，2023 (5)：103－109.

[153] 张幸，钟坚，王欢芳．中国先进制造业与现代服务业融合水平测度及影响因素研究 [J]．财经理论与实践，2022，43 (3)：135－141.

[154] 张颖熙，徐紫嫣．新经济下中国服务消费升级：特征与机制研究 [J]．财经问题研究，2021 (6)：30－38.

[155] 张月友，董启昌，倪敏．服务业发展与“结构性减速”辨析：兼论建设高质量发展的现代化经济体系 [J]．经济学动态，2018 (2)：23－35.

[156] 张云矿，胡善成，杨桐彬．地方政府经济增长目标影响城乡收入差距吗?：来自省级政府工作报告的经验证据 [J]．广东财经大学学报，2022，37 (4)：86－99.

[157] 张振刚，李云健，陈志明．科技服务业对区域创新能力提升的影响：基于珠三角地区的实证研究 [J]．中国科技论坛，2013 (12)：45－51.

[158] 赵冬梅，陈前前，吴士健．双创环境下发展科技服务业助推经济转型升级问题研究：以江苏科技服务业为例 [J]．科技进步与对策，2016，33 (14)：41－46.

[159] 赵立平，张亨溢，蒋淑玲，等．湖南区域经济发展空间差异及结构优化策略研究 [J]．经济地理，2019，39 (8)：29－35，43.

[160] 赵丽丽．物流金融新业态与创新化发展的相关性分析：基于1997—2016年的时间样本 [J]．商业经济研究，2017 (23)：168－170.

[161] 赵英霞，陈佳馨．现代服务业与现代农业耦合发展路径研究 [J]．经济问题，2018 (5)：75－81.

[162] 郑国楠．区域利益补偿机制构建的理论基础与实践探索 [J]．区域经济评论，2022 (4)：53－60.

[163] 周密，张心贝，张恩泽．蛙跳现象与区域协调发展：动力测算与影响模拟 [J]．中国工业经济，2024 (11)：43－61.

[164] 周明生，王珍珠．产业协同集聚对城市经济韧性的影响 [J]．经济体制改革，2024 (5)：41－50.

[165] 周明生，张一兵．数字技术发展促进制造业与服务业融合了吗 [J]．科技进步与对策，2022，39 (13)：74－82.

[166] 周亚，袁健红．区域协调发展背景下全国统一要素市场布局及实践创新 [J]．青海社会科学，2022 (4)：96－106.

[167] 周子航，施德浩，王雨．港深协同发展：香港北部都会区与前海合作区的跨界治理：基于新国家空间理论的考察 [J]．城市发展研究，2022，29 (10)：1－11.

[168] 朱平芳，王永水，李世奇，等．新中国成立70年服务业发展与改革的历史进程、经验启示 [J]．数量经济技术经济研究，2019，36 (8)：27－51.

[169] 朱希伟，金祥荣，罗德明．国内市场分割与中国的出口贸易扩张 [J].

经济研究，2005 (12)：68 -76.

[170] Aghion P, Festré A. Schumpeterian growth theory, Schumpeter, and growth policy design [J]. Journal of Evolutionary Economics, 2017 (27): 25 -42.

[171] Anas A, Arnott R, Small K A. Urban spatial structure [J]. Journal of Economic Literature, 1998, 36 (3): 1426 -1464.

[172] Andrew T. The challenge of growing inequality in the context of the United Nations Sustainable Development Goals: How should national research funding agencies respond? [J]. Bulletin of Chinese Academy of Sciences (Chinese Version), 2020, 35 (11): 1398 -1401.

[173] Arnstein S R. A ladder of citizen participation [J]. Journal of the American Institute of planners, 1969, 35 (4): 216 -224.

[174] Barro R J. Economic growth and convergence, applied to China [J]. China & World Economy, 2016, 24 (5): 5 -19.

[175] Boix R, Trullén J. Knowledge, networks of cities and growth in regional urban systems: Theory, measurement and policy implications [EB/OL]. (2004 -09), https: //research gate. net/publication/23731409.

[176] Brandt L, Tombe T, Zhu X. Factor market distortions across time, space and sectors in China [J]. Review of Economic Dynamics, 2013, 16 (1): 39 -58.

[177] Casey M E, Bown G M. From diversity to unity: Creating the energy of connection [M]. iUniverse, 2003.

[178] Combes J L, Debrun X, Minea A, et al. Inflation targeting, fiscal rules and the policy mix: Cross-effects and interactions [J]. The Economic Journal, 2018, 128 (615): 2755 -2784.

[179] Combes P P, Duranton G, Gobillon L, et al. The productivity advantages of large cities: Distinguishing agglomeration from firm selection [J]. Econometrica, 2012, 80 (6): 2543 -2594.

[180] Duranton G, Puga D. From sectoral to functional urban specialisation [J]. Journal of Urban Economics, 2005, 57 (2): 343 -370.

[181] Duranton G. The death and life of great American cities/The economy of

cities [J]. Regional Studies, 2017, 51 (12): 1871 – 1873.

[182] Duranton G, Turner M A. Urban form and driving: Evidence from US cities [J]. Journal of Urban Economics, 2018 (108): 170 – 191.

[183] Englmann F C, Walz U. Industrial centers and regional growth in the presence of local inputs [J]. Journal of Regional Science, 1995, 35 (1): 3 – 27.

[184] Fujita M, Thisse J F. Economics of agglomeration [J]. Journal of the Japanese and International Economies, 1996, 10 (4): 339 – 378.

[185] Golman R, Klepper S. Spinoffs and clustering [J]. The RAND Journal of Economics, 2016, 47 (2): 341 – 365.

[186] Guo Q, He C, Li D. Entrepreneurship in China: The role of localisation and urbanisation economies [J]. Urban Studies, 2016, 53 (12): 2584 – 2606.

[187] Harvey, Leibenstein. Allocative efficiency vs. "X-efficiency" [J]. The American Economic Review, 1966, 56 (3): 392 – 415.

[188] Hirschman A O. The strategy of economic development [M]. New Haven: Yale University Press, 1958.

[189] Ke S, He M, Yuan C. Synergy and co-agglomeration of producer services and manufacturing: A panel data analysis of Chinese cities [J]. Regional Studies, 2014, 48 (11): 1829 – 1841.

[190] Krugman P. Increasing returns and economic geography [J]. Journal of Political Economy, 1991, 99 (3): 483 – 499.

[191] Li W, Zhang Y, Yang C, et al. Does producer services agglomeration improve urban green development performance of the Yangtze River Economic Belt in China? [J]. Ecological Indicators, 2022 (145): 109581.

[192] Maine E M, Shapiro D M, Vining A R. The role of clustering in the growth of new technology-based firms [J]. Small Business Economics, 2010, 34 (2): 127 – 146.

[193] Meili R, Mayer H. Small and medium-sized towns in Switzerland: Economic heterogeneity, socioeconomic performance and linkages [J]. Erdkunde, 2017, 71 (4): 313 – 332.

[194] Milanovic B, Yitzhaki S. Decomposing world income distribution: Does

the world have a middle class? [J]. Review of Income and Wealth, 2002, 48 (2): 155 -178.

[195] Myrdal G, Sitohang P. Economic theory and under-developed regions [J]. Economica, 1960, 27 (107): 280 -283.

[196] Nelson R R. A theory of the low-level equilibrium trap in underdeveloped economies [J]. The American Economic Review, 1956, 46 (5): 894 -908.

[197] Nurkse R. Some international aspects of the problem of economic development [J]. The American Economic Review, 1952, 42 (2): 571 -583.

[198] Perroux F. Economic space: Theory and applications [J]. The Quarterly Journal of Economics, 1950, 64 (1): 89 -104.

[199] Restuccia D, Rogerson R. Misallocation and productivity [J]. Review of Economic Dynamics, 2013, 16 (1): 1 -10.

[200] Richardson H W. The state of regional economics: A survey article [J]. International Regional Science Review, 1978, 3 (1): 1 -48.

[201] Rogge N, Archer G. Measuring and analyzing country change in establishing ease of doing business using a revised version of World Bank's ease of doing business index [J]. European Journal of Operational Research, 2021 (290): 373 -385.

[202] Rosenstein-Rodan P N. Problems of industrialisation of Eastern and South-Eastern Europe [J]. The Economic Journal, 1943, 53 (210 -211): 202 -211.

[203] Solow R M. Technical change and the aggregate production function [J]. The Review of Economics and Statistics, 1957, 39 (3): 312 -320.

[204] StoilovA D, Patonov N. Fiscal decentralization: Is it a good choice for the small new member states of the EU [J]. Scientific Annals of the Alexandru Ioan Cuza University of Iasi, Economic Sciences Section, 2012, 59 (1): 125 -137.

[205] Williamson J G. Regional inequality and the process of national development: A description of the patterns [J]. Economic Development and Cultural Change, 1965, 13 (4): 1 -84.

[206] Williams R A. State and local development incentives for successful enterprise zone initiatives [J]. Rutgers LJ, 1982 (14): 41.

[207] Xu Z, Feng X, Xia J. The promotion of deep integration of modern service industry and advanced manufacturing industry [J]. China Finance and Economic Review, 2021, 10 (1): 86 - 101.

[208] Zhao N, Qi T, et al. A practical method for estimating traffic flow characteristic parameters of tolled expressway using toll data [J]. Procedia-Social and Behavioral Sciences, 2014 (138): 632 - 640.

[209] Zhou, Yi, et al. Learning from yourself or learning from neighbours: Knowledge spillovers, institutional context and firm upgrading [J]. Regional Studies, 2019 (53): 1397 - 1409.